管 理 学

主　编　周　雯

副主编　萧　璿　韩　璐　韩天明
　　　　陈孔军　陈　庆

北京邮电大学出版社
www.buptpress.com

内 容 简 介

本书对管理学的基本概念、原理和方法进行了深入的阐述。主要内容包括管理与管理者、管理理论的发展、计划、决策、组织、人力资源管理、领导、激励、控制、管理创新等。本书以剧本化的方式创新性地在知识点讲授前先提出一个问题引发思考，再加以阐述和举例，多采用场景化、片段式的案例，与知识点紧密结合。

本书可作为高等院校经济管理类本科的教材，也可作为具有一定管理实践经验的管理人员学习现代管理理论的参考书。

图书在版编目(CIP)数据

管理学/周雯主编. -- 北京 ：北京邮电大学出版社，2012.8

ISBN 978-7-5635-2908-7

Ⅰ.①管…　Ⅱ.①周…　Ⅲ.①企业管理：生产管理　Ⅳ.①F273

中国版本图书馆 CIP 数据核字(2012)第 016474 号

书　　名：管理学
主　　编：周　雯
责任编辑：刘春棠
出版发行：北京邮电大学出版社
社　　址：北京市海淀区西土城路 10 号(邮编：100876)
发 行 部：电话：010-62282185　传真：010-62283578
E-mail：publish@bupt.edu.cn
经　　销：各地新华书店
印　　刷：北京源海印刷有限责任公司
开　　本：787 mm×960 mm　1/16
印　　张：19
字　　数：317 千字
版　　次：2012 年 8 月第 1 版　2012 年 8 月第 1 次印刷

ISBN 978-7-5635-2908-7　　定　价：38.00 元

· 如有印装质量问题，请与北京邮电大学出版社发行部联系 ·

前　言

管理学是高等院校经济管理类各专业的专业基础课，也是从事经济管理工作的各类管理人员必修的课程。管理学同时又是一门实践性和应用性很强的课程，尤其对于高校低年级的学生，在掌握和理解上有相当的难度。

本书采用剧本化的形式展现知识点，以增强学生的学习兴趣；内容上将知识点与解决实际问题相结合，先引发思考，然后讲授知识点，再联系实际。本书重点突出，案例有效，理论联系实际，使读者能够理解管理理论，了解管理活动，并适当运用管理理论分析、解决实际问题。

此外，本书笔者利用多年的实践经验，提炼了多个针对性的场景式案例，带领读者对案例中的问题进行剖析、思考，为当事人出谋划策，避免抽象化、空洞化。

本书保留并凝练了管理学比较经典和核心的内容，有六位编者，具体分工如下：周雯负责绪论、第一章、第二章(除第一节第一小节外)、第七章的编写；萧璿负责第四章的编写；韩璐负责第五章的编写；韩天明负责第二章第一节第一小节、附录A的编写；陈孔军负责第八章的编写；陈庆负责第三章、第六章的编写。

本书主要针对高等院校管理类教育本科教学编写，也适用于各类管理实践者。

本书在编写过程中参考了其他优秀管理学教材，在此对这些教材的编者表示感谢。

由于时间仓促，本书难免存在不当之处，恳请读者批评指正。

编　者

目　　录

绪　论

（开篇问题："管理"一词我们平时经常听到，那么究竟什么是管理？又为什么要学习管理学呢？）

我很懒，但我又很有野心，怎么办呢？只好找对的方法。

管理对我们而言就是一种对的方法。

第一节　管理的意义

一、当今的环境

当前我们面临着变幻莫测的环境，用达尔文的进化论来解释：这是一个优胜劣汰、适者生存的时代。对生物界如此，对企业界更是如此。冷战时期，我们要分清谁是敌人，谁是朋友；而现在，所有人都是竞争者的关系。要在竞争激烈、动荡的商业社会中生存，要求企业的管理者有高超的管理技能。

加入世贸组织和世界经济的全球化使得中国的企业不得不与世界级的巨无霸面对面，世界级的比赛需要有世界级的管理能力匹配。

随着市场经济的进一步深化，人们的价值观念发生了很大的转变，传统管理面临着失意的局面。

（1）顾客的需求在变化。与计划经济时代相比，顾客对商品有了更多的要求，吸引顾客不仅仅要靠价格，多样化的需求需要企业提供多样化的产品，企业失去了生产大批量单一品种产品的成本优势，多样化的品种还要适应低成本的竞争，这对企业的生产管理而言的确是不小的挑战。

（2）领导的权威性受到质疑。原来在国有企业中领导是很威严的，职工在一个单位一待就是一辈子，领导掌握生杀予夺的权力，一般来讲，下属是服从命令听指挥的。而今的职场上，跳槽现象司空见惯，怎样留住员工，尤其是有市场竞争力的员工，成为企业人员管理的一道难题。

(3) 企业营销管理面临的转变更大。客户的喜好千奇百怪，如何吸引并留住顾客成为永恒的命题；再不能像从前一样打打电话、发发传真就获得订单，要精心安排，悉心运作，才能在激烈的竞争中脱颖而出，打败竞争对手，这无形中加大了营销成本；定价策略也变得复杂，降价不一定能扩大销量，有时提价反而让消费者趋之若鹜……

(4) 员工激励也成为人力资源管理最头疼的问题，金钱已不是灵丹妙药，有人需要假期，有人希望有灵活的工作时间，有人希望获得尊重，甚至有的年轻人拍拍肩膀给予鼓励就会义无返顾。怎样区别不同的人群，辨别他们的主导需要，大大增加了激励管理的工作量。

(5) 很多企业在抓住某个机遇获得第一桶金后，开始在市场上寻找一些赚钱的项目投资。不知不觉，企业纷纷走向了多元化，也就是开始涉足不同的行业。曾经有一段时间，什么流行就投什么，直到有的企业陷入了困境才开始警觉，但企业还是想不太明白，为什么不少像通用电气这样的跨国巨头多元化经营就没有出现问题呢？一时之间，企业界就多元化经营的问题展开了热烈的讨论……

(6) 为了节省成本民营企业在创业之初，走的是家族化的道路。随着企业规模的扩大、管理难度的增加，企业势必面临引入高素质职业经理人的问题。于是现有的家族管理者与职业经理人之间的冲突成了家族企业管理提升的瓶颈，家族企业如何管理也成了热门的话题。

二、管理的重要性

【案例 0-1】

海尔的腾飞

崛起与发展：从濒临倒闭的集体小厂发展壮大成为知名的跨国企业

创立于1984年、崛起于改革大潮之中的海尔集团是在引进德国利勃海尔电冰箱生产技术成立的青岛电冰箱总厂基础上发展起来的。在海尔集团首席执行官张瑞敏"名牌战略"思想的引领下，海尔经过18年的艰苦奋斗和卓越创新，从一个濒临倒闭的集体小厂发展壮大成为在国内外享有较高声誉的跨国企业。

2002年海尔实现全球营业额711亿元，是1984年的20 000多倍；2002年，海尔跃居中国电子信息百强之首。

18年前，工厂职工不足800人；2002年，海尔不仅职工发展到了3万人，而且拉动就业人数30多万人。

1984年海尔只有一个型号的冰箱产品，目前已拥有包括白色家电、黑色家电、米色家电、家居集成在内的86大门类13 000多个规格品种的产品群。在全球，很多家庭都是海尔产品的用户。

"名牌战略"：中国第一品牌

用户的忠诚度是与海尔产品的美誉度紧紧联系在一起的，18年间，海尔的无形资产从无到有，2002年海尔品牌价值评估为489亿元，跃居中国第一品牌。

海尔产品依靠高质量和个性化设计赢得了越来越多的消费者。2003年，在国内市场，海尔冰箱、冷柜、空调、洗衣机四大主导产品均拥有30%左右的市场份额。在海外市场，据全球权威消费市场调查与分析机构EUROMONITOR最新调查结果显示，海尔集团目前在全球白色电器制造商中排名第五，海尔冰箱在全球冰箱品牌市场占有率排序中跃居第一。其小型冰箱占据了美国40%的市场份额。海尔产品已进入欧洲15家大连锁店的12家、美国10家大连锁店的9家，在美国、欧洲初步实现了设计、制造、营销三位一体的本土化布局。

2002年海尔实现海外营业额10亿美元，是中国家电业出口创汇最多的企业。

海尔发展战略创新的三个阶段

海尔十八年来的高速发展最主要靠的就是创新。战略创新起着关键作用。

1. 名牌战略阶段——在1984年到1991年名牌战略期间，别的企业上产量，而海尔俯下身子抓质量，7年时间只做一个冰箱产品，磨出了一套海尔管理之剑："OEC管理法"，为未来的发展奠定了坚实的管理基础。

2. 多元化战略阶段——在1992年到1998年的多元化战略期间，别的企业搞"独生子"，海尔走低成本扩张之路，吃"休克鱼"，建海尔园，"东方亮了再亮西方"，以无形资产盘活有形资产，成功地实现了规模的扩张。

3. 国际化战略阶段——在1998年至今的国际化战略阶段，别的企业认为海尔走出去是"不在国内吃肉，偏要到国外喝汤"；而海尔却坚持"先难后易"、"出口创牌”的战略，搭建起了一个国际化企业的框架。

海尔的成功

美国《家电》杂志统计显示，海尔是全球增长最快的家电企业，并对美国企业发出了“海尔击败通用电气”这样的警告；英国《金融时报》评选“亚太地区声望最佳企业”，海尔名列第七；美国科尔尼管理顾问公司也将海尔评为“全球最佳运营企业”。同时，张瑞敏也获得了中国企业家目前在全球范围内的最高美誉。1999 年 12 月 7 日英国《金融时报》评出“全球 30 位最受尊重的企业家”，张瑞敏荣居第 26 位。著名的英国《金融时报》发布了 2002 年全球最受尊敬企业名单，海尔雄居中国最受尊敬企业第一名。2003 年 8 月美国《财富》杂志分别选出“美国及美国以外全球最具影响力的 25 名商界领袖”，在“美国以外全球最具影响力的 25 名商界领袖”中，海尔集团首席执行官张瑞敏排在第 19 位。

近年来，海尔已经有十几个成功的案例进入哈佛大学、洛桑国际管理学院、欧洲工商管理学院、日本神户大学等著名高等学府的案例库，成为全球商学院的通用教材，这在中国企业界是唯一的。张瑞敏本人也成为第一个登上了世界商学院的最高讲台——哈佛大学商学院讲学的中国人。

海尔人的目标是：进入世界 500 强，振兴民族工业！

【案例 0-2】

疯狂扩张的代价

中联公司成立于 1992 年，是经国务院批准注册的国有大公司，注册资金 6 亿元人民币。

公司组建伊始，高层领导不是按规律经营，客观地分析主客观环境，慎重地选择主业，制定正确的战略，脚踏实地地打好公司发展的基础，而是四处“招兵买马”，急速扩大规模。他们在全国各地迅速地注册公司，短短一年时间之内，注册二级公司 20 多个、三级公司 50 多个，四级公司更是遍布全国。在注册资金不到位，资金不足的情况下，本应采取重点战略，以求在部分项目上取得突破，打下基础后再进行扩张。然而，该公司却采取分散兵力、盲目扩张的方式，几年过去了，偌大的一个公司竟没有像样的主业支撑，没有知名的品牌挑台，再加上内部管理上的混乱，注定难逃失败的厄运。对其下属的子公司，既没有正确有力的经营战略指导，又没有有效的控制机制，结果这些公司经营不力，与总公司的关系也极为不正常。挣钱的公司失去控制，不挣钱的公司却围着总公司要贷款、要担保；欠了债、惹了官司的公司把官司推给总公司，致使总公司的财务部曾在一年之内被法院封了三次。由于盲目扩张，从1994年开始，公司资金周转困难，债台高筑，对下属公司的管理失控，陷入了全面危机。于是，国务院及主管部门下令该公司内部整顿，收缩战线，确定主导产业。但是病入膏肓的中联公司已无力自救。1997年，国务院不得不派驻工作组，对该公司进行全面清理整顿。一个曾红极一时的国有大公司倒下了。

（分析：你认为以上两者成败的关键是什么？）

人们惊异地发现：管理在现代生活中的地位越来越重要。我们一生中每天都在和管理打交道，大到国家和社会，小到企业、机关和学校，甚至家庭都需要管理……管理与我们的生活息息相关，良好的管理在我们的社会生活中起着举足轻重的作用。

可以说，改进组织的管理关系到我们每个人的切身利益。管理，已经成为一项极为重要的经济资源，成为一切组织与事业成功的关键要素。

（请思考：你的家庭中谁是管理者？如果家长们就家庭中的一项重要决定有了不同的意见，通常会怎么办？）

也许有人会说，我今后不想做管理者，不需要学习管理。那么是不是被管理者就没有必要懂得管理了呢？似乎不是这样。可以说，学习了管理学不但可以更好地进行管理，也可以帮助你理解管理者的意图，更好地被别人管理。更何况，随着职业生涯的推进，大多数人都会升职，不可避免地会有下属，也就不可避免地需要进行管理工作。

总之，管理的重要性会超出你的想象。

第二节　概　　述

一、管理学的学习方法

管理学是管理类专业的一门基础课，是研究管理过程基本规律及一般方法的课程。

(1) 从林到木，大局重于细枝末节。先从整体把握，再理解其中的联系。

(请想一想：我们所听说过的和见过的企业都有哪些部门呢？与企业各部门相对应的、通常所说的财务管理、市场营销管理、人力资源管理、生产管理、技术管理等与管理又是什么关系呢?)

企业中具有不同功能的部门通常被称为职能部门。职能在管理学中就是功能的意思。

管理与财务管理、营销管理这些常听说的职能管理之间是全局与局部的关系。一方面，要学好管理，就像盲人摸象的故事所寓示的，必须从整体上把握和研究管理的构成，仅仅抓住一部分，以偏概全是不行的。另一方面，一个出色的管理者还能深谙管理每个部分之间的内在联系。

业界有这样典型的案例：一家大型企业的CFO(首席财务官)通过核算每个人对公司的业绩贡献和财务成本(包括一些不易计算的岗位)，使每个员工能够自我管理，达到人力资源管理以及其他职能管理的目的。这个案例可以充分体现出管理各部分以及企业各部门之间千丝万缕的联系。

(2) 管理学是交叉、边缘学科，应用、实践的重要性非常突出，要理论联系实际。

通过考察管理学的发展脉络可以发现，多学科交叉的跨学科方法几乎贯穿了整个管理学的发展历程，管理学的发展就是不断吸收、借鉴其他学科的研究方法的过程。管理科学是在自然科学和社会科学两大领域的交叉点上建立起来的一门综合性交叉学科，涉及数学(概率论、统计学、运筹学等)、社会科学(政治学、经济学、社会学、心理学、人类学、生理学、伦理学、哲学、法学)、技术科学(计算机科学、工业技术等)、新兴科学(系统论、信息科学、控制论、耗散结构论、协同论、突变论)以及领导学、决策科学、未来学、预测学、创造学、战略学、科学学等。

管理学就是要把人类成功的管理经验提升为一般理论，找出管理活动中带有规律性的东西，使之成为一种可以学习和遵循的科学方法，并服务于管理实践。管理学具有很强的实践性，是致用的科学。

因此，要学好管理学必须理论联系实际。大学本科生没有企业实践的经验，这使得他(她)们在学习管理概念和掌握管理方法时缺乏直观的理解。但是,只要留心观察生活中的点点滴滴,用心思考,管理问题是无所不在的。

(3) 丛林状态,双重特征,需要灵活学习。

第二次世界大战结束后,世界进入了一个相对缓和的时代,许多国家都把注意力转移到经济建设上来,经济理论也因此繁荣。在管理理论方面又出现了许多新学说和新流派。这些学说和流派在历史渊源和理论内容上互相影响,形成盘根错节、百家争鸣的局面。美国管理学家哈罗德·孔茨(Harold Koontz)把它称为"管理理论的丛林"时代。与一些自然学科理论从分散到集结的过程不同,管理学理论走的是从集结到分散的过程。

另一方面,管理具有科学性和艺术性的双重特征,同时管理又是自然属性和社会属性的结合。

以上因素决定了学习管理学不能试图掌握"放之四海皆准"的理论,只有灵活地学习,因地制宜,因时制宜,才是不二法宝。

二、管理学的基本框架

在学习管理学之前,我们先要了解管理学的基本框架,以便正确把握管理的脉络。

管理学的基本框架可以理解为一个中心、两个要点、三个目标、四个职能。

(一) 一个中心:以过程为中心

管理本身和管理的各项职能都是以过程为中心展开的,都不是一个时点的概念。企业的产品研发、生产、销售、采购、计划管理、质量管理、成本管理、客户管理和人事管理等业务都是以过程的方式存在的,过程概念是现代组织管理最基本的概念之一。过程的任务在于将输入转化为输出,转化的条件是资源,资源通常包括人力、设备设施、物料和环境等。增值是对过程的期望,为了获得稳定和最大化的增值,组织应当对过程进行策划,建立过程绩效测量指标和过程控制方法,并持续改进和创新。因此,对于管理及各相关概念的把握不能静止在一个点,要从整个过程的视角来进行理解。

（二）两个要点

1. 系统的观念

系统论在管理学中具有普遍意义：凡是管理形态，其内部各组成部分之间总是存在着一定的相互作用。

系统的观念能帮助人们更深刻地认识管理的相互联系和相互作用，从而能够从本质上更深刻地认识管理。处理企业管理内部的经营、物资、财务、生产计划、劳动工资等各个领域的管理活动，需要借助系统概念。只有从系统的角度去认识，才能正确地评价企业管理活动，做出相应的对策，加强和改善管理薄弱环节，以取得和推动企业管理能力的提高，创造出一个较有效能的企业新局面。所以，人们对企业管理活动进行全面评价，也是离不开系统概念的。系统范畴仿佛是某种“视角”，它能根据系统特性去感知、“察看”管理世界。因此，系统概念和范畴不仅能够构成特殊的管理认识论的棱镜，而且还有着重大的管理学方法论的价值。

管理学的系统论思想实质上是在用系统的方法解决管理问题发展过程中形成的，它是辩证唯物主义认识论和唯物辩证法理解管理客体运动达到一定阶段的结果，是马克思主义哲学运用新的科学方法论认识管理运动的反映。

2. 权变的观念

假设一个人在西安经营了一家非常成功的企业，他打算把企业搬到更发达的上海去，他会成功吗？

恐怕大多数人的答案都是：不一定。这个“不一定”包含的就是权变的思想。

以往的管理理论大多都在追求普遍适用的、最合理的模式与原则，而这些管理理论在解决企业面临的瞬息万变的外部环境时又显得无能为力。正是在这种情况下，人们不再相信管理会有一种最好的行事方式，而是必须随机地处理管理问题，于是形成一种管理取决于所处环境状况的理论，即权变理论。“权变”的意思就是权宜应变。

“权变”一词有“随具体情境而变”或“依具体情况而定的意思”。

在组织管理中要根据组织所处的环境和内部条件的发展变化随机应变，没有什么一成不变、普遍适用、“最好的” 管理理论和方法。

权变管理思想强调不同的问题运用不同的管理办法，特别是对于那些首次出现的例外问题的处理，强调的是管理的艺术。

如何对待不同特点的员工

对不同表现的人

表现比较好的人：一是用他的长处使他用自己的实绩显示自我；二是用人才互补结构弥补他的短处，保证他的长处得以发挥。

表现一般的人：给其在他人面前表现自己的机会，求得别人的信任和自己的心理平衡，也要注意鼓励他们用自己的行动证明自己的能力。

表现较差的人：可以给他们略超过自己能力的任务，使他们得到成功体验，建立起可以不比别人差的信心。同时注意肯定他们的长处，一点点起动起来。

对能力、经验等状况不同的人

有能力、有经验、有头脑的人：可以采取以目标管理为主的方式。在目标、任务一定的情况下，尽量让他们自己选择措施、方法和手段，自己控制自己的行为过程。还可以适当扩大他们的自主权，给他们回旋的余地和发展的空间。

能力较弱、经验较少、点子不多的人：可以采取以过程管理为主的方式。用规程、制度、纪律等控制他们的行为过程；或用传、帮、带的方式，使他们逐渐积累经验，提高能力。

（三）三个目标

1. 学习一套行话

三百六十行，每一行都有自己的“行话”，管理学自然少不了形形色色的关键词，比如授权、CEO、扁平化、柔性、头脑风暴、木桶定律、统一管理、强文化……

外行看热闹，内行看门道。所以，初入门者先要学习管理的语言，以体现自己是行内中人，能用专业的语言阐述管理问题，这是学习管理最基本的要求。

啤酒与尿布

在一家超市中，人们发现了一个特别有趣的现象：尿布与啤酒这两种风马牛不相及的商品居然摆在一起。但这一奇怪的举措居然使尿布和啤酒的销量大幅增加了。这可不是一个笑话，而是一直被商家所津津乐道的发生在美国沃尔玛连锁超市的真实案例。原来，美国的妇女通常在家照顾孩子，所以她们经常会嘱咐丈夫在下班回家的路上为孩子买尿布，而丈夫在买尿布的同时又会顺手购买自己爱喝的啤酒。这个发现为商家带来了大量的利润，但是如何从浩如烟海却又杂乱无章的数据中发现啤酒和尿布销售之间的联系呢？这又给了我们什么样的启示呢？

"啤酒和尿布"的故事是营销界的神话，"啤酒"和"尿布"这两个看上去没有关系的商品摆放在一起进行销售、并获得了很好的销售收益，这种现象就是卖场中商品之间的关联性。研究"啤酒与尿布"关联的方法就是购物篮分析。购物篮分析是沃尔玛秘而不宣的独门，它可以帮助我们在门店的销售过程中找到具有关联关系的商品，并以此获得销售收益的增长。

"啤酒与尿布"是管理领域营销管理的行话，行内中人听到该名词都能会心一笑，不需过多解释。与其他行业一样，管理领域也有自己的通用语言。

2. 了解一套观念

学习管理最大的改变和收获是观念上的，管理学可以改变你对人生、对世界的看法。

蝴蝶效应

20 世纪 70 年代，美国一个名叫洛伦兹的气象学家在解释空气系统理论时说，亚马逊雨林一只蝴蝶偶尔振动翅膀，也许两周后就会引起美国得克萨斯州的一场龙卷风。

蝴蝶效应是说，初始条件十分微小的变化经过不断放大，对其未来状态会造成巨大的差别。有些小事可以糊涂，有些小事如经系统放大，则对一个组织、一个国家来说是很重要的，就不能糊涂。

今天企业的命运同样受“蝴蝶效应”的影响。消费者越来越相信感觉，所以品牌消费、购物环境、服务态度……这些无形的价值都会成为他们选择的因素。所以只要稍加留意，我们就不难看到，一些管理规范、运作良好的公司在他们的公司理念中都会出现这样的句子：

“在你的统计中，100名客户里只有一位不满意，因此你可骄称只有1%的不合格，但对于该客户而言，他得到的却是100%的不满意。”

“你一朝对客户不善，公司就需要10倍甚至更多的努力去补救。”

“在客户眼里，你代表公司。”

今天，能够让企业命运发生改变的“蝴蝶”已远不止“计划之手”，随着中国联通加入电信竞争、私营企业承包铁路专列、南京市外资企业参与公交车竞争等新闻的出现，企业坐而无忧的垄断地位日渐势微，开放式的竞争让企业不得不考虑各种影响发展的潜在因素。

精简机构、官员下岗、取消福利房等措施让越来越多的人远离传统的保障，随之而来的是依靠自己来决定命运。而组织和个人自由组合的结果就是：谁能捕捉到对生命有益的“蝴蝶”，谁就不会被社会抛弃。

类似的学习管理后的启示还很多，像“鲇鱼效应”、“羊群效应”、“青蛙现象”等。不仅如此，还有“变把事情做对为做对的事情的观念”、“变控制为服务的观念”等。学习了管理并认真领会后，观念的转变就潜移默化了。

3. 养成一套习惯

有一则老笑话：从前有一个剃头学徒在冬瓜上练手，每次刮完都将剃头刀插在瓜上。此人终于出师了，给人剃头，却习惯性的把刀插在人脑瓜上了。

剃头人的这件蠢事不见得是因为他智商低，而是由于他日常不经意间养成的习惯。俗话说：“习惯成自然。”就像加速的车不可能说停就停一样，习惯是驱使你的行动乃至思想的看不见的力，不由你经过复杂过程的推理判断，就已自然而然地把你推向了成功抑或失败之境。难怪有人说：“习惯决定命运。”

学习管理最终达到的境界则是将所学融会贯通，潜移默化，自然而然地内化成一套从管理的角度进行思维的习惯。

（四）四个职能

前面已经提到过：职能即功能。

管理是人们进行的一项实践活动，是人们的一项实际工作、一种行动。人们发现在不同的管理者的管理工作中，管理者往往采用程序具有某些类似、内容具有某些共性的管理行为，比如计划、组织、控制等，人们对这些管理行为加以系统性归纳，逐渐形成了“管理职能”这一被普遍认同的概念。

所谓管理职能，是管理过程中各项行为的内容的概括，是人们对管理工作应有的一般过程和基本内容所作的理论概括。管理职能一般根据管理过程的内在逻辑，划分为几个相对独立的部分。

确定管理职能对任何组织而言都是极其重要的，但作为合理组织活动的一般职能，究竟应该包括哪些管理职能呢？管理学者至今仍众说不一。有的认为是四种职能，有的认为是五种职能，也有七种职能说……

不论是几职能说，以下的四大职能是被学者们普遍公认的。

1. 计划

计划即谋，是对未来活动如何进行的预先筹划和安排。管理的计划职能是最基本的首要管理职能，任何组织的管理过程都是从计划开始的，不仅为组织制定目标，而且提供指导方针与行动方案。

2. 组织

组织职能是管理者为实现组织目标而建立与协调组织结构的工作过程。简单地说，组织工作就是将合适的人放到合适的位置的过程，可以形象地理解为构建组织大厦的过程。

3. 领导

订好了计划，搭建了组织大厦，那么员工是否就能按照我们的预定计划，向着指定目标自动、自发地前进了呢？显然不能。

管理学中的领导与我们通常理解的高高在上的领导有所不同，是“领”和“导”的意思，即带领和引导，带领是将对方带到目的地，引导是给对方指明路径。

所谓领导，是指利用组织赋予的权利和自身的能力去指挥和影响下属为实现组织目标而努力工作的管理活动过程。

4. 控制

订好了计划，搭建了组织大厦，带领引导员工向组织目标进发，是否一切就能按照我们的设想实现了呢？也未必。

有句话说计划赶不上变化。事情的发展常常会产生偏差，控制职能是发现偏差及纠正偏差的过程，是指管理者为保证实际工作与目标一致而进行的活动。

第一章

管理、管理者和管理学

在自然界，蜜蜂和白蚁虽然也能营造非常精巧复杂的巢穴，但都只是一种自发的、本能的活动，绝不会有意识地进行规划、设计和组织施工。人类却不同，人类活动大多是由多个人组成的集体活动。这种大规模的集体活动客观上就要求与之相适应的管理，不然就会造成混乱和损失。

个人、组织、社会都有着自己的需求、理想，为了实现良好的目标和追求，必须进行有效的管理活动，否则愿望就有可能落空。人类活动都建立在对资源的利用之上，然而，世界上的绝大部分资源都是稀缺的，并非取之不尽、用之不竭的。作为资源使用者的企业组织，使用资源是要支付成本的，管理很重要的一个任务就是有效利用有限的资源，降低活动成本。可以这样说，人类正是在为实现预期目的的活动中，在不断地劳动、思考、谋划、设计和组织管理的过程中，逐渐进化的。

第一节　什么是管理

一、管理的定义

人类的思想和人类的活动同样久远，自有人类活动开始就有了人类的思想。

古代中国人修建了长城，古埃及人建造了金字塔。很难想象，这样宏大的工程如果没有计划、组织、领导和控制怎能完成。

所以说管理活动自古有之，也就是说那时候就有管理思想产生。

(试问:一个人有无管理活动?孤岛上的鲁滨逊在进行管理吗?)

在管理学中,管理的产生有两个条件:两人以上的集体活动;共同的目标。

【案例 1-1】

留个缺口给别人

一位著名企业家在作报告,一位听众问:"你在事业上取得了巨大的成功,请问,对你来说,最重要的是什么?"

企业家没有直接回答,他拿起粉笔在黑板上画了一个圈,只是并没有画圆满,留下一个缺口。他反问道:"这是什么?""零"、"圈"、"未完成的事业"、"成功",台下的听众七嘴八舌地答道。

他对这些回答未置可否:"其实,这只是一个未画完整的句号。你们问我为什么会取得辉煌的业绩,道理很简单:我不会把事情做得很圆满,就像画个句号,一定要留个缺口,让我的下属去填满它。"

(请问:你怎么理解企业家的回答?)

管理启示:留个缺口给他人,并不说明自己的能力不强。实际上,这是一种管理的智慧,是一种更高层次上带有全局性的圆满。给猴子一棵树,让它不停地攀登;给老虎一座山,让它自由地纵横。也许,这就是企业管理用人的最高境界。

(请问:你愿意下属的能力比你强吗?为什么?)

现代管理大师彼得·德鲁克曾说过:"在人类的历史上,还很少有什么事比管理的出现和发展更为迅猛,对人类具有更为重大和更为激烈的影响。""管理,从根本意义上讲,意味着用智慧代替鲁莽,用知识代替习惯和传统,用合作代替强制。""只要西方文明本身还能生存下去,那么管理人员就始终是基本的和支配性的力量。"

那么究竟管理是什么?说法很多:管理就是"管辖"和"处理";管理就是决策;管理就是管人;管理就是组织、协调、优化。

一名学生拿到试卷时对爱因斯坦说:"教授,上面的问题和去年的完全一样呀。"爱因斯坦答道:"是的,但今年的答案不同了。"

对于管理的定义始终是动态变化的。先看看各位学者是如何定义管理的。

(1)“科学管理之父”泰勒:“管理就是要确切地知道要别人干什么,并注意让他们用最好的办法去干。”

(2)法约尔:“管理就是实行计划、组织、指挥、协调和控制。”

(3)西蒙:“管理就是决策。”

(4)孔茨:“管理就是为实现预定目标而进行的计划、组织、人员配备、领导、控制。”

(5)罗宾斯和库尔塔:“管理指的是和其他人一起且通过其他人来切实有效的完成活动的过程。”

管理的定义之所以如此多样化的原因有以下几个方面。

(1)管理科学是一门年轻的科学,到现在也就一百多年的历史,还不够成熟。

(2)每个学者的研究立场、方法、角度是不同的。

(3)管理是个历史概念,还在不断发展变化当中。

(4)管理的内涵极其丰富,管理学是交叉、边缘学科,管理学理论呈丛林状态分布。

以上原因使得每个学者给出的管理定义各不相同,不存在谁正确、谁不正确的问题,要学好管理学就要学会融会贯通地理解各家之言。

综合各家观点,我们对管理给予以下定义:管理指的是一定组织中的管理者,在特定的环境下,通过信息获取、决策、计划、组织、领导、控制和创新等职能来优化配置和协调包括人力资源在内的一切可以调用的资源,以有效实现单独的、个人无法实现的既定目标的过程。

二、管理定义的含义

这一定义包含以下几个方面的内容。

(1)管理的载体是组织,管理存在于一定的组织中。

(2)管理的本质是活动或过程。

(3)管理的对象是包括人力资源在内的一切可以调动的资源。

(4)管理职能包括计划、组织、领导、控制等。

(5) 管理是有目的性的活动，目标仅凭个人的力量是无法实现的，管理者的业绩是由他人来衡量的。

(6) 管理要保证资源的有效配置，做正确的事和正确地做事，既有效能，又有效率。

(7) 管理在一定的环境条件下展开，并且受其影响，两者相互作用，环境既提供了机会，也提供了威胁。

从这一定义，我们还可以总结出管理包含的几大要素，如图 1-1 所示。

(1) 管理主体：由谁进行管理，管理的主体是人。

(2) 管理对象：可用资源（人、财、物、信息、时间）。

(3) 管理目标：适应环境获取较高的效率、经济效益和社会效益。

(4) 管理的职能和方法手段：计划、组织、指挥、控制、创新等。

(5) 管理的环境和条件。

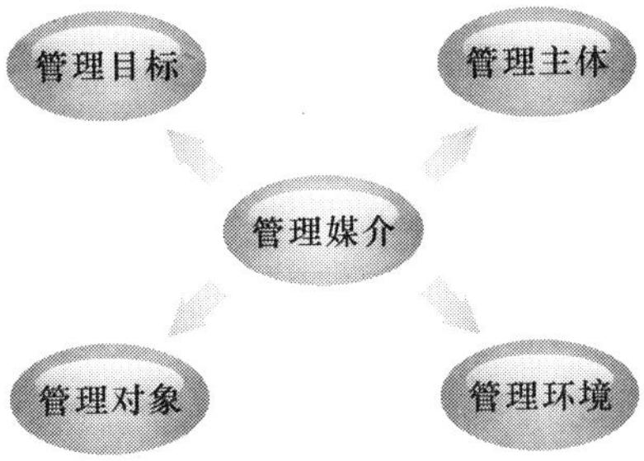

图 1-1　管理的基本要素

第二节　管理与组织

一、组织的定义

组织指的是两个或两个以上的人为共同目标而组成的有机整体。组织的特征和外部要素如图 1-2 和图 1-3 所示。

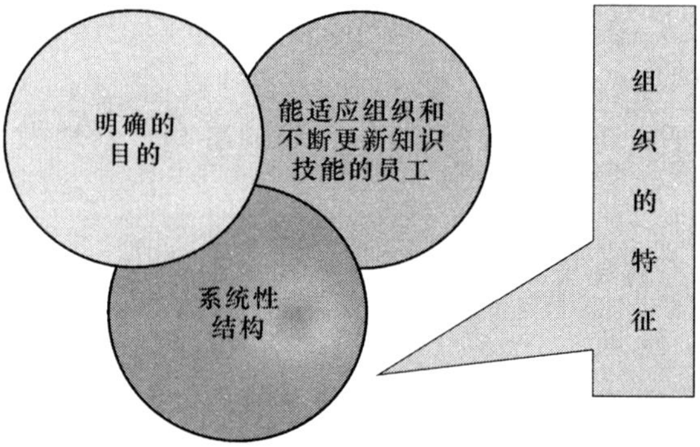

图 1-2　组织的特征

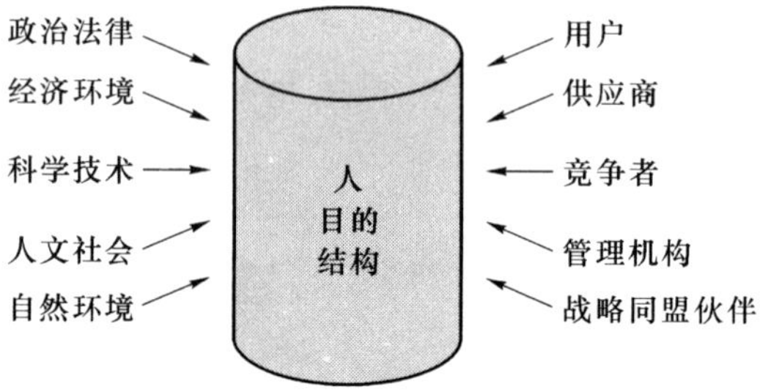

图 1-3　组织外部要素

二、管理与组织

管理的载体是组织，管理总是存在于一定的组织之中，管理行为发生在组织之中。

管理适用于任何类型的组织，不管是营利性组织，还是非营利性组织中，都存在管理行为。

（试问：你所了解的组织中哪一些是非营利组织？非营利组织需要哪些管理活动？）

任何组织存在的目的都是为了实现组织目标。实现组织目标的具体行为大致分为两类——作业工作和管理工作。

第三节 管理的特征与性质

一、管理的特征

1. 目的性

管理是人类一种有意识、有目的的活动，因而有明显的目的性。

2. 组织性

管理的载体就是组织，因为个体的能力总是有限的。大到国家组织，小到家庭组织，都有管理问题存在。

（思考：自己家庭中谁是管理者？谁是被管理者？有什么样的管理问题？是如何解决的？）

3. 人本性

人本性即以人为本。在管理中要以人为中心，把尊重人、理解人、调动人的积极性放在首位，把人视为管理的重要对象和组织的重要资源。

【案例 1-2】（片段式案例）

某大型企业的人力资源总监正出席董事会，准备向董事们汇报当年的人力资源管理状况，忽然收到人力资源部门一个员工的短信，说有重要的私事要与他面谈，人力总监回短信告知正在开董事会，并提出会后见面，该下属坚持要立刻见他。

（请问：如果你是该人力资源总监，会如何处理？你会向董事会请假吗？）

4. 创新性

创新性指管理本身是一种不断变革、不断创新的社会活动。要跟上时代发展的脚步、适应竞争，企业必须要通过创新求生存、求发展。

但另一方面，管理也不是只求创新就是好的，也要把握好度，使创新与维持达到统一，就是适度地创新。

【案例 1-3】

可口可乐的创新之路

20 世纪 70 年代末 80 年代初，可口可乐面临后起之秀百事可乐的挑战。

可口可乐幕后老板伍德拉夫经营了 60 年，都没敢动念头修改配方。首席执行官郭思达新官上任，锐意改革。郭思达用了两年时间研制出了一种新型口味的可口可乐。它比老可乐口感更柔和、口味更甜、泡沫更少。可口可乐公司花了 400 万美元进行了又一轮的口味测试，测试的结果是 60%的消费者认为新可乐比原来的好，52%的人认为新可乐比百事好。这下，郭思达心里有底了。1984 年的圣诞节期间，郭思达觉得找伍德拉夫的时机成熟了。

此时的伍德拉夫已经 95 岁高龄了，但是脑子还是非常清楚，他在床前听着郭思达的各种分析数据、对未来市场的美好预测以及对击败百事可乐的信心，一言不发。终于在沉默良久后，他说了三个字“去做吧”，之后再也不吭声儿了。

1985 年 4 月 19 日，又是一个星期五，郭思达在纽约召开了一个盛大的新闻发布会，面对着 700 名记者，郭思达宣布可口可乐将改变口味。

1985 年在纽约，从生产线上下来的第一批新口味的可口可乐就马上被送到了正在维修自由女神像的建筑工人手中。显然所有的一切都是精心策划的。

可口可乐的市场营销能力毋庸置疑。每年它都会请来世界上最好的艺术家为它制作新广告，每年也都会举办很多很有创意的营销活动吸引人们的眼球，甚至它花费巨资让四年一度的奥运盛会成为可口可乐的产品展销会。人们都说 21 世纪的经济是眼球经济、注意力经济。可在 20 世纪可口可乐就已经很擅长了。所以在如此强大的市场宣传攻势面前，似乎新可口可乐没有理由不能摧枯拉朽，无往而不胜。

结果如何呢？看看那些可口可乐迷的所作所为，您就明白了。据说，一个电视台的记者每天下午三点都会准时喝一瓶可口可乐，这是多年养成的生活习惯，有时甚至会有意不吃早餐和午餐，以便空出肚子多喝点可乐。他一听说可口可乐要改变口味，马上跑到最近的超市，一口气买了 110 瓶老口味的可口可乐。

一位退休的空军军官打算在死后火化，把自己的骨灰密封在可口可乐灌装瓶子里。但是听说可口可乐变味儿了，马上就考虑修改遗嘱。因为这已经不是他熟悉的可口可乐了，也不是那个跟他一块在蓝天战斗的可口可乐了。

一周之内，可口可乐公司每天能接到 5 000 个投诉电话，而电话的内容几乎都是一样的——批评可口可乐改变口味。美国媒体更是集中火力对可口可乐狂轰乱炸。刚开始，郭思达还很得意，因为无论是正面的报道还是负面的报道，毕竟在短短的几天时间里，新可乐在美国就取得了轰动性的宣传效果。用现在的话来说：事件营销得不错。但是随后几个月里，郭思达笑不出来了。到了 6 月份，电话投诉的数字变成了每天 8 000 个，公司还收到了 40 000 封投诉信。有人在信中写道，"可以重写《宪法》和《圣经》吗？对我来讲，改变可口可乐的配方，其性质一样严重。在我的生命中只有两件事情，上帝和可口可乐。而现在你们正在拿走其中一样。"其中有人甚至寄来了一张最高面值 1 000 万美元的空白支票，并且还附带一张纸条"你们是不是不要老配方了，就把它卖给我吧"。

郭思达大惑不解，可口可乐的消费者应该是非常忠实的，现在怎么这么善变？他命令可口可乐市场调查部门紧急出击，很快就拿到了新的市场调查报告，他们发现之前声称喜欢"新可乐"的顾客是 52%，而到了 6 月，一半以上的人说他们不喜欢了，到了 7 月，只剩下 30% 的人说"新可乐"好话了。愈演愈烈的愤怒情绪却继续在美国蔓延，再加上传媒还不停地煽风点火。郭思达实在扛不住了，他宣布恢复传统配方的生产，定名为经典可口可乐，同时继续生产"新可乐"。就在宣布消息的当天，公司接到了 18 000 个感激电话，经典可口可乐的复出几乎成了第二天全美各大报的头版头条。当月，经典可口可乐的销量不降反升，同比增长了 8%，股票也攀升到 12 年来的最高点，每股 2.37 美元，而新可乐的市场份额只有 0.6%。

尽管此时所有人都知道可口可乐的新口味彻底失败了，但郭思达还是不服输，甚至在五年后，他还新瓶装旧酒，把这个失败的配方产品再次拿了出来，更名为"可口可乐Ⅱ"继续销售，结果还是因为缺少购买者而草草收场。

（思考：可口可乐停止了新配方，是否停止了创新活动呢？）

5. 科学性（客观规律性，反对经验论）

管理作为一个活动过程，其间存在着一系列基本客观规律。人们从实践中升华和抽象出管理理论和一般方法，然后利用这些理论来指导自己的实践，并在实践中验证和丰富。因此，管理是一门科学。管理反映了管理活动自身的特点和客观规律性。

管理具有严谨性。公司战略的分析和设定有着特定的方法，公司组织结构的规划、管理层次的划分、管理幅度的设定都有着特定的方法，管理需要统计来支持预测，管理决策需要综合许多种情况，需要考虑各种情况发生的概率，从而最终做出能够使公司获利的决策。所有这些都证明了管理是科学，并不是拍脑袋就能出来的。一个明白了管理是门科学的人必然会努力去用众多的科学工具来武装自己，这是必须的。任何只是凭借着经验去管理的管理者最终会陷入管理的误区。

6. 艺术性（实践性，反对模式论）

艺术性是指在掌握一定理论和方法的基础上，管理者在管理实践活动中对管理原理运用的灵活性和对管理方式和方法选择的技巧性，要因地制宜地将管理知识与管理实践相结合。

当然我们也不否认经验在管理中的重要性。管理中的艺术性是需要一个管理者通过很多年、对很多事情的积累才能领悟到的。管理者的经验可以说是管理艺术性的基石。管理的艺术性包含了管理者对管理的领悟、对公司的感情、对处理人事关系的积累，只有当一个管理者经历过、成功过、失败过才能真正体会到管理中的艺术性是什么。可以说，管理的科学性是可以学习到的，一个管理者可以通过对理论的学习而具备管理的科学观，可以通过学习了解到各种管理工具和方法的使用方法和适用环境。但是管理的艺术性是无法学习到的。因为管理的艺术性与一个管理者的性格、生活背景、所面临的挑战等都有着密切的联系。而也正是管理的艺术性导致每一个管理者的管理思维、管理习惯是无法复制的。也就是说，世界上不存在两个完全一样的管理者。想通过复制一名成功的管理者而成就自身的成功是行不通的。

管理的艺术性与管理的科学性不矛盾。管理需要科学的理论指导，没有理论指导的实践是盲目的实践，盲目的实践是要失败的。但是管理理论是官僚实践的概括与抽象，具有较高的原则性，而每一项具体的管理活动都是在特定条件下展开的，因此要结合实际进行创造性的管理。

一名有着理论知识但没有实际管理经验的管理者可能会由于没有经历的积累而导致失败，而一名有着丰富管理体验的管理者也可能因为缺少理论基础，面对问题的时候总是希望求助于过去自己的经验，并由于经验而蒙蔽自己的双眼，从而影响到最终决策的正确性。实际上，管理的科学性和管理的艺术性是管理两个相辅相成的方面，缺一不可。管理的科学性使管理者在处理问题时有理可依，有据可寻；而管理的艺术性则使管理者能够灵活应变，而不致被管理理论的条条框框所束缚。

公司由小到大的过程中也体现出了管理的科学性与艺术性交替起作用。当一个公司刚创立的时候，由于员工较少，管理层次较少，所以管理者可以通过自己的努力管理公司中的每个员工，这时候管理的艺术性则起到了更大的作用。管理者的人格魅力会得到充分的展示，也对公司的发展起着至关重要的作用；当公司发展到一定程度时，由于公司规模的逐步扩展、管理层次的增加，管理者的精力已经无法顾及到公司的每个角落，这时候管理的科学性就起了作用。管理体系的设计和制度的建立使得公司的运作在运营规范的指导下井井有条地进行。这个时期的公司是需要规范的。只有通过管理规范才能使公司的运转走上正轨，从而与过去做事随意的现象说再见。这个时期的公司讲的不再是艺术，而是纪律，铁的纪律，任何员工都应该在管理制度的指导和约束下，完成属于自己的工作。再往下发展，公司则又应该回到管理艺术的时代。但这个时代是建立在管理制度规范化的基础上的。这个时期管理的艺术是管理科学化后的艺术。

在管理中科学不是绝对的，艺术也不是绝对的，理论不是万能的，经验也不是万能的。真正成功的管理者应该是能够用理论来指导实践，能够从实践中升华理论的人。

管理的科学化有利于企业的迅速扩展，就如同麦当劳、肯德基这样的快餐企业一样，每一个管理内容都写在制度中，大到原材料要求，小到每一根吸管的长度，而在全球范围内适用。这样的科学化能使其在发展过程中有效减少机会成本，使得发展速度最大化；而艺术性则是像中餐一样，它的口感色泽都被赋予了厨师的个人风格，他人难以模仿，这限制了其发展，但同时也是吸引顾客的一个重要方面。

如同西餐和中餐的区别一样，西方的管理者似乎更重视管理的科学性，所以很自然的，管理理论来源于西方，东方的管理者则更擅长艺术性的管理，比如周恩来总理，他就是深谙管理艺术的大师。近年不少人推崇的中国式管理也更多的是有关管理的艺术性方面。

作为管理者，我们应该多学习西方管理科学性的一面，以严谨的态度对待管理，但是并不等于照搬硬套，也要艺术性地处理，二者兼顾，相辅相成，这也是管理学作为交叉学科不同于其他之处。

（有人可能会问：管理的科学性可以找到学习途径，管理的艺术性如何学习呢？请大家思考这个问题。）

二、管理的性质

管理具有二重性，这是马克思主义关于管理问题的基本观点。

1. 自然属性

自然属性与生产力和社会化大生产相联系。

社会化生产中的协作活动需要管理，这是由生产社会化引起的，是有效地组织共同劳动所必需的，与具体的生产方式和特定的社会制度无关。

自然属性体现在以下两个方面。

(1) 管理是社会劳动过程的一般要求。管理是社会化生产得以顺利进行的必要条件。

(2) 管理在社会劳动过程中具有特殊的作用，只有管理才能使生产过程中各种要素得以组合和发挥作用。

2. 社会属性

社会属性与生产关系和社会制度相联系。

管理是为统治阶级服务的，受一定生产关系、政治制度和意识形态的影响和制约，体现出生产资料占有者指挥劳动、监督劳动的意志。

社会属性体现在：管理作为一种社会活动，它只能在一定的社会历史条件下和一定的社会关系中进行。

管理的二重性是相互联系、相互制约的。自然属性不能孤立存在，它总是在一定的社会形式、社会生产关系下发挥作用；社会属性也不可能脱离管理的自然属性而存在，否则管理的社会属性就成为没有内容的形式。自然属性要求具有一定社会属性的组织形式和生产关系与其相适应；社会属性也必然对管理的方法和技术产生影响。

3. 学习管理的二重性的意义

(1) 明确管理是生产力和生产关系的辨证统一。

(2) 大胆地引进吸收。

(3) 批判地吸收。

(4) 因地制宜，因时制宜。

(5) 认识和掌握管理的特点和规律，创造具有中国特色的管理理论的指导思想。

第四节　管理的作用

管理的作用在于它的有效性，追求效能与效率的统一。效能指选择正确目标的能力和实现预期目标的程度。这就是我们所说的“做正确的事”。效率是目标实现过程中的资源利用情况，即投入与产出。这就是我们所说的“正确地做事”。

有两个饥饿的人得到了一位长者恩赐的一根鱼竿和一篓鲜活硕大的鱼。一个人要了一篓鱼，另一个人要了一根鱼竿。得到鱼的人马上就把鱼煮了，吃个精光，不久便饿死在空空的鱼篓旁。另一个人则提着鱼竿满怀憧憬地向海边走去。当他已经看到不远处那片蔚蓝色的海洋时，浑身最后一点力气也使完了，他也只能带着无尽的遗憾撒手人间。

同样是两个饥饿的人，同样得到了长者恩赐的一根鱼竿和一篓鱼。但是他们并没有各奔东西，而是商定共同去找寻大海，他俩每次只煮一条鱼，经过遥远的跋涉，来到了海边。从此，两人开始了捕鱼为生的日子，几年后，他们盖起了房子，有了各自的家庭、子女，有了自己建造的渔船，最终过上了幸福安康的生活。

得到恩赐是一种幸福。不过，单单得到一根鱼竿或者是一篓子鱼，都还不够。同时拥有这两样东西才可能最终得到幸福。

能够做正确的事，或者是能够正确地做事，都可以算得上是一种幸福。但是，千万不要满足于此，须知，对于成功者，效能和效率一个都不能少。

做正确的事是前提。事一旦选错了会使我们在错误的方向上越走越远。毕竟像哥伦布那样在错误方向的导引下却能够发现美洲新大陆的机会很少。

那么如何正确地做事呢？再正确的事如果没有很正确地去做也注定只是竹篮打水一场空，就像不能兑换的支票一样，只是废纸一张，毫无意义。

良好的战术永远代替不了正确的战略,卓越的执行能力永远代替不了制定目标的工作。目标永远只是取得竞争优势的必要条件而非充分条件。而不管目标多么正确,如果让执行力平庸的人或团队来实施,结果往往是平庸或糟糕的。

好的管理在于把对的事情做得更好。低水平的管理表现在:无效率(某些部门的办事程序)、无效果(某些企业的库存积压产品)、牺牲效率的效果。

(请思考:企业的库存是做什么用的? 可不可以没有库存? 库存达到多少为最佳?)

管理的目的就是以最少的资源来达到预定的目标,或者是运用现有的资源最大限度地实现预定的目标。

(请问:企业的高层管理者应把工作的重心放在效率上还是效能上?)

【案例 1-4】

20 世纪 90 年代中期,国家进行了金融体制改革,国有银行开始向商业银行转变,在这种形势下,各行纷纷打算拓展自己的业务。

某银行也制订了一个长远规划:通过不断增设营业部,在五年之内,把每年的储蓄额提高到 20 亿元。

经过几年的努力,该行在各地开设了 20 个营业部,而且在规定的时间内也达到了储蓄额为 20 亿元的目标,只有一件事出了差错:它亏了近 5 000 万元,使自身陷入困境,连掉头的机会也微乎其微。

(请问:该企业的经营是效率还是效果出了问题?)

第五节　管 理 职 能

管理职能即管理的职责和权限,也可以说是管理的功能,包括一般职能和具体职能,如图 1-4 所示。

确定管理职能对任何组织而言都是极其重要的,但作为合理组织活动的一般职能,究竟应该包括哪些管理职能呢? 管理学者至今仍众说不一,如法约尔的五大职能、三大职能的观点、行为科学的四大职能等。

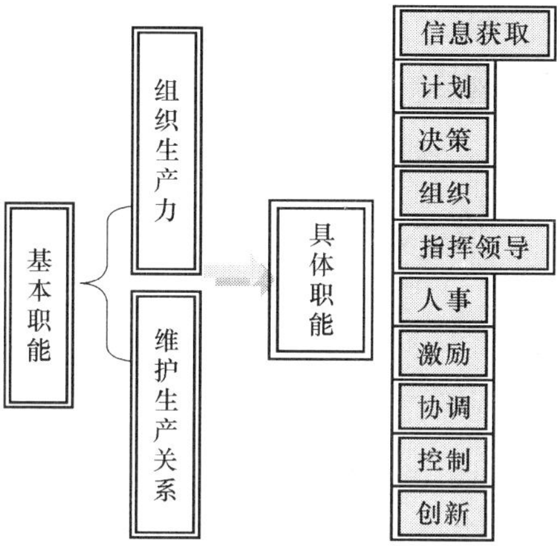

图 1-4　管理的职能划分

管理职能一般根据管理过程的内在逻辑,划分为几个相对独立的部分,如图 1-5 所示。划分管理的职能,并不意味着这些管理职能是互不相关、截然不同的。

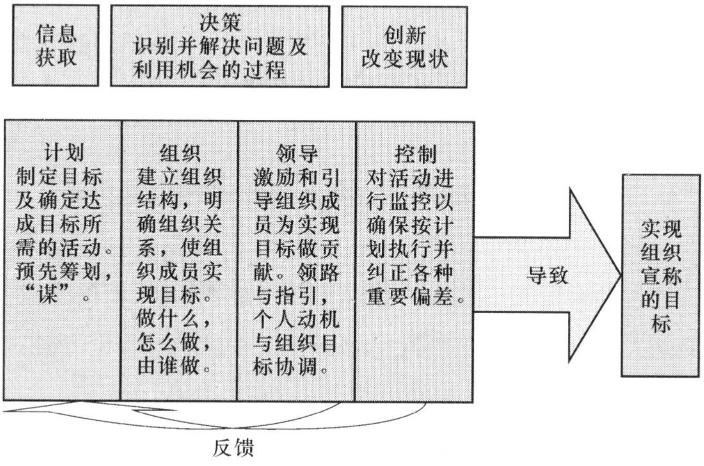

图 1-5　管理职能的内容

划分管理职能,其意义在于:管理职能把管理过程划分为几个相对独立的部分,在理论研究上能更清楚地描述管理活动的整个过程,有助于实际的管理工作以及管理教学工作。划分管理职能有助于管理者在实践中实现管理活动的专业化,使管理人员更容易从事管理工作。在管理领域中实现专业化,如同在生产中实现专业化一样,能大大提高效率。同时,管理者可以运用职能观点去建立或改革组织机构，根据管理职能规定出组织内部的职责和权力以及它们的内部结构，从而也就可以确定管理人员的人数、素质、学历、知识结构等。

第六节　管 理 者

【案例 1-5】

大约 30 年前，一名书生气十足、对被称作计算机的新奇设备颇有天赋的男孩把他编制的第一套软件——课程管理系统卖给了他就读的西雅图高中，得到了 4 200 美元的报酬。

如今，他已长大成人，可他还在卖软件，数不清的软件，而且他本人连续数年稳坐世界首富的交椅。

比尔·盖茨——微软公司创始人之一，在他孩童时代业余爱好的基础上一步一步缔造了一个巨大的软件帝国，他所走过的创业之路也已成为高科技企业大亨走向成功的康庄大道。

我们都承认微软公司的成功，那么比尔·盖茨是一个成功的管理者吗？管理者应该是什么样的人物呢？

成功的管理者没有固定的模式。管理者可以是不满 18 岁的未成年人，也可以是年逾 8 旬的老人，如今女性管理者已屡见不鲜。可以看到，世界各国的管理者都在做着他们的管理工作。

一、谁是管理者

管理者工作在组织中，但并非所有在组织中工作的人都是管理者，组织中成员分为两类：管理人员和作业人员。

作业人员指的是直接在某岗位上或某任务中制造产品或提供服务的人，不负有监管他人工作的责任。

管理人员指的是在组织中指挥他人活动的人，或对他人的工作负有责任的人。

管理人员与作业人员的不同在于：管理者需要协调别人的努力来共同实现组织目标。

关于管理者的传统观点一般强调职位、职权、下属。关于管理者的现代观点一般强调对组织富有贡献的责任。

【案例 1-6】

松下幸之助先生说，当他的员工在一百人时，他要站在员工的最前面，以命令的口气，指挥部属工作；当他的员工增加到一千人时，他必须站在员工的中间，诚恳地请求员工鼎力相助；当他的员工达一万人时，他只要站在员工的后面，心存感激就可以了；当他的员工达五万或十万人时，除了心存感激还不够，必须双手合十，以拜佛的虔诚之心来领导他们。

（你对松下幸之助先生这番话是如何理解的？）

管理人员的主要职责是：做好管理工作。

（思考：实践当中有没有错位现象？管理人员与作业人员的比例应该如何？是否存在失调现象？）

二、管理人员的分类

1. 按照层次划分

如图 1-6 所示，管理人员按照层次可划分为三类。

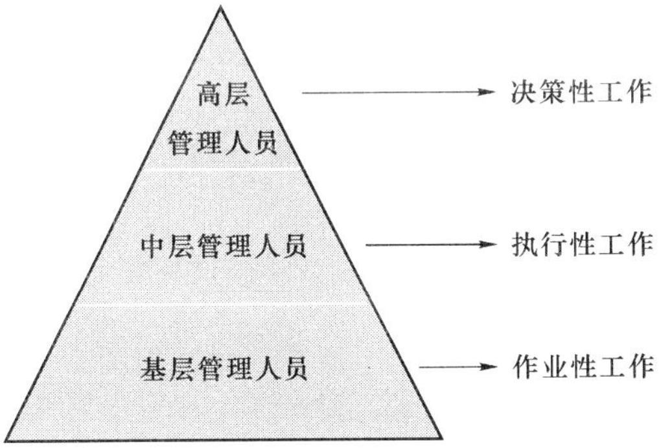

图 1-6　按层次划分管理人员

(1) 高层管理者：组织中的高级领导人，对管理负有全面责任，主要任务是制定战略目标、把握发展方向、拥有资源分配权等，如总经理，学校的正、副校长，企业的董事会成员，城市的正、副市长等。

CEO似乎是权力的核心，其工作很容易使人头脑发热。《财富》杂志形容"CEO病"为CEO坚信自己无所不能，结果成为糟糕的管理者。"CEO病"一般表现为：相信自己不会做错并拒绝承认任何错误；认为自己是成功所需要的唯一天才；周围都是对其所有想法说对的人。

(2) 中层管理者：介于高层和一线管理人员之间，有时称为战术管理者，负责将战略管理者制定的总体目标和计划转化为更具体的目标和任务，其主要职责有执行重大决策和管理意图、监督和协调基层管理人员的工作活动、具体工作的规划和参谋，如系主任，处长，企业中计划、生产、财务等部门的负责人，政府中的主任、局长等。

中层管理者一般可分为三类：行政管理人员、技术性管理人员、支持性管理人员。

(提示：现在中层管理者角色的变化趋势为：控制者→教练。请思考为什么？)

(3) 基层管理者：最直接的一线管理人员，通常被称为运作管理者，是直接监察实际作业人员的管理者，他本人也要参加劳动，直接与作业人员打交道，协调和解决工作中所遇到的各种具体问题，是整个管理系统的基础，其主要职责有直接给下属人员分派任务、直接指挥和监督现场作业活动、保证上级下达的各项计划和指令的完成，如工长、领班、小组长等。

三个不同层次的管理人员，其工作内容和性质存在很大的差别。一般来说，第一线管理人员所关心的主要是具体的战术性工作，而最高管理人员所关心的则主要是抽象的战略性工作。

以上三类管理者在四种管理职能上所花的时间如图1-7所示。

2. 按照专业领域划分

(1) 综合性管理人员：是指负责管理整个组织或组织中某个事业部的全部活动的管理人员，全面管理人、财、物。

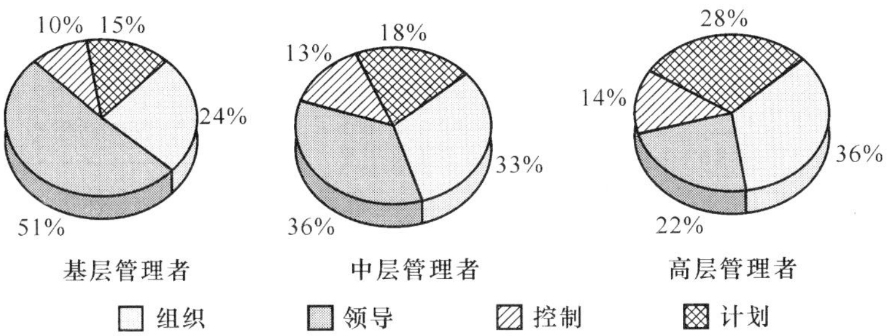

图 1-7　不同层次管理人员在四种职能上的时间分配

(2) 专业性管理人员：是指负责管理组织中某一类活动(或职能)的管理人员，比如生产管理人员、营销管理人员、人力资源管理人员、财务管理人员、行政管理人员、研究部门管理人员等。

三、管理者角色

经理角色学派是 20 世纪 70 年代在西方出现的一个管理学派，明茨伯格是经理角色学派的创始人。它是以对经理所担任的角色分析为中心来考察经理的职务和工作的。

经理角色学派的代表作就是明茨伯格的《经理工作的性质》(The Nature of Managerial Work)。管理者真正做了什么？他们是怎么做的？为什么要这样做？对这些古老的问题早就有许多现成的答案，但明茨伯格并不轻易相信这些现成的答案，而是深入研究现实。还是博士生的时候，明茨伯格就带着秒表去记录 5 位管理者真正在做什么。他花了一周时间对 5 位 CEO 的活动进行了观察和研究。明茨伯格发现，在企业管理过程中，管理者很少花时间做长远的考虑，他们总是被这样或那样的事务和人物牵引，而无暇顾及长远的目标或计划。一个显而易见的事实是，他们用于考虑一个问题的平均时间仅仅 9 分钟。所以，明茨伯格主张不应从管理的各种职能来分析管理，而应把管理者看成各种角色的结合体。

明茨伯格将经理们的工作分为 10 种角色，如表 1-1 所示。这 10 种角色分为 3 类，即人际关系方面的角色、信息沟通方面的角色和决策制定方面的角色。它们之间的关系如图 1-8 所示。

表 1-1　管理者角色

1. 挂名首脑	履行必要的例行义务	6. 发言人	向外界发布组织的政策，并回答有关的询问
2. 领导者	挑选、培育和鼓励下属	7. 企业家	寻求机会和改善组织的方法
3. 联络者	建立并维护外部接触和联系网络	8. 危机处理者	迅速处理及化解危机
4. 监听者	广泛收集与获取与工作和组织有关的信息	9. 资源分配者	分配组织的各种资源
5. 传播者	将获得的信息传送给组织的其他成员	10. 谈判者	作为组织的代表参加重要的谈判

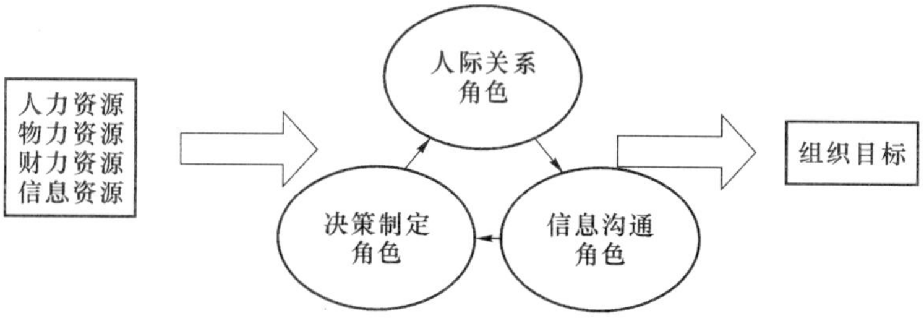

图 1-8　管理者角色关系图

(1) 作为挂名首脑的经理。由于组织的正式权威，经理必须履行一些形式上的职责，如礼仪活动、例行公事、签署文件、参加鼓舞人心的仪式等。所有这种角色都不涉及重要信息和重大决策，却是组织中不可少的，因为这种角色往往代表着组织的合法性、社会地位、外界影响等。

(2) 作为领导者的经理。领导者角色是管理文献中谈得最多的，其内涵是引导和激励，决定着组织的工作气氛。领导者角色首先是人事工作，包括雇佣、训练、评价、报酬、提升、解雇等，其次是诱导和激励，再次是对下属的探究和干预。领导者角色的本质是把个人需要和组织目标结合起来，最能体现经理的权力。

(3) 作为联络者的经理。联络者角色不包括组织的垂直联系，而是指组织的横向联系，具体内容就是建立经理与组织之外的个人和团体维持关系的网络。经理在接受外部信息方面处于独一无二的地位，并由此而确定组织的信息来源和社会地位。

(4) 作为监听者的经理。所谓监听者，就是信息的接收、加工者。经理人员所能接收的信息包括内部业务、外部事件、分析报告、各种意见和倾向、压力五大类。从信息来源渠道看，主要信息不是来自于书面，而是来自于口头；从重要性上看，正式渠道的信息远远比不上非正式渠道的信息。能帮助经理的，不是摘要，不是调查，而是具体零碎的信息片段。经理在很大程度上是靠玩信息拼图游戏来掌握相关事件底蕴的。

(5) 作为传播者的经理。经理所处的位置使他能够把外部信息传递给组织内部，把内部信息由一个部下传播给另一个部下。这种信息既包括关于事实的信息，也包括关于价值的信息。组织中的授权同信息传播直接关联。

(6) 作为发言人的经理。传播者角色是面对组织内部，发言人角色是面对组织外部。经理必须把信息传递给两个集团，一是对组织有重要影响的人群(如董事会或中层经理的上级)，二是组织外部的公众(如顾客、同行、政府、媒体等)。作为发言人，经理必须是专家，如医院院长的医疗见解，企业经理的产品知识等。

(7) 作为企业家的经理。企业家角色要求经理成为他的组织中大多数可控变化的发起者和设计者。这一角色的本质是利用一切机会，解决各种非急迫的问题。企业家开始于对组织的视察，发现问题并寻找机会，进行决策设计，采用改进性方案。

(请思考：是否管理者都是企业家？我们常称的企业家精神是一种什么精神？)

(8) 作为危机处理者的经理。危机处理者同企业家恰恰相反，他要处理的是非自愿或非预期的变化。企业家是努力去实现自己的愿望，而危机处理者是努力去避免自己不愿看到的事情发生。一般情况下，危机很少在例行的、正规的信息中反映出来，往往突如其来，经理对于排除故障，也往往优于其他活动。在处理危机上，经理更多地不是深思熟虑，而是快刀斩乱麻。排除危机往往会形成相关先例，进而对战略产生影响。

(9) 作为资源分配者的经理。组织资源包括人、财、物、时间、信誉等。经理的主要做法包括安排时间、安排工作、批准组织中其他人做出的决定。时间的安排决定着组织事务的优先顺序，工作的安排决定着组织的运作。批准他人的决定能够消除各个决定之间的明显冲突，使决策互相联系、互相补充，促成决策的连贯性和战略的一致性。

(10) 作为谈判者的经理。谈判者要处理的是组织与个人、这个组织与其他组织之间的冲突。谈判离不开经理,因为经理的挂名首脑角色能够增加谈判的可信性,发言人角色能够表达出组织的信息和价值系统,尤其是资源分配者角色可以当场调整资源配置。谈判的实质是现场资源交易。

(思考:管理者角色学说与管理职能学说是否矛盾?)

研究表明:对不同的管理者和不同类型企业的管理者而言,他们在这 10 种角色上分配的时间和 10 种角色对于他们的重要性并不相同。大、小企业中管理者角色的重要性如图 1-9 所示。

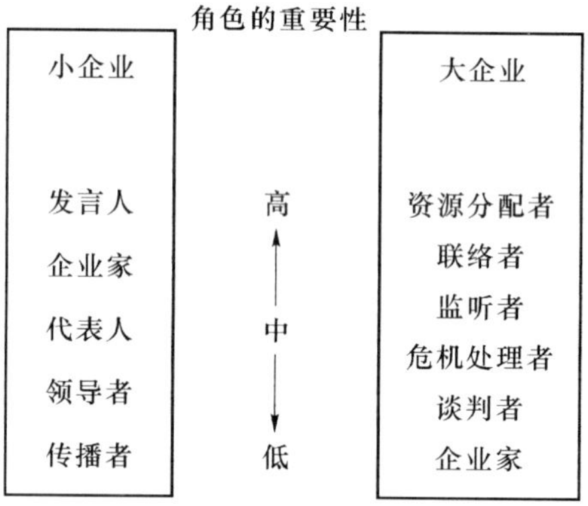

图 1-9　大、小企业中管理者角色的重要性

(请思考:大、小企业关注的重点有何不同? 为什么会有这样的不同?)

管理者要理性地对待工作。认清自己的角色。

(请问:管理者在上司、下属和同僚面前各扮演怎样不同的角色?)

四、管理人员的技能

1. 技术技能:专业知识、技术、经验

技术技能指与特定工作岗位有关的专业知识和技能,如生产技能、财务技能、营销技能等。管理者不必成为精通某一领域的技能专家,但需要了解并初步掌握与其管理专业相关的基本技能,否则很难与他所主管的组织内的专业技术人员进行有效的沟通,从而无法对所辖业务范围的各项工作进行具体的指导。

2. 人际技能：沟通、激励、与人相处

人际技能指与处理人际关系有关的技能，即理解、激励他人并与他人共事的能力。其包括领导能力，但其内涵远比领导能力广泛。因为管理者除了领导下属外，还要与上级领导和同级同事打交道，还得学会说服上级领导、领会领导意图、学会与同事合作等。

3. 概念技能：分析局势、把握机会、判断变化

概念技能指综观全局、认清为什么要做某事的能力，即管理者在任何混乱、复杂的环境中，敏锐地辨清各种要素之间的相互关系，准确地抓住问题的实质，果断地做出正确决策的能力。

要成为有效的管理者，必须具备上述三种技能，缺一不可。

对管理者来说，三种技能的重要性取决于管理者所在的管理层次。对于高层管理者，最重要的是概念技能。基层管理者最接近现场，专业技能格外重要。由于管理者的工作对象是人，因此人际技能对各个层次的管理者来说都是重要的。

补充资料：人际技能对于各级管理者的重要性

人际技能也就是所谓的“懂人”，指与处理人事关系有关的技能，即理解、激励他人并与他人共事的能力。

“世事洞明皆学问，人情练达即文章。”要在领导者的位置上坐好、坐稳，离不开与周围人群良好的关系，包括上级、下属、同行、外部等。这就是在领导活动中调节人际关系的艺术，其中包括协调同上级的关系、协调同级关系和协调与下属的关系。

协调好同上级的关系

要协调好同上级的关系应注意以下两点。

首先，必须正确认识自己的角色地位，努力做到出力而不越位。就是不该决断的时候不擅自决断，不该表态的时候不胡乱表态，不该干的工作不执意去干，不该答复的问题不随便答复，不该突出的场合不“抢镜头”等。

其次，要适当调整期望、节制欲望，学会有限度的节制。但这并不是说唯上级和领导者之命是从，关键要看上级政策和领导的决策是否正确合理，如有不当或者严重失误之处，也要学会合理斗争，坚持原则。实现这一点，前提条件是加强与上级的信息沟通和反馈，尽可能了解事情的真相，以免出现判断失误。

协调好同下属的关系

下级是领导者行使权力的主要对象。因此，公正、民主、平等、信任地处理与下级的关系，对搞好领导工作具有重要的意义。为了实现这一要求，必须讲究对下级的平衡艺术、引力艺术和弹性控制艺术。

平衡艺术就是在公正、平等的基础上建立与下级的和谐平衡关系，实现心理的可接受性和利益的相容性，达到行为的一致性。

引力艺术就是领导者缩小自己与下属的距离，使之紧密地团结在自己周围一道工作的过程。简单说，领导者应具有一定的吸引力。上下级之间在目标、情感、心理、态度、利益等方面一致起来，这样的领导才有威望。

弹性控制艺术就是领导者通过具有一定弹性空间或者弹性范围的标准检查、控制被领导者行为的过程。实现弹性控制既能使下属感到充分的自由，又能予以必要的法度约束。这是领导者行使权力的一门重要艺术。

协调好与同级之间的关系

作为领导者，协调好与同级之间的关系是影响个人发展的重要方面，也是整个团队积极向上、健康发展的重要因素。要正确处理好与同级之间的感情，可以从以下两方面着手。

首先，增进与同级的感情。感情是人际关系的“协调器”，同级之间的关系应当融洽，互为“心理防线”，这样自己在做工作的时候也顺当，而且心情愉快。

其次，竞争与合作共存。要处理好与同级领导之间的关系，需要领导者放开眼界，认清世界，不要做井底之蛙。要想到，同级与自身之间的竞争是磨砺自身的一个良好的环境，正确把握同级之间既竞争又合作的关系。

就不同层次的管理人员来说，对其所具备技能的要求有所不同，如图 1-10 所示。

图 1-10　对不同层次管理者的技能要求不同

思 考 题

1. 什么是管理？管理具有哪些特征？
2. 如何理解管理的特征？
3. 为什么说管理具有二重性？学习管理二重性的现实意义是什么？
4. 管理有哪些职能？
5. 管理者在组织中都要扮演什么样的角色？
6. 管理者应具有哪些能力和素质？
7. 现代管理学的研究内容有哪些？

第二章 管理理论

第一节　中国的管理思想

一、中国古代的管理思想

汉宣帝时有一位宰相名叫丙吉。有一年春天，丙吉乘车在外视察，当他经过一座繁华的都城街市时，恰巧碰见有人群斗，死伤极多，但是他却若无其事地走过现场，什么话都没说，下属们面面相觑，无奈地摇了摇头。不久，一头拉车的牛吐出舌头气喘吁吁地从对面走来。丙吉马上派人去问牛的主人到底是怎么一回事。旁边的随从看见这一切觉得很奇怪，为什么宰相对群殴事件不闻不问，却担心牛的气喘，如此岂不是轻重不分，人畜颠倒了吗？这时他的一个下属鼓起勇气请教丙吉。

丙吉微笑着回答他："取缔群殴事件是长安令或京兆尹的职责，身为宰相只要每年一次评定他们的勤务，再将其赏罚上奏给皇上就行了。宰相对于所有琐碎小事不必一一参与，在路上取缔群众围斗更不需要。而问牛的事则不同，现在是春天，天气还不应该太热，如果那牛是因为天太热而喘息，那今天的天气就不太正常，农事势必会受到影响。"众随从听后恍然大悟，纷纷称赞宰相英明。

作为世界四大文明古国之一，中国在人类文明史上留下过许多历史遗产，其中就包括了十分丰富的管理思想。中国传统的管理思想对世界文化，特别是对东方文化产生过巨大的影响，出现过孔子、管子、墨子、老子、庄子、孙子、韩非子、商鞅、诸葛亮等一大批政治家、思想家、教育家，他们同时也是伟大的管理学家。

从夏朝伊始，中国就有了系统的政府与组织管理的理论与实践，比如在官员选拔制度、人口田亩管理、财政赋税管理等方面，出现过许多杰出的管理人才，积累了宝贵的管理经验。中国古代有很多伟大的工程，如兵马俑、都江堰、京杭大运河、长城、故宫等，无一不显示出古人卓越的管理才能。

（一）中国传统管理思想的五大流派

1. 儒家

中华民族具有悠久的文化，远在先秦就形成了众多的流派，自从汉武帝“罢黜百家，独尊儒术”以后，儒学成为封建统治的指导思想，所谓半部论语治天下。儒家提出人性善的假设，依此相应提出施仁政、德治礼制的管理方式，用礼制规范和道德感化的手段，实现治国的目的。

儒家管理思想的核心和理论基础是“仁”，仁的精神实质是爱人。仁学主张以仁为管理的核心，凡事都以仁爱为原则，将心比心，推己及人。“己欲立而立人，己欲达而达人。”“己所不欲，勿施于人。”儒家崇尚德化的管理观点，认为应该将管理者的合理意图变成被管理者的自觉行动，将管理者的管理变成被管理者的自我管理。“道之以政，齐之以刑，民免而无耻。道之以德，齐之以礼，有耻且格。”儒家管理思想的目标是和谐。“和”是儒家管理思想中一个重要的价值准则。可以说，儒家“和谐”的管理思想体现出崇尚团结、讲求团队协作的价值观念。儒家倡导“以和为贵”，但坚持“和而不同”，要求人们在坚持原则的前提下，允许存在差异性、多样性，“和中有刚，刚中有柔，刚柔相济”。此外，儒家十分重视对管理者自身素质的要求，“身修而后家齐，家齐而后国治，国治而后天下平”。

2. 法家

法家是先秦诸子中对法律最为重视的一派，法家与儒家相反，提出人性恶的假设，因而力主推行法制，并以刑治为手段，通过严刑重罚推法护法，实现治国的目的。法家以法治国思想的主要内容是严刑厚赏，“赏厚而信，刑重而必”。所谓“以法治国”，就是把法律作为治理国家的准则，“君必有明法正义”，“治国无其法则乱”。法家认为法律有“定分止争”的功能，《商君书》里有个生动的说明：“一兔走，百人逐之，非以兔也。夫卖者满市，而盗不敢取，由名分已定也。故名分未定，尧、舜、禹、汤且皆如焉而逐之；名分已定，贪盗不取。”

在人事管理方面法家提倡贤能并举，“所举者必有贤，所用者必有能”。“官贤者量其能，赋禄者称其功”。韩非子认为，世人的天性既然都是趋利避害的，因此实行严格的赏罚制度是最有效的管理手段。他说：“闻古之善用人者必循天顺人而明赏罚。循天则用力寡而功立，顺人则刑罚省而令行，明赏罚则伯夷、盗跖不乱，如此则白黑分矣。”

3. 道家

道家是先秦时期以老子、庄子为代表的一个思想派别。道家的思想崇尚自然，其思想核心是“道”，其管理原则是“无为”，其管理谋略强调辩证思想。道家思想假设人性自然，主张恢复人的自然本性，因此在管理中不需要有太多的人为干预，而要因顺人性之自然，按照人性合理发展的规律来进行管理。

按照“无为而治”的原则，道家反对法令滋彰，“民不畏死，奈何以死惧之”。道家认为国家对私人活动要采取不干预的态度，采取放任的态度，“治大国若烹小鲜”。道家注重提高领导者品质。“我有三宝，持而保之。一曰慈，二曰俭，三曰不敢为天下先。”主张领导者要知人，更要自知。“知人者智，自知者明。”主张领导者要稳重、清静，保持清醒的头脑。在成绩面前，领导要克服骄傲情绪，不要骄傲自满：“果而勿矜，果而勿伐，果而勿骄”。此外，道家的辩证思想有无相生，以退为进，欲夺固予，是管理谋略的重要内容。

4. 墨家

墨家，由墨子所创建。墨子初学于儒术，但由于不满儒术所提倡的繁琐的“礼”，学习大禹刻苦简朴的精神，因而自立新说，创建了墨家学派。墨家学派对当时的思想界影响很大，与儒家并称“显学”，是儒家学派的主要反对派。前期墨家思想主要涉及社会政治、伦理及认识论问题；后期墨家在逻辑学方面有重要贡献。

“兼爱”是墨子思想的核心，他认为春秋战国时期社会动乱不安，主要就是由于人们不相爱造成的。“子自爱，不爱父，故亏父而自利；弟自爱，不爱兄，故亏兄而自利；臣自爱，不爱君，故亏君而自利。”在人才管理上，墨子提出“尚贤”。墨子认为，尚贤乃是为政之本，主张尊重贤才，任用能人。墨子经济管理思想的核心是“节用”。节用就是指要节约消费，不能奢侈。统治者注意节约消费。“凡足以奉给民用，则止。诸加费不加于民利者，圣王弗为。”

5. 兵家

兵家是先秦时期主要研究军事理论，从事军事活动的学派。兵家思想把政治、经济、军事、天文、地理、国际关系等各种客观因素作为决定胜负的条件，并把它们看成是相互关联的管理决策的统一整体，同时又把战争主观指导，即主体的决策、指挥、组织、运筹等军事理论素质（所谓的“将能 ”、“将才”）作为一项基本因素，并由此而引出争取战争胜利的一系列战法。

关于计谋（战略）的论述是兵家管理思想中内容最丰富的，许多名言已成为脍炙人口的管理格言，诸如：“知彼知己，百战不殆；知天知地，胜乃可全”，“居安思危”，“有备无患”，“先计后战”，“远交近攻”，“攻其无备、出其不意”，“避实击虚”，“兵贵其和，和则一心”，“三军一人，胜”，“三军可夺气，将军可夺心”等。虽然兵家论述的是用兵作战的规律（战略和战术），但其思想对所有的竞争性活动都具有普遍意义，当然包括今天的商业竞争，商场如战场，兵家思想揭示的许多带有规律性的原则是至今仍必须遵守的。

（二）中国传统管理思想的主要内容

1. 经济管理思想

中国古代十分关注义利思想，即关于人们求利活动与道德规范之间相互关系的理论。“利”主要指物质利益，“义”是指人们行动应遵循的道德规范。儒家承认求利之心，人人皆有，因而不反对求利，但是他们把义放在首位，认为求利活动应受义的制约。孔子主张重义轻利，不要积极追求物质财富，要“知命安贫”；主张财富的分配要适当。老子、庄子主张寡欲，对财富要有知足感。

为使中央集权的封建制国家富强，中国古代思想家提出了各种见解或政策。孔子提出要“足食足兵”，孔门有若提出“百姓足，君孰与不足”，荀子认为富国首先必须富民，“下贫则上贫，下富则上富”。商鞅在秦国变法时，提出富国强兵和“重本抑末”政策，他是法家富国理论最早的提出者和实践者。商鞅和以后的韩非子认为农业是衣食之本，又是战士之源，发展农业生产是国家富强的唯一途径，因此富国必须“重本”。同时，他们认为工商业是末业，易于牟利，如不加限制，就会使人人避农，危害农业生产，因而主张“禁末”。

2. 运筹决策的思想

（1）运筹

汉高祖刘邦的著名谋士张良为推翻秦朝，打败项羽，统一全国立下了盖世奇功，刘邦赞誉他“夫运筹策帷帐之中，决胜于千里之外”。20 世纪 30 年代西方发展起来的 Operations Research 主要探讨在预定目标和约束条件下，如何选择最优方案和实施有效管理。后来我国在引入这门学科时，便用“运筹”的意译来定名，包含了运用筹划、以智取胜的深刻含义。中国古代的田忌赛马、围魏救赵、沈括运粮都是此方法的运用，其中以丁渭一举三得修建皇宫为典范。

宋真宗大中祥符年间（1008—1017 年），都城开封里的皇宫失火，需要重建。丁渭受命负责限期重新营造皇宫。建造皇宫需要很多土，丁渭考虑到从营建工地到城外取土的地方距离太远，费工费力，于是下令将城中街道挖开取土，节省了不少工时。挖了不久，街道便成了大沟，丁渭又命人挖开官堤，引汴河水进入大沟之中，然后调来各地的竹筏、木船经这条大沟运送建造皇宫所用的各种物材，十分便利。等到皇宫营建完毕，丁渭命人将大沟中的水排尽，再将拆掉废旧皇宫以及营建新皇宫所丢弃的砖头瓦砾填入大沟中，大沟又变成了平地，重新成为街道。这样，挖土、运送物材、处理废弃瓦砾等三件工程一气呵成，节省的工费数以亿万计。

（2）决策

在《孙子兵法》中，孙武提出了许多关于军事决策和策略优劣的准则，以及解决军事问题的最佳方案。如在《势篇》中，孙武指出：“故善战者，求之于势，不责于人，故能择人而任势。”在《谋攻篇》中，他指出：“凡用兵之法，全国为上，破国次之；全军为上，破军次之；全旅为上，破旅次之；全卒为上，破卒次之；全伍为上，破伍次之。是故百战百胜，非善之善者也；不战而屈人之兵，善之善者也。”在孙武看来，用兵的上策是以谋略胜敌，其次是通过外交手段取胜，再次是使用武力战胜敌人，最下策是攻城。诸葛亮的《隆中对》也是一个高瞻远瞩、善于分析形势和未来的决策典范。

3. 关于人的行为的思想

管子认为一般的人都有趋利避害的特性，所有的人，不分贵贱都是“得所欲则乐，逢所恶则忧”，“民予则喜，夺则怒”。“仓禀实则知礼节，衣食足则知荣辱”。管子、韩非子都认识到人的行为的根本动力是追名逐利，因此直言不讳地提倡功利主义的赏罚理论。管子认为:“赏不可以不厚,禁不可以不重。”韩非子提出:“赏莫如厚,使民利之;誉莫如美,使民荣之;诛莫如重,使民畏之;毁莫如恶,使民耻之。”

4. 关于领导艺术

(1) 顺道

中国历史上的“道”有多种含义,属于主观范畴的“道”,是指治国的理论;属于客观范畴的“道”,是指客观经济规律,又称为“则”、“常”。这里用的是后一含义,指管理要顺应客观规律。司马迁把社会经济活动视为个人为了满足自身的欲望而进行的自然过程,在社会商品交换中,价格贵贱的变化也是受客观规律自然检验的。他写道,人们为求自身利益,“以得所欲”,“任其张,竭其力”,“各劝其业,乐其表,若水之趋下,日夜无休时,不召而民自来,不求而民出之,岂非道之所符,而自然之验邪?”

都江堰的修建是顺应自然规律,变害为利,水、地、人高度协和统一,是全世界最伟大的生态水利工程之一。

(2) 重人

这是中国传统管理的一大要素,包括两个方面:一是重人心向背,二是重人才归离。要夺取天下,治好国家,办成事业,人是第一位的。我国素有“求贤若渴”一说,表示对人才的重视。诸葛亮在《前出师表》中总结道:“亲贤臣,远小人,此先汉之所以兴隆也;亲小人,远贤臣,此后汉之所以倾颓也”。

孔子在陈国和蔡国之间的地方(缺粮)受困,饭菜全无,七天没吃上米饭了。白天睡在那,颜回去讨米,讨回来后煮饭,快要熟了,孔子看见颜回用手抓锅里的饭吃。一会,饭熟了,颜回请孔子吃饭,孔子假装没看见(颜回抓饭吃的事情)。孔子起来的时候说:“刚刚梦见我的先人,我自己先吃干净的饭然后才给他们吃。”颜回回答道:“不是那样的,刚刚碳灰飘进了锅里(弄脏了米饭),丢掉又不好,就抓来吃了。”孔子叹息道:“(按说)应该相信看见的,但是并不一定可信;应该相信自己的心,自己的心也不可以相信。你们记住,要了解一个人不容易啊。”

(3) 守信

古人十分重视诚信。老子讲:“信言不美,美言不信。”墨子讲:“言必信,行必果,使言行之合,犹符节也。”无论是治国还是做人,都要守信。周幽王烽火戏诸侯是历史上一个著名的反面教材。

春秋战国时，秦国的商鞅在秦孝公的支持下主持变法。当时处于战争频繁、人心惶惶之际，为了树立威信，推进改革，商鞅下令在都城南门外立一根三丈长的木头，并当众许下诺言：谁能把这根木头搬到北门，赏金十两。围观的人不相信如此轻而易举的事能得到如此高的赏赐，结果没人肯出手一试。于是，商鞅将赏金提高到50金。重赏之下必有勇夫，终于有人站起将木头扛到了北门。商鞅立即赏了他50金。商鞅这一举动，在百姓心中树立起了威信，而商鞅接下来的变法就很快在秦国推广开了。新法使秦国渐渐强盛，最终统一了中国。

(4) 人和

和就是调整人际关系，讲团结，上下和，左右和。我国历来把天时、地利、人和当做事业成功的三要素。孔子说："礼之用，和为贵"。战国时赵国的将相和故事妇孺皆知，被传颂为从大局出发讲团结的典范。

中国传统的管理思想极为丰富，有不少内容至今仍闪耀着光彩，现代管理学中的一些观点、理论和方法也都可以从古代思想宝库中直接或间接地找到有益的借鉴。需要注意的是在中国传统的管理中，管理效果主要取决于管理者个人的素质和经验，是一种典型的经验管理。

二、中国近代的管理思想

(一) 近代管理思想的历史轨迹

管理思想的融合时期分为近代前期与近代后期。

(1) 近代前期：鸦片战争到辛亥革命以前。

地主阶级改革派林则徐、魏源做引进西方的最初尝试，洋务派李鸿章、张之洞提出以"自强"、"求富"为管理目标，资产阶级改良派康有为、梁启超推出建立资产阶级君主立宪制国家的改革措施；资产阶级代表人物孙中山等提出以"三民主义"为特征的宏观管理思想。

(2) 近代后期：辛亥革命到中华人民共和国成立以前。

代表人物有民族资产阶级企业家张謇、穆藕初、荣宗敬、刘鸿生、卢作孚等。引进的同时，运用中国传统管理思想，创造出中国特色的近代民族资产阶级企业经营管理模式。

（二）近代管理思想的特点

（1）是中国管理思想融合的阶段。

在不触动封建制度的前提下，先是资产阶级改良派主张君主立宪、改革官制，接着是资产阶级革命派主张推翻君主专制、建立民国，使传统行政管理思想发生了新的转变，也是西方资产阶级政治思想传入和冲击的结果。

（2）管理思想出现了新的内容。

近代产生了新式工商企业，民族企业家最早把美国泰罗的科学管理原理引进国内，又继承中国传统管理思想的精华，与西方科学管理思想融合。

三、中国现代的管理思想

（一）毛泽东的管理思想

毛泽东的管理思想是丰富的，他提出的社会主义管理中的一些重要指导原则和具体思想为探索有中国特色的社会主义现代管理体制提供了历史性的思想理论成果，作出了重要的理论贡献。

（1）实事求是。实事求是就是一切从实际出发，理论联系实际，坚持实践是检验真理的唯一标准。把这一基本要求用更为通俗的语言表达出来就是“没有调查就没有发言权”。此外，坚持实事求是的思想路线还包含解放思想的深刻涵义。解放思想，是指在马克思主义的基本原理指导下，根据社会实践的发展，勇于和善于根据实践的要求进行创新。

（2）群众路线。群众路线是中国共产党的根本工作路线。所谓群众路线，就是指一切为了群众，一切依靠群众，从群众中来，到群众中去。“从群众中来、到群众中去”的领导方法是同“从实践中来、到实践中去”的认识过程完全一致的，是马克思主义认识论在领导工作中的创造性运用。

（3）独立自主。独立自主是中国革命和建设的基本立足点。独立自主，自力更生，是以毛泽东为代表的中国共产党人提出的根本方针，是中国革命和建设所必须坚持和遵守的基本原则，是从中国实际出发，依靠中国人民自己的智慧和力量进行革命和建设的必然结论。

（二）邓小平的管理思想

邓小平博大精深经济理论的重要组成部分——企业管理思想，对于指导目前国有大中型企业加强和改善企业管理水平、冲破发展“瓶颈”、增强企业活力和竞争力、提高经济效益、实现新的历史飞跃具有十分重要的现实意义。

(1)“企业管理是一件大事”。邓小平在《关于发展工业的几点意见》中强调要整顿企业管理秩序，他指出：“看来企业里面问题不少，其中带普遍性的问题是企业管理秩序不好，设备完好率差。特别是重工业，问题更突出……企业里浪费惊人，也是普遍现象，要好好整顿，争取利润多上缴一点。企业管理是一件大事，一定要认真搞好。”

(2)实行制度化管理。重视建立和健全企业内部各项规章制度，实行民主化和法制化管理，是邓小平企业管理思想的重要内容。纪律是执行路线的保证，企业深化改革，实现科学管理，没有建立在民主和法制基础上的各项规章制度，则什么也搞不好。邓小平非常重视企业内部的各种制度建设，早在1975年他就强调：“一定要建立和健全必要的规章制度。”

(3)坚持用先进的科学技术和先进的管理手段改造企业。邓小平指出：我们要尽快发展高科技，“引进技术改造企业，第一要学会，第二要提高创新”，“我们要以世界先进的科学技术成果作为我们发展的起点……引进先进技术设备后，一定要按照国际先进的管理方法、先进的经营方法、先进的定额来管理，也就是按照经济规律管理经济。”

(4)强化质量管理。质量是企业的生命。一个企业的产品在市场上有没有竞争力，销售情况如何，关键取决于产品质量的优劣。“质量好了，才能打开出口渠道或者扩大出口。要想在国际市场上有竞争能力，必须在产品质量上狠下功夫。”

(5)倡导民主管理。社会主义管理的本质特征之一是民主管理。民主管理要求职工广泛参与管理，这是社会主义公有制所保障的一种重要的管理制度。所以，倡导民主管理企业是邓小平企业管理思想的鲜明特色。

(6)“以人为本”。以人为本抓管理，这是实施现代管理的基础。早在1975年，邓小平多次就如何加强干部职工队伍建设和管理发出一系列重要指示，他要求各级干部要抓好三方面的学习：一个是学好经济学，一个是学科学技术，一个是学管理。

第二节　西方管理的萌芽

理论界一般称 19 世纪末以前早期的管理实践与管理思想为西方管理萌芽时期。

人类社会的发展历史也反映了生产力发展的历史。人类管理思想的演进始终与人对自然的认识水平、工具的使用水平以及生产方式的组织水平结合在一起，这三个方面中任何一个方面的巨大进步，都会使管理思想得到重大发展。同时，管理思想的每一次发展又会极大地促进生产力的发展，使之成为人类社会发展的基本动力之一。

一、古代埃及的管理思想

埃及人是首先意识到"管理跨度"的实践者。人们从考古中发现，在法老的陪葬品中，奴仆的雕像令人特别感兴趣："每一个监督者大约管理 10 名奴仆。"所以，后来的希伯来人在《圣经》里提出的以 10 为限的管理思想即源于此。

二、古巴比伦王国的管理思想

巴比伦重新统一两河流域以后，建立了古巴比伦王国。国王汉谟拉比建立起强大的中央集权国家，任命各种官吏，管辖着各城市和地区的行政、税收和水利灌溉。国王总揽国家全部司法、行政和军事权力，官吏是贯彻国王政令的工具。为了巩固其统治，汉谟拉比编制了《法典》，作为国家行为的准绳。法典共分为 3 部分，即引言、法典本文和结语。法典本文共 282 条，内容涉及财产、借贷、租赁、转让、抵押、遗产、奴隶等各个方面，对各种职业、各个层面上的人员的责、权、利关系给予了明确的规定。

三、古希腊的管理思想

可以说，从古希腊的部落管理体制中，我们看到了"议会制"的某些端倪。"虽然古希腊的记载并没有留下多少关于管理原理方面的见解,但雅典城邦及其议会、人民法庭、执政官的存在本身就表明那时已意识到了管理职能。”古希腊的改革家、思想家最先产生在那些工商业最发达、自由民内部斗争最激烈,而且又是最易接触其他先进文化影响的地方。这些地方生产力开始有了发展,人们为了发展工商业开始一些有组织的生产,从而促进了对自然的进一步认识。其中最出色的有苏格拉底(Socrates)、色诺芬(Xenophon)、柏拉图(Plato)、亚里士多德(Aristotle)。这些人的思想,无论从哪个层面来讲,对后人的影响都很大。

四、古罗马的管理思想

正如詹姆斯·穆尼所说:“罗马人伟大的真正秘密是他们的组织天才。”他们利用等级原理和委派、授权办法,把罗马城扩展为一个前所未有的、组织效率极高的帝国。

18 世纪中叶,西方国家相继发生了产业革命。产业革命大大推动了生产技术的进步,使人力资源与自然资源的大规模结合成为可能,以手工技术为基础的资本主义工场手工业开始过渡到以机器大生产为特征的资本主义工厂制度。工厂制度的产生导致生产规模的扩大、专业化协作的发展、投入生产的资源增多等,这就带来一系列迫切需要解决的新问题,如工人的组织、分工、协作、配合问题,工人与机器、机器与机器间的协调运转问题,劳资纠纷问题,劳动力的招募、训练与激励问题,劳动纪律的维持问题等。在这种形势下,一些管理先驱者从不同角度对管理进行了理论研究,其中对以后管理理论的形成有较大影响的代表人物有亚当·斯密、罗伯特·欧文、查尔斯·巴贝奇等。

五、亚当·斯密的劳动分工与“经济人”思想

英国古典政治经济学家亚当·斯密在 1776 年发表的代表作《国民财富的性质和原因的研究》中,最早对劳动分工进行了研究。他以工人制造大头针为例,详细阐述了劳动分工可以极大地提高劳动生产率:如果一名工人没有受过专门的训练,恐怕一天也难以制造出一枚针来;如果把制针的程序分为若干专门操作,平均每人“一日也能成针十二磅”(大约 48 000 枚)。他还进一步阐述了劳动分工之所以能提

高劳动生产率的原因:第一,劳动分工可以使劳动者专门从事一种单纯的操作,从而提高工人技术的熟练程度;第二,劳动分工可以减少由于变换工作而损失的时间;第三,分工使劳动简化,可以使人们把注意力集中到一种特定的对象上,有利于发现比较方便的工作方法和改进机器和工具。

(思考:现实中我们看到的通过劳动分工提高效率的例子有哪些?)

亚当·斯密还提出了“经济人”的观点,认为人们在经济活动中追求的是个人利益,社会利益是由于个人利益之间的相互牵制而产生的。亚当·斯密的分工理论和“经济人”观点,对后来西方管理理论的形成有巨大而深远的影响。

六、罗伯特·欧文的人事管理思想

英国空想社会主义代表人物之一的罗伯特·欧文从 18 岁创办他的第一个工厂开始,就一直致力于工厂管理的研究。他最早注意到了工厂中人力资源的重要性,并对人力资源的利用提出了独特的见解。在欧文以前,工厂的老板大多把工人看做是呆板的机器和工具,而欧文把他们看做是有感情的人,他认为工厂要获利,就必须注意对人的关心,在人际关系方面取得和谐一致。他在给他的工厂总管的信中写道:“你们对无生命的机器给予良好的保养,能够产生有利的结果,那么要是对构造奇妙的有生命的机器——人给予同样关心的话,那还有什么不能指望的呢?”他在自己管理的工厂中进行了一系列改革,如禁止招收童工,送他们去学校读书;着手改善工人的生产条件和生活条件;缩短劳动时间;禁止对工人进行惩罚;工人对任何人有抱怨,都可向他直接诉说等。所有这些使他赢得了工人的信任,他的的事业也蒸蒸日上。由于欧文对人力资源的重视和开拓性研究,后人把他称为人事管理的先驱。

七、查尔斯·巴贝奇的科学管理

查尔斯·巴贝奇是英国有名的数学家和机械专家,他在科学管理方面做了许多开创性工作,他曾花几年的时间到英、法等国的工厂调查与研究管理问题。他在 1832 年出版的代表作《论机器和制造业的节约》中,对专业分工、科学工作方法、机器与设备的有效使用、成本的记录与核算等问题进行了深入论述。此外,他还发展了亚当·斯密的劳动分工思想,第一次指出脑力劳动和体力劳动一样,也可以进行劳动分工。他还对劳动报酬问题进行研究,提出固定工资加利润分享制度,即应该比例于工人的效率和工厂的成功而付给工人奖金,以谋求劳资双方的调和。巴贝奇主张通过科学研究来提高机器工具、材料、工人的工作效率,这已展示出了科学管理的萌芽,因此后人把巴贝奇称为科学管理的先驱。

当然,这个阶段的管理理论尚处于萌芽时期,企业的管理者一般就是企业的所有者,企业主大权独揽,完全凭个人的能力和经验来制订企业的大政方针,并实施管理。各类人员主要采取师傅带徒弟和自己摸索的经验来操作,没有统一的操作规程,没有统一的管理方法。研究的管理问题也着重在企业内部,管理内容主要局限于生产管理、成本管理、工资管理等方面,还没有形成系统化的管理理论。

第三节　古典管理理论

【案例 2-1】

如何进行管理

在一个管理经验交流会上,两个厂的厂长分别论述了他们各自对如何进行有效管理的看法。

A 厂长认为,企业首要的资产是员工,只有员工们都把企业当成自己的家,都把个人的命运与企业的命运紧密联系在一起,才能充分发挥他们的智慧和力量为企业服务。因此,管理者有什么问题,都应该与员工们商量解决;平时要十分注重对员工需求的分析,有针对性地给员工提供学习、娱乐的机会和条件;每月的黑板报上应公布当月过生日的员工的姓名,并祝他们生日快乐;如果哪位员工生儿育女了,厂里应派车接送,厂长应亲自送上贺礼。在 A 厂,员工们都普遍把企业当成自己的家,全心全意地为企业服务,工厂日益兴旺发达。

B 厂长则认为,只有实行严格的管理,才能保证实现企业目标所必须的各项活动的顺利进行。因此,企业要制定严格的规章制度和岗位责任制,建立严密的控制体系，注重上岗培训，实行计件工资制等。在B厂，员工们都非常注意遵守规章制度，努力工作以完成任务，工厂发展迅速。

（请问：这两个厂长谁的观点正确？为什么？）

在20世纪初，由泰勒发起的科学管理革命导致了古典管理理论的产生。古典管理理论代表人物泰勒（1856—1915）、法约尔（1814—1925）、韦伯（1864—1920）从三个不同的角度，即车间工人、办公室总经理和组织来解决企业和社会组织的管理问题，为当时的社会解决企业组织中的劳资关系、管理原理和原则、生产效率等方面的问题提供了管理思想的指导和科学理论方法。

一、泰勒与科学管理理论

古典管理理论产生的背景与解决工业社会的内部冲突有直接联系。亚当·斯密1776开创的工业文明从根本上动摇了以家庭为单位的家庭社会，代之以组织机构为单位的工业社会。企业一开始就不是一个单纯的经济组织，必须像以往的家庭与家族那样，成为工业社会的一个伦理组织，并长期保持自身的稳定，保持自身的存在价值与理由，否则，整个社会就无法保持长期的稳定。但是在当时（1850年），人们并没有认识到这个问题，并不清楚企业的性质和责任，以为企业就是单纯为了赚钱，劳动者也是个机器，在企业老板或工厂主的脑子里，唯一的想法就是赚取更多的钱，避免企业倒闭，对工人是更加的剥削。但当时的劳动者已经有家难回，企业就是他的家，他的一个生存平台，离开了企业没办法生存下去，老板们的那些行径威胁着劳动者的生存的权利，最终他们别无选择，只能团结起来，组成工会，展开罢工，争取自己的权益，从而引发工业社会大规模的冲突，比如1877年的芝加哥铁路大罢工。

在工业社会发生大规模的冲突之后，企业如何走出困境，引起了普遍的关注，大家都在积极地思考并寻找方法。

弗雷德里克·温斯洛·泰勒，1856年生于美国费城，西方古典管理理论主要代表人物之一，科学管理运动的创始人，被公认为“科学管理之父”，也有人称他为“理性效率的大师”。泰勒的科学管理思想深深地扎根在一系列科学实验的基础上，使之成为一门真正的科学。当代许多重要的管理理论都是在泰勒的科学管理理论的基础上的继承和发展。此外，泰勒本人还是一位发明家。他在技术上有许多发明创造，总共拥有100多项专利权。《科学管理原理》出版于1911年，标志着一个管理新时代的到来。至今，这本书仍然带给管理人无穷的启示，是不可不读的管理经典。

泰勒发现，由于劳资矛盾，他所在工厂的工人们磨洋工的现象非常严重。“很难找到这样能干的工人，他不用花很多时间去琢磨他能够以多慢的速度工作，同时使老板相信他干得不错。”他决心解决这一问题。

（思考：假设你是泰勒，在当时的背景下，工厂中出现了严重的磨洋工现象，你认为是什么方面出了问题？）

泰勒认为，科学的工作方法是管理中的“思想革命”，“思想革命”最重要的内容就是需要雇佣双方把视线从分享利润这块蛋糕上转移开，共同想办法把“蛋糕做大”。他说：“管理的主要目的应该是使雇主实现最大限度的富裕，也联系着使每个雇员实现最大限度的富裕。”泰勒认为，对雇主来说，“最大利益”不仅代表着短期内有较大的利润，也包括为达到公司的长期繁荣而全方位地发展；对雇员来说，最大利益则不仅代表着高工资，还有他们自身职业生涯的发展，使他们在能力范围内做到最高等级的工作。在他看来，管理的真正目的是使劳资双方都得到最大限度的富裕。

1. 泰勒的实验

(1) 搬运铁块的实验

1898年，泰勒从钢铁厂开始他的实验。这个工厂的原材料是由一组记日工搬运的，工人每天挣1.15美元，这在当时是标准工资，每天搬运的铁块重量有12～13吨，对工人的奖励和惩罚的方法就是找工人谈话或者开除，有时也可以选拔一些较好的工人到车间里做等级工，并且可得到略高的工资。后来泰勒观察研究了75名工人，从中挑出了4名，又对这4个人进行了研究，调查了他们的背景习惯和抱负，最后挑了一个叫施密特的人，这个人非常爱财并且很小气。泰勒要求这个人按照新的要求工作，每天给他1.85美元的报酬。通过仔细地研究，使其转换各种工作因素，来观察他对生产效率的影响。例如，有时工人弯腰搬运，有时又直腰搬运。后来他又观察了行走的速度、持握的位置和其他的变量。通过长时间的观察试验，他把劳动时间和休息时间很好地搭配起来，工人每天的工作量可以提高到47吨，同时并不会感到太疲劳。他也采用了计件工资制，工人每天搬运量达到47吨后，工资也升到1.85美元。这样施密特开始工作后，第一天很早就搬完了47.5吨，拿到了1.85美元的工资。于是其他工人也渐渐按照这种方法来搬运了，劳动生产率提高了很多。泰勒把这项试验的成功归结为四个核心点：精心挑选工人；让工人了解到这样做的好处，让他们接受新方法；对他们进行训练和帮助，使他们获得足够的技能；按科学的方法工作会节省体力。泰勒相信，即使是搬运铁块这样的工作也是一门科学，可以用科学的方法来管理。

(2) 铁砂和煤炭的挖掘实验

早先工厂里工人干活是自己带铲子。铲子的大小也就各不相同，而且铲不同的原料时用的都是相同的工具，那么在铲煤砂时重量如果合适的话，在铲铁砂时就过重了。泰勒研究发现每个工人的平均负荷是21磅，后来他就不让工人自己带工具了，而是准备了一些不同的铲子，每种铲子只适合铲特定的物料，这不仅使工人的每铲负荷都达到了21磅，也是为了让不同的铲子适合不同的情况。为此他还建立了一间大库房，里面存放各种工具，每个的负重都是21磅。同时他还设计了一种有两种标号的卡片，一张说明工人在工具房所领到的工具和该在什么地方干活，另一张说明他前一天的工作情况，上面记载着干活的收入。工人取得白色纸卡片时，说明工作良好，取得黄色纸卡片时就意味着要加油了，否则的话就要被调离。将不同的工具分给不同的工人，就要进行事先的计划，要有人对这项工作专门负责，需要增加管理人员，但是尽管这样，工厂也是受益很大的，据说这一项变革可为工厂每年节约8万美元。泰勒因这项实验提出了新的构想：将实验的手段引进经营管理领域；计划和执行分离；标准化管理。人尽其才，物尽其用，这是提高效率的最好办法。

(3) 金属切削实验

为了解决工人的怠工问题，泰勒进行了金属切削试验。他自己具备一些金属切削的作业知识，于是他对车床的效率问题进行了研究，开始了预期6个月的试验。在用车床、钻床、刨床等工作时，要决定用什么样的刀具、多大的速度等来获得最佳的加工效率。这项试验非常复杂和困难，原来预定为6个月实际却用了26个年头，花费了巨额资金，耗费了80多万吨钢材。最后在巴斯和怀特等十几名专家的帮助下，取得了重大的进展。这项试验还获得了一个重要的副产品——高速钢的发明，并取得了专利。

泰勒的这三个试验可以说都取得了很大的成功。正是这些科学试验为他的科学管理思想奠定了坚实的基础，使管理成了一门真正的科学，这对以后管理学理论的成熟和发展起到了非常大的推动作用。

2. 科学管理理论的核心

(1) 管理要科学化、标准化。

(2) 要倡导精神革命，劳资双方利益一致。

(3) 实施科学管理的结果是提高了生产效率，而高效率是雇员和雇主实现共同富裕的基础。因此，泰勒认为只有用科学化、标准化的管理替代传统的经验管理，才是实现最高工作效率的手段。

3. 科学管理原理

(1) 制定科学的作业方法。具体做法是：首先，从执行同一种工作的工人中挑选出身体最强壮、技术最熟练的一个人，把他的工作过程分解为许多个动作，用秒表测量并记录完成每一个动作所消耗的时间，除去动作中多余的和不合理的部分，把最经济、效率最高的动作集中起来，确定标准的作业方法。其次，实行作业所需的各种工具和作业环境的标准化。再次，根据标准的操作方法和每个动作的标准时间，确定工人一天必须完成的标准的工作量。

(2) 科学地选择和培训工人。泰勒曾经对经过科学选择的工人用上述的科学作业方法进行训练，使他们按照作业标准进行工作，以改变过去凭个人经验进行作业的方法，取得了显著的效果。

(3) 实行有差别的计件工资制。按照作业标准和时间定额，规定不同的工资率。对完成或超额完成工作定额的个人，以较高的工资率计件支付工资，一般为正常工资率的125%；对完不成工资定额的个人，则以较低的工资率支付工资，一般仅为正常工资率的80%。

(4) 将计划职能与执行职能分开。为了提高劳动生产率，泰勒主张把计划职能与执行职能分开。泰勒的计划职能实际上就是管理职能，执行职能则是工人的劳动职能。

(5) 实行职能工长制。即将整个管理工作划分为许多较小的管理职能，使所有的管理人员(如工长)尽量分担较少的管理职能；如有可能，一个工长只承担一项管理职能。这种思想为以后的职能部门的建立和管理专业化提供了基础。

(6) 在管理上实行例外原则。泰勒指出，规模较大的企业不能只依据职能原则来组织管理，还需要运用例外原则，即企业的高级管理人员把处理一般事物的权限下放给下级管理人员，自己只保留对例外事项的决策权和监督权，如企业基本政策的制定和重要人事的任免等。

4. 泰勒制其他人的贡献

(1) 亨利·劳伦斯·甘特

甘特是泰勒创立和推广科学管理制度的亲密的合作者，也是科学管理运动的先驱者之一。甘特提出了任务和奖金制度，发明了甘特图，即生产计划进度图。甘特非常重视工业中人的因素，因此他也是人际关系理论的先驱者之一。甘特是在泰勒指导下开始从事管理研究的，并为帮助泰勒创立科学管理原理作出过重大贡献，但他后来离开了泰勒的研究行列。他要比泰勒更关心工人的利益。甘特与泰勒的合作是在争吵和论辩中发展起来的。在泰勒的众多追随者之中，甘特是一位举足轻重的人物。他与泰勒共事多年，并且深得泰勒制的思想精髓。但是，与泰勒相比，他处理问题的方法要渐进或者说温和得多，这一点泰勒是不大满意的，在泰勒眼里，甘特似乎有点态度暧昧，因此，二人经常发生一些争执。尽管如此，甘特仍然是泰勒创立和推广科学管理的最重要的合作者之一。

(2) 吉尔布雷斯夫妇

他们改进了泰勒的方法，泰勒方法我们称为“工作研究”，而他们的方法，我们称为“运动研究”。其差别在于，泰勒是基于在生产线上找工人做实验的方法；吉尔布雷斯夫妇发明了一个“动素”的概念，把人的所有动作归纳成 17 个动素，如手腕动称为一个动素，就可以把所有的作业分解成一些动素的和。对每个动素做了定量研究之后，就可以分析每个作业需要花多少时间。

(3) 亨利·福特

福特汽车公司之所以取得今天的巨大成就，与福特汽车公司创始人亨利·福特推行科学管理是分不开的。1910 年，福特开始在高地公园新厂进行工厂自动化实验。他率领一群高效率的专家，检查装配线上的每一个环节，试验各种方法，以求提高生产力。而他最重要的突破就是利用甘特图表进行计划控制，创造了世界上第一条汽车装配流水线，实现了机械化的大工业，大幅度提高了劳动生产率，出现了高效率、低成本、高工资和高利润的局面。1914年，福特宣布8小时日工资为5美元(取代了9小时2.34美元的工资标准)，这个报酬是当时技术工人正常工资的两倍。福特想:这样，制造汽车的工人就能够成为汽车的拥有者了。5美元一个工作日的消息一公布，大约有数万人不顾冰冷刺骨的天气，涌到福特的海兰公园制造厂申请工作。亨利·福特开创了一个新时代，他独特的汽车生产线和为大众服务的经营理念一方面给自己带来了丰厚的利润，另一方面也改变了美国人的消费观念，从此，美国成了汽车的王国。

5. 对泰勒制的评价

泰勒制具有以下几方面的积极意义。

(1) 用科学的方法取代传统管理，历史上第一次使管理从经验上升为科学。

(2) 采用了科学管理的方法和操作程序。

(3) 管理职能与执行职能分离。

泰勒制也具有以下局限性。

(1) 把人当经济人:人是经济动物，主要用经济手段进行刺激。

(2) 只重视技术因素，不重视社会因素，“血汗工资制”。

(3) 局限于基层管理。

泰勒制——也同资本主义其他一切进步的东西一样，有两个方面，一方面是资产阶级剥削的最巧妙的残酷手段，另一方面是一系列最丰富的科学成就，即按科学来分析人在劳动中的机械动作，省去多余的笨拙的动作，制定最精确的工作方法，实行最完善的计算和监督制度等。

——列宁

二十世纪的工业之所以能创造出前所未有的财富，很大程度上依赖于泰勒的贡献。

——哈默尔

【案例2-2】

联合邮包服务公司的科学管理

联合邮包服务公司(UPS)雇佣了15万员工，平均每天将900万个包裹发送到美国各地和180个国家。为了实现他们的宗旨,“在邮运业中办理最快捷的运送”,UPS的管理当局系统地培训他们的员工,使他们以尽可能高的效率从事工作。以送货司机的工作为例,介绍一下他们的管理风格。

UPS的工业工程师们对每一位司机的行驶路线进行了时间研究,并对每种送货、暂停和取货活动都设立了标准。这些工程师们记录了红灯、通行、按门铃、穿院子、上楼梯、中间休息喝咖啡,甚至上厕所的时间,将这些数据输入计算机中,从而给出每一位司机每天中工作的详细时间标准。

为了完成每天取送130件包裹的目标,司机们必须严格遵循工程师设定的程序。当他们接近发送站时,他们松开安全带,按喇叭,关发动机,拉起紧急制动,把变速器推到1挡上,为送货完毕的启动离开作好准备,这一系列动作严丝合缝。然后,司机从驾驶室到地面上,右臂夹着文件夹,左手拿着包裹,右手拿着车钥匙。他们看一眼包裹上的地址并把它记在脑子里,然后以每秒3英尺的速度快步跑到顾客的门前,先敲一下门以免浪费时间找门铃。送完货后,他们回到卡车上的路途中完成登录工作。

这种刻板的时间表是不是看起来有点繁琐?也许是。它真能带来高效率吗?毫无疑问!生产率专家公认,UPS是世界上效率最高的公司之一。举例来说吧,联邦捷运公司平均每人每天不过取送80件包裹,而UPS却是130件。在提高效率方面的不懈努力对UPS的净利润产生积极的影响。虽然这是一家未上市的公司,但人们普遍认为它是一家获利丰厚的公司。

(分析:结合联合邮包服务公司的实际讨论科学管理的核心内容。)

补充资料:丰田的生产方式

在激烈的竞争中,控制成本一直是人们乐此不疲的话题,并由此诞生了很多管理概念及工具。而在实践中,丰田汽车也正是以它的高质量、低成本、低油耗享誉世界。但是如何理解“低成本”,恐怕我们的认识和丰田理念就“失之毫厘,差之千里”了。与福特推崇“规模经济效应”完全不同,丰田生产方式倡导的是:以“彻底杜绝浪费的思想为基础,追求制造汽车的合理性而产生的生产方式”。由此可以看到,丰田生产方式核心理念的关键词是“彻底杜绝浪费”与“合理性生产”。相比生产的规模效应,丰田更看重从生产者到供应商以及物流配送、零售商都来合理地调整自己,按照下游对产品的需求时间、数量、结构,以及其他的要求组织好均衡生产、供应和流通。在丰田看来，单位成本低只是在生产领域，但对整个供应链来说，这之后所付出的成本可能要远远高于规模经济所节约的成本。那么众多环节的“精益”性究竟如何操作呢？“彻底杜绝浪费”就是关键！究竟什么是浪费呢？

事实上，丰田所说的浪费比我们通常讲的浪费概念要广泛得多，也深刻得多。它有两层意思：第一，一切不为顾客创造价值的活动都是浪费，那些不增加价值的活动都要消除；第二，即使是创造价值的活动，所消耗的资源如果超过了“绝对最少”的界限，也是浪费。曾几何时，“低成本”、“价廉物美”是我们心目中的日企“绝招”，可就是琢磨不透它怎么把成本“降”下来的。如今一叶知秋，丰田是以“彻底杜绝浪费”而不是简单用“降低成本”这样的字眼作为核心理念，才有了随后“准时生产”、“自(人)动化”、“零库存”、“看板管理”、“吝啬精神”、“无贷款经营”等一系列的丰田管理思想。因为低成本只是结果而不是根本，降成本也可以用饮鸩止渴的方式实现。而浪费才是衍生成本的真正源头，因而只有抓住“杜绝浪费”与“合理性生产”紧紧不放，才能真正健康合理地实现“低成本、高品质”。

补充资料：麦当劳的标准化体系举例

- 每小时至少彻底洗一次手、杀一次菌。先用肥皂和刷子将指甲缝中的污垢彻底清除，将手洗净并用水将肥皂洗涤干净后，撮取一小剂麦当劳特制的清洁消毒剂，放在手心，双手揉擦20秒钟，然后用清水冲净，再用烘干机烘干双手，不能用毛巾擦干；必须经常相互提醒：“你不是刚刚做了清洁打扫工作吗？手洗干净了吗？”
- 天花板必须每星期打扫一次。
- 每块牛肉饼从加工一开始就要经过40多道质量检查关。
- 牛肉由83%的肩肉和17%的上等五花肉精制，脂肪含量不得超过19%，绞碎后，做成直径为98.5毫米、厚为5.65毫米、重为47.32克的肉饼。
- 烤面包机上下各12片面包，共24片面包，在55秒内烤制现成。煎炉每次可煎两排肉饼，每排6块，共12块。肉饼一放上煎炉，计时器便开始工作。20秒后发出第一次鸣叫，立即用压肉锤重重地压肉，让肉汁均匀渗透。第二次鸣叫时，把肉饼翻一个身。1 分 45 秒后，发出第三次鸣响，表示肉饼可以起锅。起锅用规定的锅铲，每次铲出两片，放在事先调制好的面包上，然后把保存在保温箱的面包盖在上面。

▶ 因为经过测试，可口可乐在 4℃ 口感最好，面包厚度为 17 厘米而里面的气泡为 5 毫米时口味最佳。

▶ 汉堡包腌菜的直径为 3.5～4.5 英寸(8.89～11.43 厘米)。

▶ 问候语不超过 32 秒，坚持少量多次。

二、法约尔与一般管理理论

泰勒的科学管理开创了西方古典管理理论的先河。在其正被传播之时，欧洲也出现了一批古典管理的代表人物及其理论，其中影响最大的首属法约尔及其一般管理理论。

亨利·法约尔，法国人，早期就参与企业的管理工作，并长期担任企业高级领导职务。泰勒的研究是从“车床前的工人”开始，重点内容是企业内部具体工作的效率。法约尔的研究则是从“办公桌前的总经理”出发的，以企业整体作为研究对象。他认为，管理理论是指“有关管理的、得到普遍承认的理论，是经过普遍经验检验并得到论证的一套有关原则、标准、方法、程序等内容的完整体系”；有关管理的理论和方法不仅适用于公私企业，也适用于军政机关和社会团体。这正是其一般管理理论的基石。

1. 一般管理理论

法约尔的著述很多，1916 年出版的《工业管理和一般管理》是其最主要的代表作，标志着一般管理理论的形成。其主要内容如下。

(1) 从企业经营活动中提炼出管理活动。

法约尔区别了经营和管理，认为这是两个不同的概念，管理包括在经营之中。通过对企业全部活动的分析，将管理活动从经营职能中提炼出来，成为经营的第六项职能。进一步得出了普遍意义上的管理定义，即“管理是普遍的一种单独活动，有自己的一套知识体系，由各种职能构成，管理者通过完成各种职能来实现目标的一个过程。”

法约尔还分析了处于不同管理层次的管理者其各种能力的相对要求，随着企业由小到大、职位由低到高，管理能力在管理者必要能力中的相对重要性不断增加，而其他诸如技术、商业、财务、安全、会计等能力的重要性则会相对下降。

（2）倡导管理教育。

法约尔认为管理能力可以通过教育来获得，“缺少管理教育”是由于“没有管理理论”，每一个管理者都按照他自己的方法、原则和经验行事，但谁也不曾设法使那些被人们接受的规则和经验变成普遍的管理理论。

（3）提出五大管理职能。

法约尔将管理活动分为计划、组织、指挥、协调和控制五大管理职能，并进行了相应的分析和讨论。

管理的五大职能并不是企业管理者个人的责任，它同企业经营的其他五大活动（如图 2-1 所示）一样，是分配于领导人与整个组织成员之间的工作。

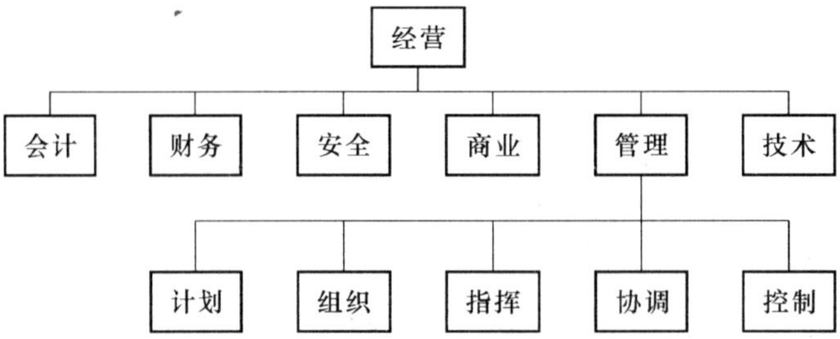

图 2-1　经营活动的组成

（4）提出十四项管理原则

法约尔提出了一般管理的十四项原则：①劳动分工；②权力与责任；③纪律；④统一指挥；⑤统一领导；⑥个人利益服从整体利益；⑦人员报酬；⑧集中；⑨等级制度；⑩秩序；⑪公平；⑫人员稳定；⑬首创精神；⑭团队精神。

法约尔的一般管理理论是西方古典管理思想的重要代表，后来成为管理过程学派的理论基础，也是以后各种管理理论和管理实践的重要依据，对管理理论的发展和企业管理的历程均有着深刻的影响。管理之所以能够走进大学讲堂，全赖于法约尔的卓越贡献。一般管理思想的系统性和理论性强，对管理五大职能的分析为管理科学提供了一套科学的理论构架，来源于长期实践经验的管理原则给实际管理人员巨大的帮助，其中某些原则甚至以“公理”的形式为人们接受和使用。因此，继泰勒的科学管理之后，一般管理也被誉为管理史上的第二座丰碑。

亨利·法约尔是直到20世纪上半叶为止，欧洲贡献给管理运动的最杰出的大师，被后人尊称为“现代经营管理之父”。他最主要的贡献在于三个方面：从经营职能中独立出管理活动、提出管理活动所需的五大职能和十四条管理原则。这三个方面也是其一般管理理论的核心。它与泰勒的科学管理并不是矛盾的，只不过是从两个方面来看待和总结管理实践的。这些管理的职能和原则对企业而言，是“为和不为”的问题，而不是“能和不能”的问题；实质上也是企业维系长期的有效竞争的平台，有之未必然，无之必不然。尽管法约尔早就提出了“管理能力可以通过教育来获得”的思想，但今天，企业界的许多领导人仍然信奉“经验至上主义”，认为“实践和经验是取得管理资格的唯一途径”。

2. 对法约尔的评价

法约尔是一般管理理论的创始人，弥补了泰勒的不足，当泰勒认为经理和监工大同小异、责任有限时，法约尔却持经理的作用对组织生死攸关的观点，对管理起到了关键的捍卫作用。

但他也有局限性：职能与原则不够精炼；经济人假设；组织结构具有独裁倾向，将企业看成封闭系统。

集20世纪之大成者，首推法约尔。

事实证明他提出的管理的一般原则生生不息，人们惊叹它如此强大的生命力。法约尔是欧洲第一位管理大师。

——哈默尔

三、韦伯与理想行政组织理论

马克斯·韦伯是德国著名的社会学家，他在19世纪早期的论著中提出了理想的行政管理组织理论，也就是“官僚体制”。所谓“官僚体制”，是指建立于法理型控制基础上的一种现代社会所特有的、具有专业化功能以及固定规章制度、设科分层的组织管理形式，它是一种理性地设计出来，以协调众多个体活动，从而有效地完成大规模管理工作，以实现组织目标为功能的合理等级组织。这一理论对工业化以来各种不同类型的组织产生了广泛而深远的影响，成为现代大型组织广泛采用的一种组织管理方式。

韦伯认为，官僚体制是一种严密的、合理的、形同机器那样的社会组织，它具有熟练的专业活动，明确的权责划分，严格执行的规章制度，以及金字塔式的等级服从关系等特征，从而使其成为一种系统的管理技术体系。

“理想的行政组织体系”中所谓“理想的”并不是指最合乎需要的，而是指组织“纯粹的”形态。在实际生活中，可能出现各种组织形态的结合或混合，但韦伯为了进行理论分析，需要描绘出一种理想的形态。作为一种规范典型的理想的行政组织体系，有助于说明从小规模的创业性管理向大规模的职业性管理的过渡。

1. 权力的分类

韦伯指出，任何一种组织都必须以某种形式的权力为基础，才能实现其目标，只有权力才能变混乱为有序。如果没有这种形式的权力，其组织的生存都是非常危险的，就更谈不上实现组织的目标了，权力可以消除组织的混乱，使得组织的运行有秩序地进行。

韦伯把这种权力划分为 3 种类型：第一种是理性的、法定的权力。它指的是依法任命，并赋予行政命令的权力，对这种权力的服从是依法建立的一套等级制度，这是对确认职务或职位的权力的服从。第二种是传统的权力。它是以古老的、传统的、不可侵犯的和执行这种权力的人的地位的正统性为依据的。第三种是超凡的权力。它是指这种权力是建立在对个人的崇拜和迷信的基础上的。

韦伯认为，这三种纯粹形态的权力中，传统权力的效率较差，因为其领导人不是按能力来挑选的，仅是单纯为了保存过去的传统而行事。超凡权力过于带感情色彩并且是非理性的，不是依据规章制度而是依据神秘或神圣的启示，所以这两种权力都不宜作为行政组织体系的基础，只有理性和法律的权力（合法权力）才能作为行政组织的基础。因为理性的合法权力具有较多的优点，如有明确的职权领域、执行等级系列、可避免职权的滥用、权力行使的多样性等。这样就能保证经营管理的连续性和合理性，能按照人的才干来选拔人才，并按照法定的程序来行使权力，因而是保证组织健康发展的最好的权力形式。

2. 理想行政组织体系的六个特点

韦伯所提出的行政组织理论具有以下特征。

（1）劳动分工。

（2）有明确规定的职权和等级。

（3）有职权与职责的规章制度。

（4）正式选拔。

（5）人与人之间的非人格关系。

（6）职业定向，职业化官员，非所有者。

3. 对韦伯的评价

韦伯的理论所提出的科学管理体系是一种制度化、法律化、程序化和专业化的组织理论；阐明了官僚体制与社会化大生产之间的必然联系，突破了妨碍现代组织管理的以等级门第为标准的家长制管理形式；促进了管理方式的转变，消除了管理领域非理性、非科学的因素。理想的行政组织理论无论是对西方学术界，还是社会各个领域，都产生了深刻的影响，现代社会各种组织都在不同程度地按照科层制原理来建立和管理。

但是，韦伯的行政管理体制即官僚制也存在着难以克服的缺陷：他忽视了组织管理中人的主体作用，偏重于从静态角度分析组织结构和组织管理，忽视了组织之间、个人与组织之间、个人之间的相互作用；突出强调了法规对于组织管理的决定作用，以及人对法规的从属和工具化性质。

（思考：韦伯理论是否会带来高效率？怎样克服任人唯亲？）

补充资料：帕金森定律

1958 年，英国历史学家、政治学家帕金森阐述了机构人员膨胀的原因及后果：一个不称职的官员可能有三条出路。第一是申请退职，把位子让给能干的人；第二是让一位能干的人来协助自己工作；第三是任用两个水平比自己更低的人当助手。

这第一条路是万万走不得的，因为那样会丧失许多权力；第二条路也不能走，因为那个能干的人会成为自己的对手；看来只有第三条路最适宜。于是，两个平庸的助手分担了他的工作，他自己则高高在上发号施令。两个助手既无能，也就上行下效，再为自己找两个无能的助手。如此类推，就形成了一个机构臃肿、人浮于事、相互扯皮、效率低下的领导体系。由此得出结论：在行政管理中，行政机构会像金字塔一样不断增多，行政人员会不断膨胀，每个人都很忙，但组织效率越来越低下。这条定律又被称为“金字塔上升”现象。

帕金森定律告诉我们必须把管理单位的用人权放在一个公正、公开、平等、科学、合理的用人制度上，不受人为因素的干扰，最需要注意的是，不将用人权放在一个可能直接影响或触犯掌握用人权的人的手里。

（请思考：企业的所有者向他聘请的职业经理人推荐两名助手，一名在业内有多年丰富的从业经验，一名是刚毕业的在校学生，该经理人会聘用谁？为什么？如何使用雇佣决策更公平？）

四、古典管理理论的局限性

1. 对人性的研究没有深入进行

古典管理理论基于当时的社会环境，对人性的研究没有深入进行，对人性的探索仅仅停留在“经济人”的范畴之内。

泰勒对工人的假设是“磨洋工”，而韦伯把职员比做“机器上的一个齿牙”。在古典管理理论中没有把人作为管理的中心，没有把对人的管理和对其他事物的管理完全区别开来；而在现代管理理论中，人是管理研究的中心课题，而正是因为对人性的深入探索，才使得现代管理理论显得丰富多彩。

2. 对企业外部环境和组织系统的影响考虑少

古典管理理论的着重点是组织系统的内部，而对企业外部环境对组织系统的影响考虑得就非常少。

古典管理理论研究的重点是企业的内部，把如何提高企业的生产率作为管理的目标，这对企业提高生产率是有相当大的指导意义的。然而任何一个组织系统都是在一定的环境下生存发展，社会环境在不断变化，企业的生存发展是在不断地和环境变化进行相互作用下前进的，企业的经营管理必须要研究外部环境的因素和企业之间的相互适应关系，使管理行为和手段都随着社会环境的变化而变化。这些都是古典管理理论没有进行研究的，由于古典管理理论对组织环境以及环境的变化考虑较少，因此对管理的动态性未予以充分的认识和关注。

第四节　行为科学理论

资产阶级早期的经济学家和管理学家都把人看做是“经济人”，即工人只是为了追求最大利润的人，这样劳资双方就经常发生矛盾。古典的管理理论主张严格地用科学的办法进行管理，强调管理的科学性、精密性，而忽视了人及人的意识形态的因素，把工人看成只是机器的附属品。随着工人斗争的热潮日益高涨以及科技、生产的发展，为了进一步控制工人，来达到提高生产率和增加利润的目的，从20世纪20年代，逐渐兴起了行为科学。

行为科学是研究行为及其发展规律的科学。在企业管理方面，行为科学从心理学、社会学、人类学和社会心理学的角度，对企业中人的行为及其产生原因，人与人之间的关系进行分析研究，目的是改进企业管理，提高劳动生产率。行为科学认为人的行为是由人的意识形态或叫“动机决定的”，动机是由诉求产生的，因而十分重视对人的激励作用。早期的行为科学称“人际关系学说”，侧重于“社会人”的假设和论述，关心的是职工的社会诉求和人格满足。

行为科学作为一种管理理论，开始于20世纪20年代末30年代初的霍桑实验，而真正发展却在20世纪50年代。行为科学的研究基本上可以分为两个时期。前期以人际关系学说(或人群关系学说)为主要内容，从20世纪30年代梅奥的霍桑实验开始，到1949年在美国芝加哥讨论会上第一次提出行为科学的概念止。在1953年美国福特基金会召开的各大学科学家参加的会议上，正式定名为行为科学，这一时期为行为科学研究时期。

在经营方法中，只要专业化的商业不考虑人性和社会动机，我们也许可以认为罢工和怠工是伴随工业出现的正常产物。

——艾尔顿·梅奥

一、梅奥的人际关系学说及霍桑实验

1. 霍桑实验

霍桑工厂是一个制造电话交换机的工厂，具有较完善的娱乐设施、医疗制度和养老金制度，但工人们仍愤愤不平，生产成绩很不理想。为找出原因，美国国家研究委员会组织研究小组开展实验研究。

（1）照明实验

当时关于生产效率的理论认为也许影响工人生产效率的是疲劳和单调感等，于是当时的实验假设便是“提高照明度有助于减少疲劳，使生产效率提高”。可是经过两年多的实验发现，照明度的改变对生产效率并无影响。具体结果是：当实验组照明度增大时，实验组和控制组都增产；当实验组照明度减弱时，两组依然都增产，甚至实验组的照明度减至 0.06 烛光时，其产量也无明显下降；直至照明减至如月光一般、实在看不清时，产量才急剧降下来。研究人员面对此结果感到茫然，失去了信心。

从 1927 年起，以梅奥教授为首的一批哈佛大学心理学工作者将实验工作接管下来，继续进行。

（2）继电器装配实验（女工实验）

时间是从 1927 年 4 月至 1929 年 6 月。

实验目的总地来说是查明福利待遇的变换与生产效率的关系。但经过两年多的实验发现，不管福利待遇如何改变（包括工资支付办法的改变、优惠措施的增减、休息时间的增减等），都不影响产量的持续上升，甚至工人自己对生产效率提高的原因也说不清楚。

后经进一步的分析发现，生产效率上升的主要原因如下：①参加实验的光荣感。实验开始时 6 名参加实验的女工曾被召进部长办公室谈话，她们认为这是莫大的荣誉。这说明被重视的自豪感对人的积极性有明显的促进作用。②成员间良好的相互关系。

（3）访谈实验

研究者在工厂中开始了访谈计划。此计划的最初想法是要工人就管理当局的规划和政策、工头的态度和工作条件等问题作出回答,但这种规定好的访谈计划在进行过程中却大出意料之外,得到意想不到的效果。工人想就工作提纲以外的事情进行交谈,工人认为重要的事情并不是公司或调查者认为意义重大的那些事。访谈者了解到这一点,及时把访谈计划改为事先不规定内容,每次访谈的平均时间从30分钟延长到1~1.5小时,多听少说,详细记录工人的不满和意见。访谈计划持续了两年多,工人的产量大幅提高。

工人们长期以来对工厂的各项管理制度和方法存在许多不满,无处发泄,访谈计划的实行恰恰为他们提供了发泄机会。发泄过后心情舒畅,士气提高,使产量得到提高。

(4) 接线实验(男工实验)

梅奥等人在这个试验中选择了14名男工人在单独的房间里从事绕线、焊接和检验工作。对这个班组实行特殊的工人计件工资制度。

实验者原来设想,实行这套奖励办法会使工人更加努力工作,以便得到更多的报酬。但观察的结果发现,产量只保持在中等水平上,每个工人的日产量平均都差不多,而且工人并不如实地报告产量。深入的调查发现,这个班组为了维护他们群体的利益,自发地形成了一些规范。他们约定,谁也不能干的太多,突出自己,谁也不能干的太少,影响全组的产量,并且约法三章,不准向管理当局告密,如有人违反这些规定,轻则挖苦谩骂,重则拳打脚踢。进一步调查发现,工人们之所以维持中等水平的产量,是担心产量提高,管理当局会改变现行奖励制度,或裁减人员,使部分工人失业,或者会使干得慢的伙伴受到惩罚。

(请问:如果你管理的部下因为担心你给他的任务年年加码,从而不将全部的工作能力表现出来,你怎么办?)

这一实验表明,为了维护班组内部的团结,可以放弃物质利益的引诱。由此提出"非正式群体"的概念,认为在正式的组织中存在着自发形成的非正式群体,这种群体有自己的特殊的行为规范,对人的行为起着调节和控制作用。同时,加强了内部的协作关系。

2. 霍桑实验的结论

从1924年到1932年,霍桑实验持续了9年。1933年,梅奥出版了《工业文明中的社会问题》,对实验进行了总结,提出了一系列理论。

(1) 社会人理论

以泰勒的科学管理理论为代表的传统管理理论认为，人是为了经济利益而工作的，因此金钱是刺激工人积极性的唯一动力，因此传统管理理论也被称为“经济人”理论。而霍桑实验表明，经济因素只是第二位的东西，社会交往、他人认可、归属某一社会群体等社会心理因素才是决定人工作积极性的第一位的因素，因此梅奥的管理理论也被称为“人际关系”理论或“社会人”理论。

(2) 士气理论

以泰勒的科学管理理论为代表的传统管理理论认为，工作效率取决于科学合理的工作方法和好的工作条件，所以管理者应该关注动作分析、工具设计、改善条件、制度管理等。而霍桑实验表明，士气，也就是工人的满意感等心理需要的满足才是提高工作效率的基础，工作方法、工作条件之类物理因素只是第二位的东西。

以泰勒的科学管理理论为代表的传统管理理论认为，管理者就是规范的制定者和监督执行者。而霍桑实验提出，必须有新型的人际关系型领导者，他们能理解工人各种逻辑的和非逻辑的行为，善于倾听意见和进行交流，并借此来理解工人的感情，培养一种在正式群体的经济需要和非正式群体的社会需要之间维持平衡的能力，使工人愿意为达到组织目标而协作和贡献力量。

总之，霍桑实验表明，人不是经济人，而是社会人，不是孤立的、只知挣钱的个人，而是处于一定社会关系中的群体成员，个人的物质利益在调动工作积极性上只具有次要的意义，群体间良好的人际关系才是调动工作积极性的决定性因素。

(3) 非正式组织理论

以泰勒的科学管理理论为代表的传统管理理论认为，必须建立严格完善的管理体系，尽可能避免工人在工作场合中的非工作性接触，因为其不仅不产生经济效益，而且降低工作效率。而霍桑实验表明，在官方规定的正式工作组织之中还存在着自发产生的非正式组织，非正式组织有着自己的规范和维持规范的方法，对成员的影响远较正式群体为大，因此管理者不能只关注正式组织而无视或轻视非正式组织及其作用。

在共同工作过程中，人们必然产生相互联系，产生共同的感情，会自然形成一种要求个人服从的行为准则或惯例，这就构成了“非正式组织”。

“正式组织”与“非正式组织”共同存在，相互依存，对组织效率都有很大影响。

它们之间的区别在于,“正式组织”以效率的逻辑为标准,“非正式组织”以感情的逻辑为标准。

(思考:现实生活中我们看到过哪些非正式组织?在工作中我们应该如何对待非正式组织?)

补充资料:“霍桑效应”

由于受到额外的关注而引起绩效或努力上升的情况我们称为“霍桑效应”。

“霍桑效应”,也就是社会心理学所说的“宣泄效应”,它给我们的启示是:人在生产或者生活的过程中,对自己未能实现和不能满足的情绪,要把它发泄出来,情绪的发泄对人的身心健康和工作效率都非常有利。

3. 对霍桑实验的评价

霍桑实验是管理的第二个里程碑,梅奥成为第二时期的代表人物,行为科学由此而兴起。

霍桑实验也具有局限性:方法不是太科学;观点有些太片面。

二、行为科学理论

梅奥等人的开创性研究之后,西方从事人际关系——行为科学研究的专家学者大量涌现。1949 年在美国芝加哥大学召开的组织中人类行为的理论研讨会上,“行为科学”正式定名。20 世纪 50 年代以后,行为科学才真正发展起来,成为研究人的行为的一门综合性科学。

它研究人的行为产生的原因和影响行为的因素,目的在于激发人的积极性和创造性,从而实现组织的目标。它的研究对象是人的行为表现和发展规律,以提高对人的行为的预测以及激发、引导和控制能力。

20 世纪 50 年代之后兴起的行为科学将心理学、社会学、人类学、经济学,甚至医学等多种学科融入管理理论之中。半个多世纪的时期内,行为科学得到了迅速发展,其研究涉及众多领域,内容丰富,在管理科学领域独树一帜,成为现代管理理论中的一个重要流派。

梅奥的人际关系学说是行为科学发展的第一阶段;20 世纪 50 年代以后,行为科学得到了新的发展，20 世纪 60 年代以后被称为组织行为学，其研究对象可分为三个层次。

（1）个体行为理论：有关人的需要、动机和激励理论；有关企业中的人性理论。

- 人性假设：薛恩四种人性假设；X-Y 理论。
- 激励内容理论：需求层次论；双因素论；成就需要论。
- 激励过程理论：期望理论；公平理论。

（2）团体行为理论：团体发展动向的各种因素以及这些因素的相互作用和相互依存的关系，即团体动力、信息、沟通、团体及成员的相互关系。

（3）组织行为理论：有关领导理论和组织变革、组织发展理论。

- 领导理论：领导性格理论；领导行为理论；领导权变理论。
- 组织变革和发展理论。

三、激励理论

（一）激励的原理

心理学家们认为，人的行为是人的本能和社会环境相互作用的结果，它是由人的动机决定的，而动机是由需要决定的。

需要是客观刺激作用于人的大脑所引起的个人感到某些欠缺而力求获得满足的一种内心不平衡状态，包括生理的不平衡和心理的不平衡。

需要是人的重要的心理状态，它支配着人的认识、情感和意志，一个人的需要越强烈，动力越大。

动机是指引和维持个体活动，并使其朝向某一目标的内部动力，它是一个人发动、维持或抑制某种活动的心理倾向。

动机是由需要产生的，当人们产生某种需要而又未能得到满足时，心理上便产生了一种紧张和不安，这种紧张和不安成为一种内在的驱动力，促使个体采取行动，心理学将此称为动机。

动机本身不属于行为活动，只是一种推动行为活动的力量。

动机来自于需要，但有需要不是一定产生某种动机，有某种动机不一定引起某种行为。人的需要是多样的，不是每种需要都产生了动机，动机也是多种的，不是每一种动机都成了行为。这与需要的强度和动机的强度有关。激励的动态过程如图 2-2 所示。

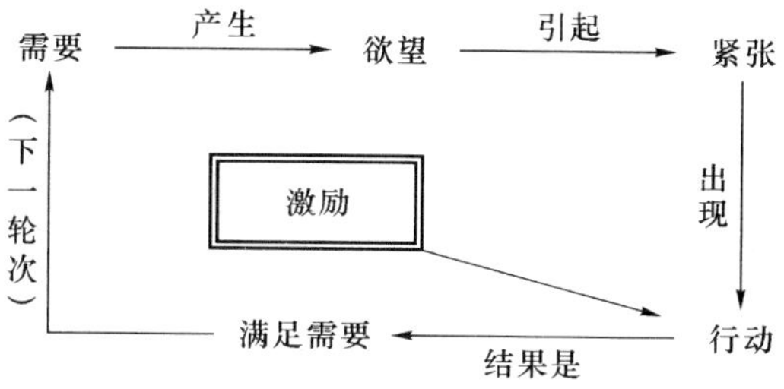

图 2-2　激励的动态过程

激励就是设立员工各种需要的条件，激发员工的工作动机，使之产生实现组织目标的特定行为的过程。

激励是指影响人们的内在需求或动机，从而加强、引导和维持行为的活动或过程。

（二）激励的内容理论

1. 需要层次论

需要层次论由美国社会心理学家亚伯拉罕·马斯洛提出来的，因而也称为马斯洛需要层次论。他认为如果想要达到激励人的目的，必须理解人们不断上升的需求。

马斯洛理论把需求分成生理需求、安全需求、归属与爱的需求、尊重需求和自我实现需求五类，依次由较低层次到较高层次排列，如图 2-3 所示。

（1）五种需要像阶梯一样从低到高，按层次逐级递升，但它们的次序不是完全固定的，可以变化，也有种种例外情况。

（2）需求层次理论有两个基本出发点，一是人人都有需要，某层需要获得满足后，另一层需要才出现；二是在多种需要未获满足前，首先满足迫切需要；该需要满足后，后面的需要才显示出其激励作用。

（3）一般来说，某一层次的需要相对满足了，就会向高一层次发展，追求更高一层次的需要就成为驱使行为的动力。相应地，获得基本满足的需要就不再是一股激励力量。

（4）五种需要可以分为两级，其中生理上的需要、安全上的需要和感情上的需要都属于低一级的需要，这些需要通过外部条件就可以满足；而尊重的需要和自我实现的需要是高级需要，它们是通过内部因素才能满足的，而且一个人对尊重和自我实现的需要是无止境的。同一时期，一个人可能有几种需要，但每一时期总有一种需要占支配地位，对行为起决定作用。任何一种需要都不会因为更高层次需要的发展而消失。各层次的需要相互依赖和重叠，高层次的需要发展后，低层次的需要仍然存在，只是对行为影响的程度大大减小。

(5) 马斯洛和其他的行为心理学家都认为，一个国家多数人的需要层次结构是同这个国家的经济发展水平、科技发展水平、文化和人民受教育的程度直接相关的。在不发达国家，生理需要和安全需要占主导的人数比例较大，而高级需要占主导的人数比例较小；在发达国家，则刚好相反。

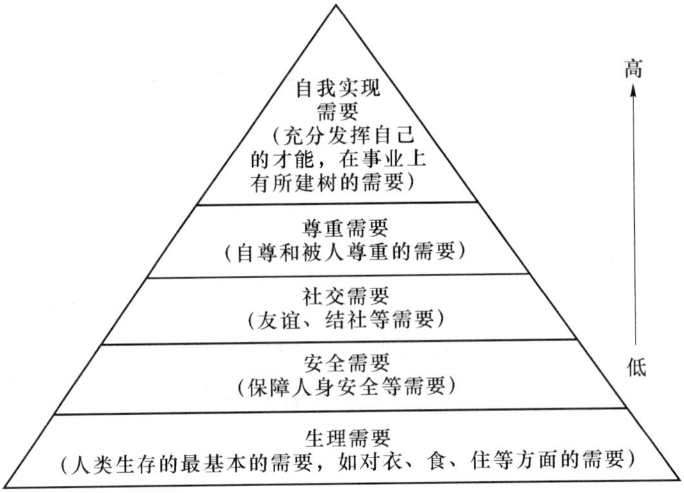

图 2-3　马斯洛需要层次论

马斯洛认为每个人的需要结构发展状况不同，人的 5 种需要是同时存在的，只是各自的需要强度不一样，呈现出不同的需要结构，如图 2-4 所示。

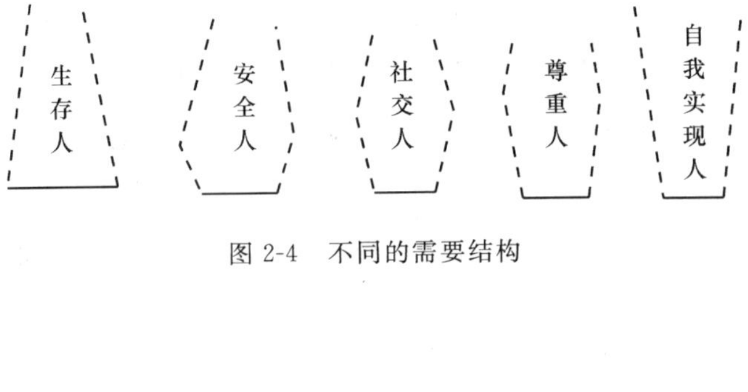

图 2-4　不同的需要结构

马斯洛需要层次理论的进步性表现如下。

- 对研究人的行为提出了一个比较科学的研究架构,成为激励理论的基础,将人千差万别的需要归为5类,揭示了人的需要和行为的规律,指出了人的需要从高级向低级发展的趋势。
- 指出人的需要是多种多样的,激励方式也是多种多样的,不仅要给人物质满足,也要给人精神上的满足,特别是人的基本生理需要得到一定满足以后,精神上的需要更为重要,满足人的精神需要将会产生更持久的动力。
- 将人的自我实现作为需要的最高层次,这对管理有重要意义。

其局限性表现如下。

- 许多学者对需求层次理论进一步研究发现,不能对需要层次进行简单、机械的理解,人的各种需要是同时存在的,各种需要和动机存在相互斗争,且并不存在一个简单的需要递进规律。
- 人的需要是复杂的,有些人即使低级需要得不到满足,对高层次需要仍十分强烈,而另一些人即使低级需要得到满足,也不一定产生较高层次的需要。

2. X-Y 理论

美国管理学家麦格雷戈于1957年提出了X-Y理论,指出经理的二维思维方式。X理论是传统的“胡萝卜加大棒”式的软硬兼施的思维方式,它是建立在“群众是平庸的”假设基础上的,而Y理论的假设基础是人们想工作。

X理论:人性的弱点——集权管理。多数人天生懒惰,尽一切可能逃避工作;多数人没有抱负,宁愿被领导、怕负责任,视个人安全高于一切;对多数人必须采取强迫命令,软硬兼施的管理措施。

Y理论:人性的优点——民主管理。一般人并不天生厌恶工作,一般的人视工作如同玩耍一样自然,在某些条件下,工作可以成为一种满足感的来源;多数人愿意对工作负责,在实现他所承诺的目标的过程中,个人会实施自我指导和自我控制,并有相当程度的想象力和创造才能;控制和惩罚不是使人实现企业目标的唯一办法,还可以通过满足职工爱的需要、尊重的需要和自我实现的需要,使个人和组织目标融合一致,达到提高生产率的目的。

X 理论和 Y 理论的比较如表 2-1 所示。秉持 X 理论和秉持 Y 理论的管理者管理措施的比较如图 2-5 所示。

表 2-1　X 理论及 Y 理论的比较

X 理论	Y 理论
1. 员工好逸恶劳 2. 员工欠缺进取热情，不想承担责任 3. 员工不想出现重大改变，喜欢安稳	1. 员工视工作为生活的重要部分 2. 员工有能力提出建设性的意见，帮助达到企业目标 3. 员工愿意承担责任 4. 员工有自律及自觉性 5. 员工有发展自我的潜能

图 2-5　秉持 X 理论和秉持 Y 理论的管理者管理措施的比较

这种观点对激励的意义在于，在马斯洛的需要层次框架中可以看出，X 理论假设较低层次的需要支配个人行为，Y 理论假设较高层次的需要支配个人行为。

麦格雷戈 Y 理论的假设比 X 理论更有效，因而他建议让员工参与决策，承担更有挑战性和责任感的工作，建立良好的群体关系，这会大大调动员工的积极性。

补充资料：人性的四种基本假设

人性假设会使领导者看待下属的立足点不同。

(1) 经济人假设

对待员工的政策是"胡萝卜加大棒"。

(2) 社会人假设

人有心理需求，组织中存在非正式组织，领导者要关心人，了解人的社会需要，关心员工。

(3) 自我实现人假设

自我挑战，领导者的任务是创造一个具有挑战性的环境和工作。

(4) 复杂人假设

一种体现权变思想的人性观，在不同的情境下分析，做到因人、因问题和因环境的不同采取相应的领导策略。

3. 双因素理论(分析知识阶层的有用理论)

双因素理论也叫"保健—激励理论"，是美国心理学家弗雷德里克·赫兹伯格于20世纪50年代后期提出的。他认为调动人的积极性主要是从人的内部，从工作本身来调动人的内在动力，工作对人的吸引力才是最主要的激励因素，其他都是保健因素，如图2-6所示。

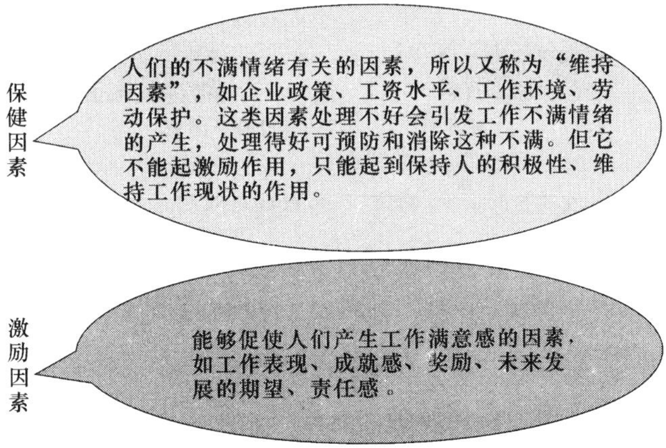

图2-6　影响人们行为的因素主要有两类

20 世纪 50 年代后期，赫兹伯格和他的同事一起在匹兹堡地区对 11 个工商企业的工程师和会计师进行了调查，主要针对个人与工作关系方面，询问他们工作的什么使他们高兴，什么使他们不高兴，然后将回答分类。

赫兹伯格发现使员工感到满意的因素和感到不满意的因素是大不相同的，后者往往是外部环境引起的，前者往往是工作本身引起的。

赫兹伯格双因素激励理论归纳如图 2-7 和图 2-8 所示。

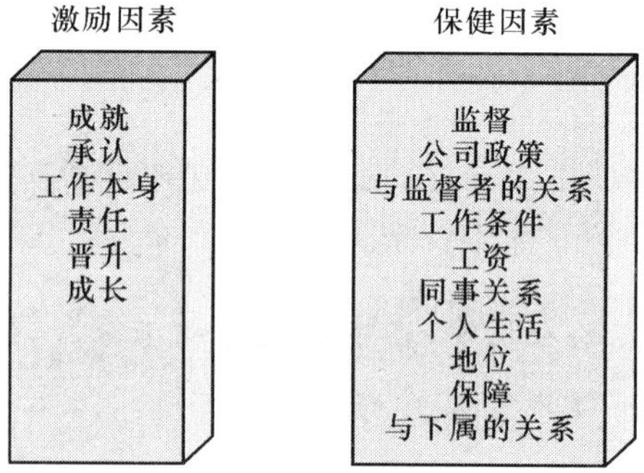

图 2-7　赫兹伯格双因素激励理论

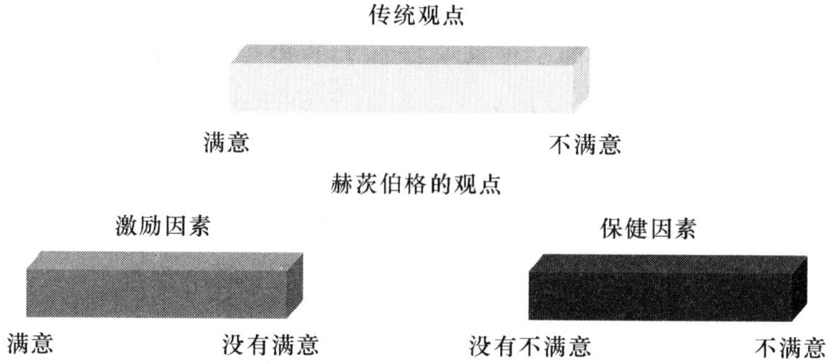

图 2-8　满意、不满意观点的对比

双因素理论具有积极性，表现如下。

(1) 告诉我们一个事实，采取了某种激励机制的措施以后并不一定就带来满意，要区分好两类因素。

(2) 满足各种需要所引起的激励深度和效果是不一样的。

(3) 要调动人的积极性，不仅要注意物质利益和工作条件等外部因素，更重要的是用一些内在因素来调动人的积极性，增大激励因素的激励效果，从组织内部工作本身出发，使人们对工作产生浓厚兴趣。

(4) 防止激励因素向保健因素转化。

双因素理论同时具有以下缺陷。

(1) 赫兹伯格调查取样的数量和对象缺乏代表性,抽样数量少,调查对象是工程师、会计师,他们在工资、安全、工作条件等方面都比较好,因此这些因素起不到激励作用,但并不代表一般员工情况。

(2) 赫兹伯格在调查时,问卷的方法和题目有缺陷。首先,将好的结果归于自己,将不好的归于他人或工作条件是人的一般心理。其次,人们对于事物不会那么绝对,要么满意,要么不满意。

(3) 赫兹伯格认为,满意和生产率的提高有必然的联系,而实际上满意并不等于劳动生产率的提高。

(4) 赫兹伯格将保健因素和激励因素截然分开是不妥的。

双因素理论值得我们借鉴,但必须结合中国的国情。

(1) 我们在实施激励时,应注意区别保健因素和激励因素。

(2) 这一理论产生在温饱解决后的美国,所以应注意一些因素在不同时候可能是保健因素,而在另一些时候可能是激励因素。

(3) 应注意激励深度问题。

(4) 随着温饱问题的解决,内在激励的重要性越来越明显。

4. 成就需要论(三种需求理论)

美国管理学家大卫·麦克莱兰认为人的一生中,有些需要是后天获得的,人们在工作中有三种基本的需求或动机。

(1) 成就的需要:达到标准、追求卓越、争取成功的需要。

(2) 归属的需要:建立友好亲密的人际关系的需要。

(3) 权力的需要:渴望影响或控制他人、为他人负责以及拥有高于他人的职权的权威。

成就需要论的主要观点如下。

(1) 高层次的需要是由成就的需要、归属的需要、权力的需要构成的。

(2) 决定成就需要的两个因素:直接环境和个性,高成就需要是可以通过教育加以训练的。

(3) 成就需要与经济发展有关。

(4) 成就需要受组织管理状况的影响。

成就需要论丰富了马斯洛对自我实现的描述,强调通过教育可以培养高成就需要的人,还强调文化中的成就动机先于以后经济的发展。

对以上三种需要理论的比较如图 2-9 所示。

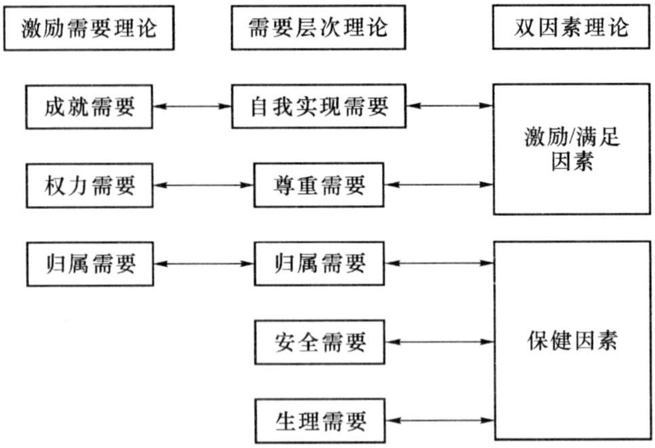

图 2-9　三种需要理论的比较

(三) 激励的过程理论

激励的过程理论试图说明员工面对激励措施,如何选择行为方式去满足他们的需要,以及确定其行为方式的选择是否成功。

1. 公平理论

公平理论是美国心理学家亚当斯在 1965 年首先提出来的,也称为社会比较理论,侧重于研究报酬对人们工作积极性的影响。

员工首先思考自己收入与付出的比率,然后将自己的收入—付出比与相关他人的收入—付出比进行比较,如果感觉到自己的比率与他人相同,则为公平状态,否则就产生不公平感而试图去纠正。这说明当一个人做出了成绩并取得了报酬以后,他不仅关心自己所得报酬的绝对量,而且关心自己所得报酬的相对量。因此,他要进行种种比较来确定自己所获得的报酬是否合理,比较的结果将直接影响今后工作的积极性。

侧重于研究贡献与报酬之间的关系,关注横向与纵向比较,跟与自己同层次的人比较。报酬不仅指物质报酬,而且还可以指非物质报酬。横向是指自己报酬的相对值与别人报酬的相对值相比较,纵向是指跟自己的历史比。

(1) 横向比较

公平理论可以用公平关系式来表示，设有当事人 a 和被比较对象 b，则当 a 感觉到公平时有下式成立：

$$\frac{op}{ip}=\frac{oc}{ic}$$

式中，op 为自己对所获报酬的感觉；oc 为自己对他人所获报酬的感觉；ip 为自己对个人所作投入的感觉；ic 为自己对他人所作投入的感觉。

当上式为不等式时，可能出现以下两种情况。

① $op/ip<oc/ic$，在这种情况下，他可能要求增加自己的收入或减小自己今后的努力程度，以便使左方增大，趋于相等；第二种办法是他可能要求组织减少比较对象的收入或者让其今后增大努力程度以便使右方减小，趋于相等。此外，他还可能另外找人作为比较对象，以便达到心理上的平衡。

② $op/ip>oc/ic$，在这种情况下，他可能要求减少自己的报酬或在开始时自动多做些工作，但久而久之，他会重新估计自己的技术和工作情况，终于觉得他确实应当得到那么高的待遇，于是产量便又会回到过去的水平了。

(2) 纵向比较

除了横向比较之外，人们也经常做纵向比较，即把自己目前投入的努力与目前所获得报酬的比值同自己过去投入的努力与过去所获报酬的比值进行比较。只有相等时他才认为公平。用公式表示为

$$op/ip=oh/ih$$

式中，op 为自己对现在所获报酬的感觉；oh 为自己对过去所获报酬的感觉；ip 为自己对个人现在投入的感觉；ih 为自己对个人过去投入的感觉。

当上式为不等式时，也可能出现以下两种情况。

① $op/ip<oh/ih$，当出现这种情况时，人也会有不公平的感觉，这可能导致工作积极性下降。

② $op/ip>oh/ih$，当出现这种情况时，人不会因此产生不公平的感觉，但也不会觉得自己多拿了报偿，从而主动多做些工作。

公平理论认为，职工对报酬的满足程度是一个社会的比较过程；个人对报酬是否满意，不仅受报酬的绝对值影响，还受报酬的相对值影响；人需要保持分配公平，

公平才会心情舒畅,努力工作。

当一个人发现不公时,可能会采取以下方式消除不公平感:谋求增加自己的报酬;谋求降低别人的报酬;设法降低自己的贡献;设法增加他人的贡献;换比较对象。

公平理论对管理的启示如下。

① 影响激励效果的不仅有报酬的绝对值,还有报酬的相对值。

② 激励时应力求公正,使等式在客观上成立,尽管有主观判断误差,也不致造成严重的不公平感。

③ 在激励过程中应注意对被激者公平心理的疏导,引导其树立正确的公平观。绝对公平是没有的,不要盲目攀比。

2. 期望理论

这一理论主要由美国心理学家弗鲁姆在20世纪60年代中期提出并形成。期望理论认为,人们在预期他们的行动会给个人带来既定的成果且该成果对个人具有吸引力时才会被激励起来去做某些事情以达到组织设定的目标。

人的期望模式如图2-10所示。

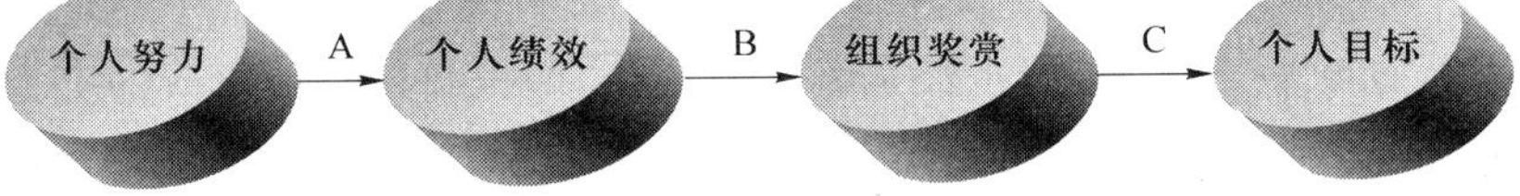

A,努力—绩效的关系;B,绩效—奖赏的关系;C,吸引力

图2-10 人的期望模式

根据这一理论的研究,员工对待工作的态度依赖于对下列三种联系的判断。

(1) 努力—绩效的联系。员工感觉到通过一定程度的努力而达到工作绩效的可能性。

(2) 绩效—奖赏的联系。员工对于达到一定工作绩效后即可获得理想的奖赏结果的信任程度。

(3) 奖赏—个人目标的联系。如果工作完成,员工所获得的潜在结果或奖赏对他的重要性程度。

所以,在进行激励时要处理好三方面的关系:努力与绩效的关系、绩效与奖励的关系、奖励与满足个人需要的关系。

在这三种关系的基础上，员工在工作中的积极性或努力程度（激励力）是效价和期望值的乘积，即

$$M=VE$$

式中，M 表示激励力；V 表示效价；E 表示期望值。

激励力是指一个人所受到激励的程度；效价是一个人对某一成果的偏好程度，是个人对某一预期成果或目标的重视程度和评价高低的主观估计；期望值指通过特定的活动导致预期成果的概率。期望理论说明，激励实质上是选择过程，促使人们去做某些事的心理将依赖于效价和期望值两个因素。

效价和期望值的不同组合产生不同的激励力。只要在效价和期望中有一个较低，都难以使人在工作中有足够的积极性。

期望理论给我们如下启示。

（1）同一目标对不同的人或同一人不同时间不一样。

（2）概率是主观判断，与能力、经验和努力程度有关。

（3）对效价要综合理解，可以是物质的，也可以是精神的，管理者要多注意要员工认为最大的激励措施，在设置某一激励目标时应尽可能加大其效价的综合值。

（四）激励的强化理论

1. 强化理论的内容

强化理论是美国心理学家斯金纳提出来的，这个理论开始是对动物进行实验，以后进一步发展用于人的学习上，强调学习中应遵循小步和及时反馈的原则，循序渐进。现在强化理论被广泛地应用在激励和人的行为的改造上。

斯金纳认为无论人或动物，为了达到某种目的，都会采取一定的行为，这种行为将作用于环境，人的行为是所获刺激的函数，当行为的结果对他或它有利时，这种行为就会重复出现；当行为的结果对他或它不利时，这种行为就会减弱或消失，这就是环境对行为强化的结果。管理人员应用强化手段，营造有利于组织目标实现的环境，使组织成员的行为符合组织目标。

（1）正强化

所谓正强化，就是奖励那些符合组织目标的行为，以使这些行为得到进一步加强，从而有利于组织目标的实现。

不要将正强化仅仅理解为奖金，对成绩的认可、表扬、改善工作条件和人际关

系、提升、担任挑战性的工作、给予学习和成长的机会等都能起到正强化的作用。

正强化的手段有以下几种。

① 经济方面：给予奖金，增加工资，目的是不仅奖励这个人，而且使其他人向其看齐。

② 非经济方面：表扬，进修。

③ 经济与非经济兼而有之：提拔。

正强化的方式是间断的、时间和数量都不固定的，管理者根据组织的需要和个人行为在工作中的反映，不定期、不定量实施强化，使每次强化都能起到较大的效果。不能都用一种奖励方法，要物质、进修与表扬相结合。

(2) 惩罚(与正强化相对)

对不符合组织目标的行为加以惩罚，以使这些行为削弱甚至消失，从而保证组织目标的实现不受干扰。惩罚是指事后惩罚。

负强化的方法也有很多，检查、处分、降级、不予奖励或少予奖励、停薪留职、开除、罚款、刑罚等。

实施负强化，应以连续负强化为主，即对每一次不符合组织的行为都应及时予以负强化，消除人们的侥幸心理，减少直至消除这种行为重复出现的可能性，不可有特殊情况。

(3) 负强化

所谓负强化，是一种事前的规范与约束。

负强化的手段是“杀鸡儆猴”，比如应收账款比例警示。

(4) 忽视

对出现的某种行为进行冷处理，对某项偶发的事项或突发的事物不加处理。

不要冲动于一些风吹草动，尤其是对待一些冲突中的问题，更应该如此，给自己留一个平静考虑的时间。

另外，根据强化的方式还可以分为连续强化和间隙强化。连续强化是对每一个组织需要的行为都给予强化；间隙强化则是经过一段时间才强化一次。间隙强化还可按强化时间间隔的稳定性分为固定时间间隔强化和变动时间间隔强化。

不同强化形式的效果是不一样的，有的只要给予强化刺激，反应很快，立竿见影，但刺激一旦消失，行为马上消失；有的虽不如前者反应快，但刺激行为消失后不会马上消失。所以学习强化时，不仅要注意强化的内容，还要注意强化的形式。

2. 强化理论的运用

(1) 奖励

① 善于把物质奖励和精神奖励结合。

② 创造良好的奖励气氛。

③ 奖励要及时。

④ 奖励要考虑员工需要的差异。

⑤ 奖励的程度要与员工的贡献相当。

⑥ 奖励方式要有变化。

(2) 惩罚

① 惩罚要公正合理,使其心服口服。

② 要掌握惩罚的时机。

③ 惩罚强度要适当。

④ 不可伤害一个人的人格。

⑤ 手段要慎重。

(五) 当代激励理论的综合

激励理论的综合运用如图 2-11 所示。

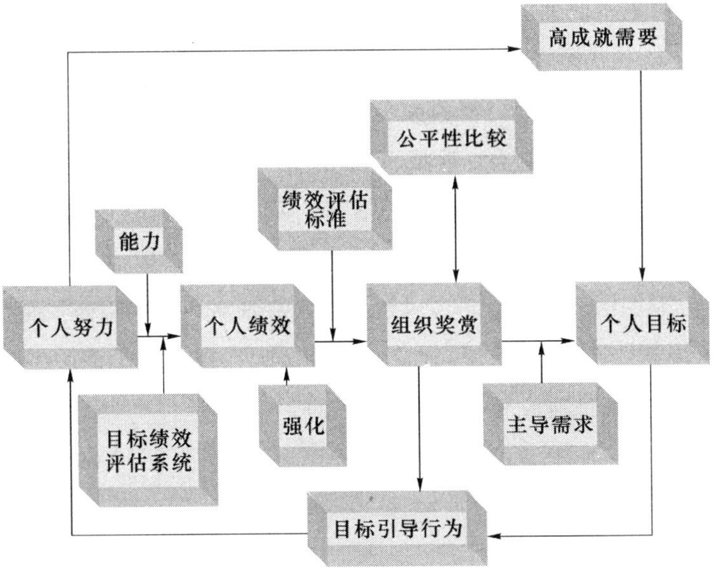

图 2-11　激励理论的综合运用

关于激励员工的建议如下。

(1) 认清个体差异:每个员工都是一个独特的不同于其他人的个体。

(2) 使人与职务相匹配:大量研究表明,将个体与职务进行合理匹配,能够起到激励员工的作用。

(3) 运用目标进行激励:具有一定难度的具体的目标。

(4) 确保个体认为目标是可以达到的。

(5) 个别化奖励:员工的需要不同,奖励措施起到的激励效果也不同,加薪、晋升、授权、参与目标的设定。

(6) 奖励与绩效挂钩:奖励与绩效应当统一,绩效达到,必须给予相应的奖励,才能激励员工。

(7) 检查公平性系统:应当让员工感到自己的付出与所得是对等的。

(8) 不要忽视钱的因素。

第五节　现代管理理论

1961 年孔茨把当时西方的管理学派分为 6 个学派:管理过程学派、经验学派、人群行为学派、社会系统学派、决策学派、数理学派。1980 年孔茨又指出西方的管理理论已经发展到 11 个学派:经验案例学派、人际关系学派、群体行为学派、社会协作系统学派、数学(管理科学)学派、社会技术系统学派、决策理论学派、系统学派、权变学派、经理角色学派、经营管理(管理过程或管理职能)学派。

学术界还有其他对西方现代管理理论学派的划分方法,如国内外许多学者将《管理理论的丛林》中的诸家观点归纳划分为六大学派:社会系统学派、决策理论学派、系统管理学派、经验主义学派、管理科学学派和权变理论学派。不论如何划分,并不意味着这些学派是彼此独立、截然分开的。

以下我们挑选一些学派进行简单介绍。

一、社会系统学派

社会系统学派的代表人物是美国著名的管理学家切斯特・巴纳德。1938 年,他发表了《经理人的职能》一书，在这本著作中，他对组织和管理理论的一系列基本问题都提出了与传统组织和管理理论完全不同的观点。他认为组织是一个复杂的社会系统，应从社会学的观点来分析和研究管理的问题。由于他把各类组织都作为协作的社会系统来研究，后人把由他开创的管理理论体系称做社会系统学派。

其主要内容如下。

(1) 组织是一个由个人组成的协作系统，个人只有在一定的相互作用的社会关系下，同他人协作才能发挥作用。

(2) 巴纳德认为组织作为一个协作系统都包含三个基本要素：能够互相进行信息交流的人们；这些人们愿意作出贡献；实现一个共同目的。因此，一个组织的要素是信息交流、作贡献的意愿、共同的目的。

(3) 组织是两个或两个以上的人所组成的协作系统，管理者应在这个系统中处于相互联系的中心，并致力于获得有效协作所必需的协调，因此经理人员要招募和选择那些能为组织目标的实现而作出最好贡献并能协调地工作在一起的人员。为了使组织的成员能为组织目标的实现作出贡献和进行有效地协调，巴纳德认为应该采用"维持"的方法，包括"诱因"方案的维持和"威慑"方案的维持。"诱因"方案的维持是指采用各种报酬奖励的方式来鼓励组织成员为组织目标的实现作出他们的贡献，"威慑"方案的维持是指采用监督、控制、检验、教育和训练的方法来促使组织成员为组织目标的实现作出他们的贡献。

(4) 经理人员的作用就是在一个正式组织中充当系统运转的中心，并对组织成员的活动进行协调，指导组织的运转，实现组织的目标。根据组织的要素，巴纳德认为，经理人员的主要职能有三个方面：提供信息交流的体系；促成必要的个人努力；提出和制定目的。

二、决策理论学派

决策理论学派的主要代表人物是曾获1978年度诺贝尔经济学奖的赫伯特·西蒙。西蒙虽然是决策学派的代表人物，但他的许多思想是从巴纳德那里吸取来的，他发展了巴纳德的社会系统学派，并提出了决策理论，建立了决策理论学派，形成了一门有关决策过程、准则、类型及方法的较完整的理论体系，主要著作有《管理行为》、《组织》、《管理决策的新科学》等。

其主要内容如下。

(1) 决策贯穿管理的全过程,决策是管理的核心。西蒙指出组织中经理人员的重要职能就是作决策。他认为,任何作业开始之前都要先做决策,制订计划就是决策,组织、领导和控制也都离不开决策。

(2) 系统阐述了决策原理。西蒙对决策的程序、准则、程序化决策和非程序化决策的异同及其决策技术等作了分析。西蒙提出决策过程包括 4 个阶段:搜集情况阶段、拟订计划阶段、选定计划阶段、评价计划阶段。这四个阶段中的每一个阶段本身就是一个复杂的决策过程。

(3) 在决策标准上,用"令人满意"的准则代替"最优化"准则。以往的管理学家往往把人看成是以"绝对的理性"为指导,按最优化准则行动的理性人。西蒙认为事实上这是做不到的,应该用"管理人"假设代替"理性人"假设,"管理人"不考虑一切可能的复杂情况,只考虑与问题有关的情况,采用"令人满意"的决策准则,从而可以作出令人满意的决策。

(4) 一个组织的决策根据其活动是否反复出现可分为程序化决策和非程序决策。经常性活动的决策应程序化,以降低决策过程的成本,只有非经常性活动才需要进行非程序化的决策。

三、系统管理学派

第二次世界大战之后,企业组织规模日益扩大,企业内部的组织结构也更加复杂,从而提出了一个重要的管理课题,即如何从企业整体的要求出发,处理好企业组织内部各个单位或部门之间的相互关系,保证组织整体的有效运转。以往的管理理论都只侧重于管理的某一个方面,它们或者侧重于生产技术过程的管理,或者侧重于人际关系,或者侧重于一般的组织结构问题,为了解决组织整体的效率问题,系统理论学派于是产生了。20 世纪 60 年代西方的系统管理学派盛行。当时,"系统科学"、"系统理论"、"系统工程"、"系统分析"、"系统方法"等术语充斥于管理文献之中。追根溯源,系统管理理论的发展同一般系统理论有密切的关系。近代比较完整地提出"系统"概念的是亨德森,后来发展为贝塔朗菲的一般系统论。

1948 年，诺伯特·威纳创立“控制论”。美国经济学家肯尼思·博尔丁又尝试把控制论与信息论结合起来，并于 1956 年发表题为《一般系统论：一种科学的框架》的文章。1968 年，路德维格·贝塔朗菲出版的《一般系统理论的基础、发展和应用》一书更加全面地阐述了动态开放系统的理论，被公认为一般系统论的经典著作。一般系统论认为，系统是由相互联系、相互作用的若干要素结合而成的、具有特定功能的有机整体。它不断地同外界进行物质和能量的交换，而维持一种稳定的状态。

一般系统理论建立以后，西方有些学者把它应用于工商企业的管理，形成系统管理学派。

其主要内容如下。

(1) 组织是一个由许多子系统组成的。组织作为一个开放的社会技术系统，是由五个不同的分系统构成的整体，这五个分系统包括目标与价值分系统、技术分系统、社会心理分系统、组织结构分系统、管理分系统。这五个分系统之间既相互独立，又相互作用，不可分割，从而构成一个整体。这些系统还可以继续分为更小的子系统。

(2) 企业是由人、物资、机器和其他资源在一定的目标下组成的一体化系统，它的成长和发展同时受到这些组成要素的影响，在这些要素的相互关系中，人是主体，其他要素则是被动的。管理人员需力求保持各部分之间的动态平衡、相对稳定、一定的连续性，以便适应情况的变化，达到预期目标。同时，企业还是社会这个大系统中的一个子系统，企业预定目标的实现不仅取决于内部条件，还取决于企业外部条件，如资源、市场、社会技术水平、法律制度等，它只有在与外部条件的相互影响中才能达到动态平衡。

(3) 如果运用系统观点来考察管理的基本职能，可以把企业看成是一个投入—产出系统，投入的是物资、劳动力和各种信息，产出的是各种产品(或服务)。运用系统观点使管理人员不至于只重视某些与自己有关的特殊职能而忽视了大目标，也不至于忽视自己在组织中的地位与作用，可以提高组织的整体效率。

系统管理理论提出了有关整体和个体组构及其运营的观念体系：组织是人们建立起来的相互联系着的并共同运营的要素(子系统)所构成的系统；任何子系统的变化均会影响其他系统的变化；系统具有半开特性——既有自己的特性，又有与外界沟通的特性。

四、经验主义学派

经验主义学派，又称为经理主义学派，以向大企业的经理提供管理企业当代的经验和科学方法为目标。主要代表人物是彼得·德鲁克，主要作品有《管理实践》、《管理——任务、责任、实践》等。另一个代表人物是欧内斯特·戴尔，代表作是《伟大的组织者》。

其主要内容如下。

(1) 管理应侧重于实际应用，而不是纯粹理论的研究。管理学如同医学、法律学和工程学一样，是一种应用学科，而不是纯知识的学科。

(2) 实行目标管理的管理方法。目标管理则结合以工作为中心和以人为中心的管理方法，使职工发现工作的兴趣和价值，从工作中满足其自我实现的需要，同时，企业的目标也因职工的自我实现而实现，这样就把工作和人性二者统一起来了。

(3) 管理者的任务是了解本机构的特殊目的和使命，使工作富有活力并使职工有成就，处理本机构对社会的影响相对社会的责任。

(4) 经理有两项别人无法替代的职责：第一，创造出部分大于总和的富有活力的真正的整体；第二，协调当前和长期要求。

五、管理科学学派

管理科学学派，也称计量管理学派、数量学派。也有人把计量管理学派与运筹学看成是统一语，这是因为该学派正式成立于1939年由美国曼切斯特大学教授布莱克特领导的运筹学小组。

埃尔伍德·斯潘赛·伯法是西方管理科学学派的代表人物之一。这个学派认为，解决复杂系统的管理决策问题，可以用电子计算机作为工具，寻求最佳计划方案，以达到企业的目标。管理科学其实就是管理中的一种数量分析方法。它主要用于解决能以数量表现的管理问题。其作用在于通过管理科学的方法，减少决策中的风险，提高决策的质量，保证投入的资源发挥最大的经济效益。

其实质是泰罗的科学管理的继续与发展，都力图抛弃凭经验、凭主观判断来进行管理，而提倡采用科学的方法，探求最有效的工作方法或最优方案，以达到最高的工作效率，以最短的时间、最小的支出得到最大的效果。

不同的是，管理科学的研究已经突破了操作方法、作业研究的范围，而向整个组织的所有活动方面扩展，要求进行整体性的管理。

所谓管理科学学派，又称管理中的数量学派，也称为运筹学。解决复杂系统的管理决策问题，可以用电子计算机作为工具，寻求最佳计划方案，以达到企业的目标。管理科学其实就是管理中的一种数量分析方法。

该学派的理论基础是：运筹学＋计算机（模型＋程序）。

其主要内容如下。

（1）关于组织的基本看法。他们认为组织是由“经济人”组成的一个追求经济利益的系统，同时又是由物质技术和决策网络组成的系统。

（2）关于科学管理的目的、应用范围、解决问题的步骤。它们的目的就是通过科学原理、方法和工具应用于管理的各种活动之中。应用范围着重在管理程序中的计划和控制这两项职能。解决问题的步骤如下。

① 提出问题。

② 建立数学模型。

③ 得出解决方案。

④ 对方案进行验证。

⑤ 建立对解决方案的控制。

⑥ 把解决方案付诸实施。

（3）关于管理科学应用的科学方法。这主要有线性规划、决策树、计划评审法和关键线路法、模拟、对策论、概念论、排队论。

（4）管理科学应用的先进工具，这里主要是指计算机。

（5）管理科学学派借助于数学模型和计算机技术研究管理问题，重点研究的是操作方法和作业方面的管理问题。现在管理科学也有向组织更高层次发展的趋势，但目前完全采用管理科学的定量方法来解决复杂环境下的组织问题还面临着许多实际困难。管理科学学派一般只研究生产的物质过程，注意管理中应用的先进工具和科学方法，不够注意管理中人的作用，这是它的不足之处。

六、权变理论学派

进入 20 世纪 70 年代以来，权变理论在美国兴起。当时的美国，社会不安，经济动荡，政治骚动，达到空前的程度，石油危机对西方社会产生了深远的影响，企业所处的环境很不确定。以往的管理理论主要侧重于研究加强企业内部组织的管理，大多都在追求普遍适用的、最合理的模式与原则，而这些管理理论在解决企业面临的瞬息万变的外部环境时又显得无能为力。正是在这种情况下，人们不再相信管理会有一种最好的行事方式，而是必须随机制宜地处理管理问题，于是形成一种管理取决于所处环境状况的理论，即权变理论，“权变”的意思就是权宜应变。其代表人物有卢桑斯、菲德勒、豪斯等人。

权变理论认为，在企业管理中要根据企业所处的内外条件随机应变，没有什么一成不变、普遍适用的、“最好的”管理理论和方法。该学派是从系统观点来考察问题的，它的理论核心就是通过组织的各子系统内部和各子系统之间的相互联系，以及组织和它所处的环境之间的联系，来确定各种变数的关系类型和结构类型。它强调在管理中要根据组织所处的内外部条件随机应变，针对不同的具体条件寻求不同的最合适的管理模式、方案或方法。

七、管理过程学派

管理过程学派，又叫管理职能学派、经营管理学派，是当代管理理论的主要流派之一，主要致力于研究和说明“管理人员做些什么和如何做好这些工作”，侧重说明管理工作实务。开山鼻祖是法约尔，当代最著名的代表人物是哈罗德·孔茨。管理过程流派吸收其他管理学家的思想和主张，不断丰富各项管理职能的内容，具有广泛的影响。

其主要内容如下。

(1) 管理过程学派的研究对象就是管理的过程和职能。他们认为，管理就是在组织中通过别人或同别人一起完成工作的过程。

(2) 孔茨的职能管理。孔茨把管理揭示为通过别人使事情做成的各项职能，至于管理的各项职能，应划分为计划、组织、人事、指挥和控制五项。

八、经理角色学派

经理角色学派是20世纪70年代才出现的一个管理学派，代表人物是亨利·明茨伯格。它之所以被人们叫做经理角色学派，是由于它以对经理所担任角色的分析为中心来考虑经理的职务和工作，以求提高管理效率。该学派所指的“经理”是指一个正式组织或组织单位的主要负责人，拥有正式的权力和职位，而“角色”这一概念是从舞台的术语中借用的，是指属于一定职责或地位的一套有条理的行为。

其主要内容如下。

(1) 明茨伯格认为经理有以下特点：大量的工作，始终不懈的步调；工作活动具有简短性、多样性、琐碎性；把现实的活动放在优先地位；爱用口头交谈方式；处在他的组织与联络网之间。

(2) 他们将经理所担任的角色分为互相联系、不可分割的三类十种，即人际关系方面有挂名首脑、领导者、联络者三种；信息方面有信息收受者、传播者、发言人三种；决策方面有企业家、故障排除者、资源分配者、谈判者四种。

第六节 管理理论的新发展

一、质量管理

戴明博士是世界著名的质量管理专家，他因对世界质量管理发展作出的卓越贡献而享誉全球。以戴明命名的“戴明品质奖”至今仍是日本品质管理的最高荣誉。作为质量管理的先驱者，戴明学说对国际质量管理理论和方法始终产生着异常重要的影响。他认为，“质量是以最经济的手段，制造出市场上最有用的产品。一旦改进了产品质量，生产率就会自动提高。”

1. 理论观点

戴明学说简洁易明，其主要观点“十四要点”成为20世纪全面质量管理(TQM)的重要理论基础。

(1) 创造产品与服务改善的恒久目的:最高管理层必须从短期目标的迷途中归返,转回到长远建设的正确方向。也就是把改进产品和服务作为恒久的目的,坚持经营,这需要在所有领域加以改革和创新。

(2) 采纳新的哲学:必须绝对不容忍粗劣的原料、不良的操作、有瑕疵的产品和松散的服务。

(3) 停止依靠大批量的检验来达到质量标准:检验其实是等于准备有次品,检验出来已经是太迟,且成本高而效益低。正确的做法是改良生产过程。

(4) 废除"价低者得"的做法:价格本身并无意义,只是相对于质量才有意义。因此,只有管理当局重新界定原则,采购工作才会改变。公司一定要与供应商建立长远的关系,并减少供应商的数目。采购部门必须采用统计工具来判断供应商及其产品的质量。

(5) 不断地及永不间断地改进生产及服务系统:在每一活动中,即采购、运输、工程、方法、维修、销售、分销、会计、人事、顾客服务及生产制造,必须降低浪费和提高质量。

(6) 建立现代的岗位培训方法:培训必须是有计划的,且必须是建立于可接受的工作标准上。必须使用统计方法来衡量培训工作是否奏效。

(7) 建立现代的督导方法:督导人员必须要让高层管理知道需要改善的地方。当知道之后,管理当局必须采取行动。

(8) 驱走恐惧心理:所有同事必须有胆量去发问,提出问题,表达意见。

(9) 打破部门之间的围墙:每一部门都不应只顾独善其身,而需要发挥团队精神。跨部门的质量圈活动有助于改善设计、服务、质量及成本。

(10) 取消对员工发出计量化的目标:激发员工提高生产率的指标、口号、图像、海报都必须废除。很多配合的改变往往是在一般员工控制范围之外,因此这些宣传品只会导致反感。虽然无须为员工订下可计量的目标,但公司本身却要有这样的一个目标:永不间歇地改进。

(11) 取消工作标准及数量化的定额:定额把焦点放在数量,而非质量。计件工作制更不好,因为它鼓励制造次品。

(12) 消除妨碍基层员工工作畅顺的因素:任何导致员工失去工作尊严的因素必须消除,包括不明何为好的工作表现。

(13) 建立严谨的教育及培训计划：由于质量和生产力的改善会导致部分工作岗位数目的改变，因此所有员工都要不断接受训练及再培训。一切训练都应包括基本统计技巧的运用。

(14) 创造一个每天都推动以上 13 项的高层管理结构。

2. 戴明环

戴明博士最早提出了 PDCA 循环的概念，所以又称其为“戴明环”。PDCA 循环(如图 2-12 所示)是能使任何一项活动有效进行的一种合乎逻辑的工作程序，特别是在质量管理中得到了广泛的应用。P、D、C、A 四个英文字母所代表的意义如下。

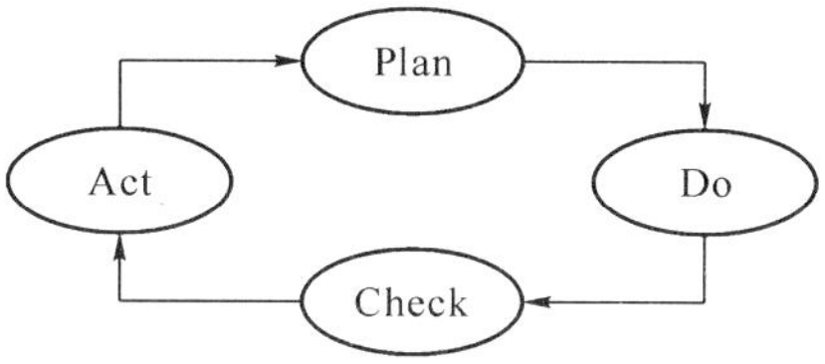

图 2-12　PDCA 循环

(1) P(Plan)——计划。计划包括方针和目标的确定以及活动计划的制订。

(2) D(Do)——执行。执行就是具体运作，实现计划中的内容。

(3) C(Check)——检查。检查就是要总结执行计划的结果，分清哪些对了，哪些错了，明确效果，找出问题。

(4) A(Action)——行动(或处理)。对总结检查的结果进行处理，成功的经验加以肯定，并予以标准化，或制定作业指导书，便于以后工作时遵循；对于失败的教训也要总结，以免重现。对于没有解决的问题，应提给下一个 PDCA 循环中去解决。

二、竞争战略

“竞争战略之父”迈克尔·波特的书可以在很多商学院学生、大学教授、公司的首席执行官，甚至国家领导人的书架上找到，他的“竞争和战略”理论已经或者正在被全球大部分的国家和企业深入研究，他的学术成果被美国国内的经济会议以及众多世界性的经济学术论坛列为正式的、重要的讨论议题。正如英国的《经济学人》杂志对他的评价：如果有人能把管理理论变为令人尊敬的学院派原则，这个人就是迈克尔·波特。

1. 五力模型

决定企业获利能力的首要因素是“产业吸引力”。企业在拟定竞争战略时，必须要深入了解决定产业吸引力的竞争法则。竞争法则可以用五种竞争力来具体分析，如图 2-13 所示，这五种竞争力包括新加入者的威胁、客户的议价能力、替代品或服务的威胁、供货商的议价能力及既有竞争者。

这五种竞争力能够决定产业的获利能力，它们会影响产品的价格、成本与必要的投资，也决定了产业结构。企业如果要想拥有长期的获利能力，就必须先了解所处的产业结构，并塑造对企业有利的产业结构。

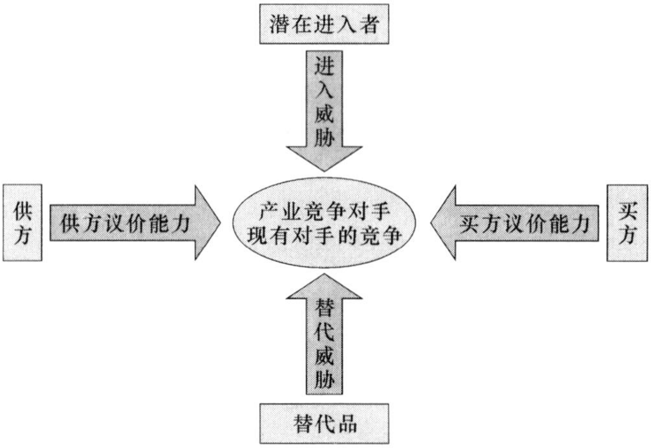

图 2-13　波特提出的五种竞争作用力

2. 三种基本竞争战略

竞争战略就是一个企业在同一使用价值的竞争上采取进攻或防守行为。流行的战略是降价，既打到对方，也损害自己，形成负效应，进入恶性循环。正确的竞争战略为：总成本领先战略、差异化战略（又称别具一格战略）、集中化战略（又称目标集中战略、目标聚集战略、专一化战略）。

第一种战略就是最大努力降低成本，通过低成本降低商品价格，维持竞争优势。要做到成本领先，就必须在管理方面对成本严格控制，尽可能将降低费用的指标落实在人头上，处于低成本地位的公司可以获得高于产业平均水平的利润。在与竞争对手进行竞争时，由于你的成本低，对手已没有利润可图，你还可以获得利润，你就主动，你就是胜利者。

第二种战略是公司提供的产品或服务别具一格，或功能多，或款式新，或更加美观。如果别具一格战略可以实现，它就成为在行业中赢得超常收益的可行战略，因为它能建立起对付五种竞争作用力的防御地位，利用客户对品牌的忠诚而处于竞争优势。

第三种战略是主攻某个特定的客户群、某产品系列的一个细分区段或某一个地区市场。其前提是：公司能够以更高的效率、更好的效果为某一狭窄的战略对象服务，从而超过在更广阔范围内的竞争对手，可知该战略具有赢得超过行业平均水平收益的潜力。

三、学习型组织

学习型组织最初的构想源于美国麻省理工大学的佛瑞斯特教授。他是一位杰出的技术专家，是 20 世纪 50 年代早期世界第一部通用计算机“旋风”创制小组的领导者。1965 年，他发表了一篇题为《企业的新设计》的论文，运用系统动力学原理，非常具体地构想出未来企业组织的理想形态——层次扁平化、组织信息化、结构开放化，逐渐由从属关系转向为工作伙伴关系，不断学习，不断重新调整结构关系。这是关于学习型企业的最初构想。

彼得·圣吉是学习型组织理论的奠基人。作为佛瑞斯特的学生，他一直致力于研究以系统动力学为基础的更理想的组织。他用了近十年的时间对数千家企业进行研究和案例分析，于 1990 年完成其代表作《第五项修练——学习型组织的艺术与实务》。他指出，现代企业所欠缺的就是系统思考的能力。它是一种整体动态的搭配能力，因为缺乏它而使得许多组织无法有效学习。之所以会如此，是因为现代组织分工、负责的方式将组织切割，而使人们的行动与其时空上相距较远。当不需要为自己的行动的结果负责时，人们就不会去修正其行为，也就是无法有效地学习。

知识经济迅速崛起，对企业提出了严峻挑战，现代人工作价值取向的转变，终身教育、可持续发展战略等当代社会主流理念对组织群体的积极渗透，为组织学习提供理论支持。结合研究现状，我们提出学习型组织的内涵。

(1) 学习型组织基础——团结、协调及和谐。

组织学习普遍存在“学习智障”，个体自我保护心理必然造成团体成员间相互猜忌，这种所谓的“办公室政治”导致高智商个体，组织群体反而效率低下。从这个意义上说，班子的团结、组织上下协调以及群体环境的民主、和谐是建构学习型组织的基础。

(2) 学习型组织核心——在组织内部建立完善的“自学习机制”。

组织成员在工作中学习，在学习中工作，学习成为工作的新形式。

(3) 学习型组织精神——学习、思考和创新。

此处学习是团体学习、全员学习，思考是系统、非线性的思考，创新是观念、制度、方法及管理等多方面的更新。

(4) 学习型组织的关键特征——系统思考。

只有站在系统的角度认识系统，认识系统的环境，才能避免陷入系统动力的旋涡里去。

(5) 组织学习的基础——团队学习。

团队是现代组织中学习的基本单位。许多组织不乏就组织现状、前景的热烈辩论，但团队学习依靠的是深度汇谈，而不是辩论。深度汇谈是一个团队的所有成员摊出心中的假设，而进入真正一起思考的能力。深度汇谈的目的是一起思考，得出比个人思考更正确、更好的结论；而辩论是每个人都试图用自己的观点说服别人的过程。

思考题

1. 泰勒管理理论的主要内容是什么？他的贡献和局限性是什么？
2. 法约尔的一般管理原则是什么？
3. 什么是韦伯的行政组织理论？
4. 什么是霍桑实验？梅奥理论的内容是什么？
5. 激励的概念、内涵是什么？
6. 什么是需要层次论？
7. 什么是双因素理论？
8. 期望理论的内容是什么？
9. 公平理论的内容是什么？
10. 斯金纳强化理论的内容是什么？

第三章

管理道德与社会责任

最重要的是人品。

——乔治·索罗斯

银广夏骗局

1998年,银广夏在天津的一家全资子公司天津广夏集团从德国进口了一套叫做"二氧化碳超临界萃取"的设备,并且得到了德国一家诚信贸易公司的青睐,产品大量出口。

1999—2000年间,共虚构利润7.45亿元。

2000年,股价暴涨440%,制造了每股收益高达0.83元的虚假报告,成为中国股市上的一只蓝筹股。

2000年,银广夏在产品出口数量、出口价格方面存在众多疑点。

2001年,媒体质疑银广夏造假,证监会正式立案调查。

调查结果显示,银广夏通过伪造购销合同等手段虚构主营业务收入,两年内共虚构利润7.45亿元,其中1999年为1.78亿元,2000年为5.67亿元。

2001年9月10日,银广夏股票在停牌30天后复牌,连拉15个跌停,银广夏蒸发68亿元,创出历史之最,超级蓝筹土崩瓦解,投资者损失惨重。与其有关的公司也成了抛售对象,股价暴跌。

在银广夏丑闻败露的同时,负责银广夏年报审计的深圳中天勤会计师事务所开始受到了人们的广泛关注。这家会计师事务所对银广夏1999年和2000年的财务报告,都出具了正面的审计报告,没有提出任何问题。且另一只问题股——三九医药也是该公司包装出来的。会计师事务所严重渎职成了"丑闻"外的另一个话题。

在银广夏之后，郑百文、东方电子、蓝田股份等同样“优秀”的上市公司开始接受有关调查。

失去诚信之后，中国证券市场充斥着挥之不去的悲观，市场存量资金开始逐步减少，2001 年下半年 1 500 亿资金“出局”，沪深两地市场资金总量 2001 年 6 月为 7 000 亿元，2001 年 7 月为 6 500 亿元，2001 年 8 月为 6 000 亿元，2001 年 9 月为 4 800 亿元，2001 年 10 月为 4 800 亿元，2001 年 11 月为 5 500 亿元。

失去诚信要付出代价。

证监会主席周小川说，要通过加强稽查，让问题严重的中介机构淘汰出局，让虚假披露或从事内幕交易的上市公司承担责任。他希望通过十年左右的时间使绝大多数中介机构都能诚信尽责，重树市场诚信的旗帜。不得不提的是，作为一个上市公司有什么也不能有丑闻，没什么也不能没有公众的信赖。

朱镕基总理说，“不做假账”是每个会计人员最基本的职业道德和行为准则，应该铭刻在国家会计学院每一位师生的心里。这是加强财经法纪和监管工作的基础，也是当前整顿和规范市场经济秩序的迫切要求。

几大悬念考验中国股市：信息披露能否规范？是否存在市场操纵嫌疑？民诉案何时受理？监管有哪些“漏洞”？

人们关注的已不仅仅在银广夏本身，由银广夏引爆的中国股民诸多悬而未决的问题不仅如把把利剑直指中国股市“软肋”，其解决也考验着中国股市的智慧。

2001 年中国股市八大“丑闻”：庄家吕梁自揭家丑，兰州证券黑市揭开冰山一角，三九医药被大股东掏空，亿安科技魂断蓝桥，银广夏演绎真实的谎言，华纺股份“混”上市再说，偷梁换柱股票遭盗买，“郑百文”弄虚作假受重罚禁入。

股民最关心的是那些对股市产生重大影响的政策，股民最痛恨的是股市中的造假行为，股民最欢迎的是切实保护中小投资者的利益。

信用是本，无信不兴。只有加大对造假者的查处力度，才能把问题严重的企业淘汰出局。也只有这样，中国企业的诚信才能树立起来，保护投资者、就业者的利益，恢复信心走出阴霾。

（思考：企业管理道德和社会责任重要吗？）

第一节　管理道德

（思考：企业能获利就可以了吗？能让企业获利的管理者就是胜任的管理者吗？）

道德问题种种

- 说假话，打假报告。
- 对社会的贡献和索取。
- 破产与逃债（假破产，真逃债）。
- 社会文化、企业文化与正确的文化。
- 在第三世界办企业的低工资是剥削。
- CEO高工资的道德问题。
- 忠实企业与忠诚的道德（打小报告者）。
- 竞争情报。

（思考：企业管理道德问题还有哪些表现？）

一、道德概述

1. 道德的定义

在实际生活中，我们经常会碰到以下一些问题：推销员在推销商品的过程中贿赂客户，这是道德的吗？如果推销员用自己的佣金进行贿赂，情况又如何？是否有什么不同？有人为了能在经济衰退时期找到一份工作而压低自己的学历，因为这份工作通常无须拥有较高学历的人去做，这道德吗？公车私用是道德的吗？用单位的电话打私人长途是道德的吗？请单位的秘书打印私人信件是道德的吗？

对上述问题的回答本身就是一个道德判断的过程。为了能正确地回答这些问题，需要对道德下一个较准确的定义。

道德，通常是指那些用来明辨是非的原则、规则和价值观。

(1) 道德在本质上是原则、规则或价值观，如诚实、守信、追求卓越、忠诚、公正、尊敬他人、责任心等。

(2) 不同组织的道德标准可能不一样，同一组织不同时期也可能有不同的道德标准。

(3) 组织的道德标准要与社会的道德标准兼容，否则这个组织很难为社会所接纳。

2. 四种道德观

在商业道德方面有以下四种观点。

(1) 功利观

这种观点认为决策要完全依据其后果或结果作出。优点是有利于提高效率和生产率；缺点是会导致资源配置不合理，少数人的利益被忽视。

（思考：管理者解雇其工厂中20%的工人是正当的吗？）

(2) 权利观

这种观点认为决策要在尊重和保护个人基本权利（如隐私权、言论自由和游行自由等）的前提下作出。优点是保护个人的自由和隐私；缺点是形成过分墨守规章的习惯，阻碍生产力的提高。

（思考：某些商场以偷窃为由对顾客或员工进行搜身，这是道德的吗？）

(3) 公平理论

这种观点要求管理者公平地实施规则。优点是保护利益攸关者；缺点是助长降低风险承诺、创新和生产率的权利意识。

（思考：一块蛋糕的切法有很多种，用什么方法切才算最公平？）

(4) 综合观

这种观点主张把实证（是什么）和规范（应该是什么）两种方法并入商业道德，即要求决策人在决策时综合考虑实证和规范两方面的因素。

这种道德观综合了两种“契约”：一种是经济参与人当中的一般社会契约，这种契约规定了做生意的程序；另一种是一个社区中特定数量的人当中较特定的契约，这种契约规定了哪些行为方式是可接受的。

（思考：你是南方某市一家地板生产商的市场经理，你公司的广告代理向你陈述一项向东南亚市场推广一种新地板的计划。该产品确实好，但宣传广告具有欺骗性，如所谓"降价"是建立在假设的高价格基础上，声称这种新地板受到严格的质量测试，但并未受过长期热带地区温度和湿度测试这一事实。你的上司并不关心有欺骗性的广告，他们关心的是这些地板在新市场上的销售是否很好。你还会同意这个广告计划吗？为什么？)

研究表明，大多数的生意人对道德行为持功利主义态度。这不足为奇，因为功利主义与诸如效率、生产率和高额利润之类的目标相一致。例如，在追求利润最大化的过程中，管理者可以从容地争辩说他正在为尽可能多的人谋更多的好处。

组织应保护揭发者吗？

当你发现你的老板或整个组织正在从事非道德的工作的时候，你怎么办？

揭露不道德和违法行为，会使管理者难堪并动摇他们的权力，在这样的组织中，揭露内幕可能意味着一个人的工作或全部生涯面临危险的境地。

另外，对组织的忠诚需要你对不道德及违法视而不见吗？对揭发内幕，你的看法如何？假如它威胁到你的职位，你还愿意揭发吗？

二、影响管理者道德素质的因素

影响管理者道德素质的因素有 5 个，如图 3-1 所示。

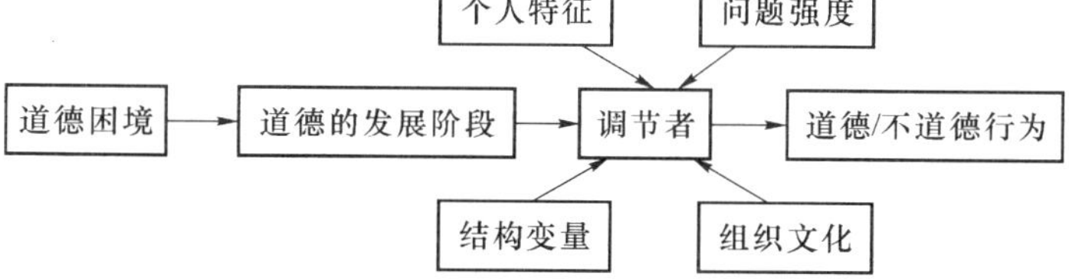

图 3-1　道德影响因素

1. 道德发展阶段

国外学者研究表明，道德发展要经历三个层次，每个层次又分两个阶段。随着阶段的上升，个人的道德判断越来越不受外部因素的影响。道德发展所经历的三个层次和六个阶段如表 3-1 所示。

表 3-1　道德发展阶段

层　次	阶　段
前惯例层次 只受个人利益的影响。决策的依据是本人利益,这种利益是由不同行为方式带来的奖赏和惩罚决定的	1. 遵守规则以避免受到物质惩罚 2. 只在符合直接利益时才遵守规则 领导模式:独裁、强制 员工行为:以工作为导向
惯例层次 受他人期望的影响。其包括对法律的遵守、对重要人物期望的反应以及对他人期望的一般感觉	3. 做周围的人所期望的事 4. 通过履行允诺的义务来维持正常秩序 领导模式:引导/激励,团队导向 员工行为:工作小组协议
原则层次 受个人用来辨别是非的道德准则影响。这些准则可与社会规则或法律一致,也可与社会规则或法律不一致	5. 尊重他人的权利,置多数人的意见于不顾、支持不相干的价值观和权利 6. 遵守自己选择的道德准则,即使这些准则违背了法律 领导模式:变革或服务型领导 员工行为:员工被赋予权力全面参与管理

2. 个人特征

每个人在进入组织时,都有一套相对稳定的价值准则。这些准则是关于什么是对、什么是错的基本信念。组织的管理者往往有着不同的个人准则,从而影响到企业行为。

除了价值准则之外,自我强度和控制中心两个变量也会影响到个人行为。自我强度用来度量信念强度。自我强度高,则道德判断与道德行为更为一致。控制中心用来度量人们在多大程度上是自己命运的主宰,分为内在和外在的控制中心。具有外在控制中心的人对自己行为的后果不承担责任,往往埋怨客观环境,不适合做管理工作。具有内在控制中心的人对自己行为的后果负责,很少出现违背道德准则的情况,适合做管理工作。

3. 结构变量

组织的结构设计有助于管理者道德行为的产生。一些结构提供了有力的指导，而另一些令管理者模糊。模糊程度最低并时刻提醒管理者什么是“道德的”的结构设计有可能促进道德行为的产生。正式的规章制度可以降低模糊程度。职务说明书和明文规定的道德准则就是正式指导的例子。

在不同的结构中，管理者在时间、竞争和成本等方面的压力也不同。压力越大，管理者越可能降低其道德标准。

4. 组织文化

组织文化的内容和强度也会影响企业管理者的道德行为。

最有可能产生高道德标准的组织文化是那种有较强的控制能力以及风险和冲突承受能力的组织文化。

在弱组织文化中，管理者可能以亚文化准则作为行动指南。工作小组和部门标准会对弱文化组织中的道德行为产生重要影响。

【案例 3-1】

强生公司和道-康宁公司的道德规范

1982 年，著名的药物和医疗产品生产商强生公司(Johnson & Johnson)的管理者经历了一场前所未有的危机。当时芝加哥地区的一些人由于服用了含有氰化物的 Tylenol 胶囊后相继死去。这条骇人听闻的消息迫使强生公司的高层管理者不得不作出下一步应该如何走的决定。

鉴于在芝加哥以外出售的该胶囊受到氰化物污染的可能性不大的事实，美国联邦调查局建议他们不要采取任何行动。另外，如果将市场上正在销售的该药全部撤回，会使公司蒙受巨大损失。

但公司管理人员还是立即下令停止向美国本土市场继续销售该药，并将已出售的 Tylenol 胶囊统统收回，尽管公司蒙受了 1.5 亿美元损失，但却使公司赢得了顾客的信赖，几个月之内它又恢复了在止痛药市场上的主导地位，并由于其与日俱增的对社会负责的良好信誉而扩大了市场份额。

而作为开发硅胶乳房植入片先驱的美国另一家大型制药公司道-康宁(Dow Corning)公司却在同样的事情上作出了不同的选择。1992 年，美国各地越来越多的医生诊断报告显示，那些接受硅胶乳房植入片的妇女患有不同程度的易疲劳症、关节炎甚至癌症。

尽管在1976年公司内部就有工程师对植入片的安全性提出过质疑并提交了研究成果备忘录，但公司管理者却一再声称，他们坚信目前所得到的证据并不能证明植入片中液体渗漏会引起上述症状。在法庭的要求下，公司最终不得不向公众公布了那份备忘录及上百页内部文件。

上百名妇女向法庭提起诉讼，控告公司知情不报，蓄意出售有质量缺陷的产品。几个月后，公司执行主席宣布该公司不再制造硅胶乳房植入片，并关闭了生产工厂。

5. 问题强度

影响管理者道德行为的最后一个因素是道德问题本身的强度，它取决于以下6个因素。

(1) 某种道德行为对受害者的伤害有多大或对受益者的利益有多大？例如，使10 000人失业的行为比仅使10人失业的行为伤害更大。

(2) 有多少人认为这种行为是邪恶的(或善良的)？例如，大部分欧美企业管理者认为对其国内官员行贿是错误的，而部分在华欧美企业的管理者却大肆贿赂中国官员。

(3) 行为实际发生并造成实际伤害(或带来实际利益)的可能性有多大？例如，把枪卖给武装起来的强盗比卖给守法的公民更有可能带来危害。

(4) 在行为和其预期后果之间的时间间隔有多长？例如，减少当前退休人员的退休金比减少目前年龄在30～40岁雇员的退休金带来的直接后果更加严重。

(5) 你觉得行为的受害者(或受益者)与你(在社会上、心理上或身体上)离得多近？例如，自己所爱的人被解雇比远方城市的一个陌生人被解雇对你内心造成的伤害更大。

(6) 道德行为对有关人员影响的集中程度如何？例如，担保政策的改变——拒绝给10人提供每人10 000元的担保比担保政策的另一种改变——拒绝给10 000人提供每人10元的担保——的影响更加集中。

三、提高员工道德素质的途径

概括起来提高员工道德素质的途径主要有8条。

1. 挑选高道德素质的员工

人在道德发展阶段、个人价值体系和个性上的差异使管理者有可能通过严格的挑选过程(挑选过程通常包括审查申请材料、组织笔试和面试以及试用等阶段),把低道德素质的求职者淘汰掉。

2. 建立道德准则和决策规则

在一些组织中,员工对"道德是什么"认识不清,这显然于组织不利。建立道德准则可以缓解这一问题。道德准则是表明组织的基本价值观和组织期望员工遵守的道德规则的正式文件。

麦道公司的道德准则

正直和道德成为麦道公司的特征,作为公司成员我们必须努力做到:

- 在所有交往中要诚实可信。
- 要可靠地完成所交代的任务。
- 说话和书写要真实和准确。
- 在所有工作中要与人合作并作出自己的贡献。
- 对待同事、顾客和其他人要公平和体贴。
- 在所有活动中要遵守法律。
- 承诺以较好的方式完成所有任务。
- 节约使用公司资源。
- 为公司服务并尽力提高我们生活于其中的世界的生活质量。

正直和高道德标准要求我们努力工作、具有勇气和作出艰难选择。有时正直和道德可能要求我们放弃商业机会。但是,从长远看,做正确的事比做不正确、不道德的事对我们更有利。

3. 在道德方面领导员工

高层管理人员在道德方面的领导作用主要体现在以下两方面:第一,高层管理人员在言行方面是员工的表率,他们所做的比所说的更为重要,他们作为组织的领导者要在道德方面起模范带头作用。第二,高层管理人员可以通过奖惩机制来影响员工的道德行为。"做错事要付出代价,行为不道德不是你的利益所在。"

4. 设定工作目标

员工应该有明确和现实的目标。如果目标对员工的要求不切实际，即使目标是明确的，也会产生道德问题。

5. 对员工进行道德教育

越来越多的组织意识到对员工进行适当的道德教育的重要性，它们积极采取各种方式（如开设研修班、组织专题讨论会等）来提高员工的道德素质。

6. 对绩效进行全面评价

如果仅以经济成果来衡量绩效，人们为了取得结果，就会不择手段，从而有可能产生不道德行为。例如，在对管理者的年度评价中，不仅要考察其决策带来的经济成果，还要考察其决策带来的道德后果。

7. 进行独立的社会审计

有不道德行为的人都有害怕被抓住的心理，被抓住的可能性越大，产生不道德行为的可能性就越小。根据组织的道德准则对决策和管理行为进行评价的独立审计制度会使不道德行为被发现的可能性大大提高。

8. 提供正式的保护机制

例如，组织可以任命道德顾问，当员工面临道德困境时，可以从道德顾问那里得到指导。

另外，组织也可以建立专门的渠道，使员工能放心地举报道德问题或告发践踏道德准则的人。

【案例 3-2】

道德也出竞争力

世界经济论坛和哈佛国际发展研究中心每年都要对全球近半数国家的经济竞争力进行评估，其发表的全球竞争力报告在国际上颇具权威性和影响力。在日前发表的《2001 年全球竞争力报告》中，北欧小国芬兰再次名列第一，将美国等经济科技实力超群的大国甩在了后面。

一直关注这项评估的人都不会对今年的结果感到意外。芬兰 1995 年名列第 18 位，1998 年飚升到第 5 位，1999 年提升到第 3 位，2000 年已跃居第 1 位。气候寒冷、人口稀少、资源贫乏到几乎只有森林的一个北欧小国，其竞争力何以能把美国这样的大国甩在后面？概括地说，第一靠重视发展教育，提高全民素质；第二靠重视创新，大力增加科技投入，发展新技术；第三，设立技术发展中心、国家研究与发展基金等机构，建立了政府牵头引导、以诺基亚等一批大企业为主体的现代创新体系；第四，抓住 20 世纪末世界信息技术大发展的机遇，及时调整产业结构，提升传统产业的科技含量，催生出像诺基亚这样的世界级公司。

芬兰竞争力的提高说到底是其经济高度市场化、国际化的结果。其中最重要的一条是芬兰有着良好的社会环境。大凡在芬兰生活过一段时间的人无不强烈感受到芬兰人普遍非常遵法守纪。走遍芬兰，基本上看不到站在街头指挥的交通警察。即使在深更半夜的空旷街头，芬兰人也不会闯红灯。这在某些人看来，可能是迂腐之极。然而这种自觉遵法守纪的理念正是法治的必备基础，是市场经济健康成长的必需土壤。

芬兰人有很强的道德意识和社会责任感，爱管"闲事"者特多。只要你做了有违道德法规的事，总有人出面提醒或指责你。学驾驶，教练总要反复叮咛勿忘礼让，对别人的礼让必须举手致谢，甚至减速刹车都必须先看后视镜，为后面的车着想。这从一个侧面反映出芬兰人较高的道德素质和责任意识。如果没有这样的全民素质，芬兰也不会有今天的成就。

芬兰人诚实守信。第二次世界大战后，芬兰是世界上唯一履行承诺、支付全部战争赔款的国家。在芬兰，不诚实的人犹如眼中之沙，会被周围的人看不起。靠欺诈行骗取得的成功不会被认为是"精明能干"，而会被人们唾弃。芬兰和其他北欧国家一样，在世界上腐败程度较低。严惩腐败为社会切除了毒瘤，为发展清除了障碍。

（资料来源：摘自《光明日报》2001 年 11 月 27 日 C4 版。）

（思考：为什么说道德也出竞争力？）

第二节　社会责任

（思考：企业的责任是什么？企业应当承担社会责任吗？）

20 世纪 60 年代以前，企业的社会责任问题很少引起人们的注意，当社会将关注的焦点转向诸如公平机会、控制污染、节约资源、保护环境、维护消费者利益等问题时，社会责任便引起了人们的普遍关注。

一、社会责任的定义

如果企业在承担法律上和经济上的义务（法律上的义务是指企业要遵守有关法律，经济上的义务是指企业要追求经济利益）的前提下，还承担追求对社会有利的长期目标的义务，那么我们就说该企业是有社会责任的。

社会责任即是企业或社会组织对社会承担的义务。

社会义务是企业参与社会活动的基础。如果一个企业仅仅履行了经济上和法律上的义务，我们就说该企业履行了它的社会义务，或达到了法律上的最低要求。履行了社会义务的企业只追求那些对其经济目标有利的社会目标。

与社会义务相比，社会责任和社会反应超出了基本的经济和法律标准。有社会责任的企业受道德力量的驱动，去做对社会有利的事而不去做对社会不利的事。社会反应则是指企业适应不断变化的社会环境的能力。

二、两种社会责任观

1. 古典观（或纯经济观）

古典观的代表人物当首推米尔顿·弗里德曼。他认为当今的大多数管理者是职业管理者，这意味着他们并不拥有他们所经营的企业。他们是员工，仅向股东负责，从而他们的主要责任就是最大限度地满足股东的利益。那么，股东的利益是什么呢？弗里德曼认为股东只关心一件事，那就是财务收益。

【案例 3-3】

陕西凤翔血铅事件

最近，凤翔县长青镇孙家南头村、马道口村部分村民向本报记者反映称，因两村距离宝鸡东岭集团凤翔锌冶炼公司最近，村中的儿童在 7 月底的一次微量元素检查中，均意外发现血铅含量严重超标，他们怀疑孩童血铅含量超标就是这家大型锌冶炼企业排放出的废水、废气所致。

5日下午，记者赶到凤翔县长青镇孙家南头村、马道口村进行了解。村民晁军等人告诉记者，前一段时间，马道口村(位于宝鸡东岭集团凤翔锌冶炼公司南侧)部分村民带着学龄前儿童去凤翔县医院进行体检，发现铅含量没有注明，问医生缘由，医生避而不答的态度让村民很是迷惑。随后，这些儿童又被家长带到了宝鸡市妇幼保健医院重新进行体检，体检结果令村民大吃一惊，所有儿童的铅含量均超过了标准。听到这一消息后，孙家南头村一组、三组(与凤翔锌冶炼公司一墙之隔)的部分村民赶紧就带着孩子前往宝鸡市妇幼保健医院进行体检，结果也是血铅含量有些偏高。

记者从晁军出示的宝鸡市妇幼保健医院两份微量元素体检报告单上看到，5岁男孩晁宇阳的铅含量为206.0 μg/L；另一个男孩晁旺的铅含量为217.0 μg/L。村民王某看着自己四岁多的孩子说，他们家就在锌冶炼公司的东侧，经常能闻到一股刺鼻的异味，这次听说别的小孩都去体检，她也带着孩子于7月28日在宝鸡市妇幼保健医院进行了体检，结果是铅含量为159.0 μg/L，相比标准很高，比起同龄别的村的孩子，她的孩子个头明显偏低，发育还是很慢。一部分村民告诉记者，受锌冶炼公司的影响，他们地里种植的桃子比原来小多了，玉米、小麦也不同程度减产。

马道口村部分村民告诉记者，医院在给孩子做完体检后称，血铅含量在100 μg/L之以下，相对安全；血铅在100～199 μg/L之间，血红素代谢受影响，神经传导速度下降；血铅在200～499 μg/L之间，铁锌钙代谢受影响，出现缺钙、缺锌、血红蛋白合成障碍，可有免疫力低下、学习困难、注意力不集中、智商水平下降或体格生长迟缓等症状。“听医生这么一说，我们才感到问题的严重性，而村子周围唯一的企业就是东岭凤翔锌冶炼公司，4年来受其影响，我们这儿的水、空气都有一些变味，孩童血铅含量超标估计与企业有关系。”部分村民说。

马道口村7组23岁青年马云刚在当地家喻户晓，大家都知道，他在冶炼公司上班，血铅含量在1 000 μg/L以上。马云刚50岁的父亲马召才昨日向记者证实：儿子今年5月被查出血铅含量大于1 100 μg/L，经公司内进行输液排铅，有所下降。他同时证实，儿子已经在上个月向公司递交了辞职报告，“目前还没批下来”。在冶炼公司上班的另一些职工也证实，自己的血铅含量都超过了正常值，在400 μg/L以上，600 μg/L、700 μg/L、800 μg/L的也不少。职工们说，外面的居民血铅也超标，是因为安全距离不够。

根据村民们的不完全统计，孙家南头村和马道口村0～14岁婴幼儿及儿童血铅异常人数均超过160人，两村加起来，至少300儿童血铅超标。从8月7日开始，根据陕西省卫生厅的指派，西安市中心医院医护人员共需要采集864名孩子的血样。8月7日当天采集了血样300份。检测结果显示，凤翔县长青镇发生615名儿童血铅超标。根据8月15日晚公布的环境监测结果，陕西凤翔数百名儿童血铅超标的主要原因是东岭冶炼公司。

（资料来源：http://www.sina.com.cn 2009年08月06日06:20 三秦都市报。）

（思考：东岭冶炼公司的行动向我们展示的是什么样的社会责任观？如果你即将毕业，你希望在这种企业工作吗？为什么？）

2. 社会经济观

社会经济观的支持者们认为，管理者应该关心长期财务收益的最大化。为此，他们必须承担一些必要的社会义务及相应的成本。他们必须以不污染、不歧视、不发布欺骗性广告等方式来维护社会利益。他们还必须在增进社会利益方面发挥积极的作用，如参与所在社区的一些活动和捐钱给慈善组织等。

【案例3-4】

曼维尔公司：公司产品是石棉

设在新泽西州曼维尔的约翰斯 曼维尔石棉加工厂雇用该市40%的工人，并且该市总收益的60%来自该厂的工资总额。该厂也向医院、学校和休养所捐赠。但是曼维尔的市民会死于别处实际上从未见过的疾病，并且死亡率比国家标准高7倍。医学专家们认为，因为工人们是在世界上最大的石棉加工厂工作，这些疾病与职业有关。

该厂埋怨说，该厂已尽其一切努力以降低引起疾病的尘埃标准，但是进一步采取耗资的改进措施可能导致工厂倒闭。

（思考：如果你是该企业的管理者，你会怎么办？）

三、赞成和反对企业承担社会责任的理由

在"企业应不应该承担社会责任"这一问题上，有两种不同的意见，一种意见认

为企业应该承担社会责任，另一种意见则认为企业不应该承担社会责任。每种意见都有很多理由。

1. 赞成企业承担社会责任的10项理由

理由1——满足公众期望。自20世纪60年代以来，社会对企业的期望越来越多，现在有很多人支持企业追求经济和社会双重目标。

理由2——增加长期利润。有社会责任的企业能可靠地获取较多的长期利润，这在很大程度上归因于责任行为所带来的良好社区关系和企业形象。

理由3——承担道德义务。企业能够而且应该具有社会意识。企业承担社会责任不仅是道义上的要求，还符合自身的利益。

理由4——塑造良好的公众形象。企业在公众心目中的良好形象对企业的好处是多方面的，如使销售额上升、雇用到更多更好的员工、更容易筹集到资金等。由于公众通常认为社会目标是重要的，企业通过追求社会目标就能够产生一个良好的公众形象。

理由5——创造良好的环境。参与社会活动有助于解决比较棘手的社会问题，有助于提高生活质量和改善所在社区的状况，这种良好的环境适合企业的生存和发展。

理由6——阻止政府的进一步管制。政府管制使经济成本上升并使管理者的决策缺乏一定的灵活性。企业承担社会责任可以减少政府管制。

理由7——责任和权力相称。企业在社会中拥有很多权力，根据权力和责任对等原则，企业必须承担同样多的责任。

理由8——符合股东利益。从长期看，社会责任会使企业的股票价格上涨。在股票市场上，有社会责任的企业通常被看做是风险较低的和透明度较高的，从而持有该企业的股票会带来较高的收益。

理由9——拥有资源。企业拥有财力资源、技术专家和管理才能，可以为那些需要援助的公共工程和慈善事业提供支持。

理由10——预防胜于治疗。社会问题必须提早预防，不能等到问题已变得相当严重、处理起来较困难时才采取行动。

2. 反对企业承担社会责任的理由

理由1——违反利润最大化原则。这是古典观的精髓所在。企业只参加那些可带来经济利益的活动，而把其他活动让给其他机构去做，就是有社会责任的。

理由 2——冲淡目标。追求社会目标冲淡了企业的基本目标——提高生产率。

理由 3——不能补偿成本。许多社会责任活动不能补偿成本，有人必须为它们支付成本。

理由 4——权力过大。企业在当今社会中权力已经很大了，如果让它追求社会目标，则其权力就更大了。

理由 5——缺乏技能。企业领导者的视角和能力基本上是经济方面的，不适合处理社会问题。

理由 6——缺乏责任。政治代表追求社会目标并对其行为负责。但对企业领导者来说，情况却不是这样。企业对公众没有直接的社会责任。

理由 7——缺乏广泛的公众支持。社会上对企业处理社会问题的呼声不是很高。公众在社会责任问题上意见不一。实际上，这是一个极易引起激烈争论的话题。在缺乏一致支持的情况下采取行动，很可能会失败。

四、社会责任与经营业绩

（思考：你认为企业承担社会责任与其经营业绩之间存在什么样的关系？）

【案例 3-5】

斯普林菲尔德再造公司

位于美国密苏里州斯普林菲尔德市的斯普林菲尔德再造公司（Springfield Remanufacturing）主要从事发动机、发动机部件翻新的业务，原属于国际联合收割机，1983 年被公司的一批管理者收购。当时，公司雇员 119 人情绪低落，年度亏损 60 488 美元，负债累累。

1984 年，杰克·史达克（Jack Stack）接管斯普林菲尔德再造公司，他想让春田公司的每一个人都积极进取。他的构想是：教会每个人如何去参与“伟大的企业竞赛”。他把公司的财务报表对每一个员工公开，让员工确切知道，他们的努力如何影响到公司的损益表及资产负债表。并许诺税后利润的20%为奖金,每周公布一次财务报表。

十年之后,斯普林菲尔德再造公司的员工数目达到650名,年税后利润达600万美元。

(思考:你会找一个缺乏责任感但俊美、富有的人结婚吗?对于企业你又会如何选择?)

五、社会责任的具体体现

1. 企业对环境的责任

企业既受环境的影响又影响着环境。从自身的生存和发展角度看,企业有承担保护环境的责任。企业对环境的责任主要体现在以下方面。

(1) 企业要在保护环境方面发挥主导作用,特别要在推动环保技术的应用方面发挥示范作用。

(2) 企业要以"绿色产品"为研究和开发的主要对象。

(3) 企业要治理环境。

2. 企业对员工的责任

员工是企业最可宝贵的财富。企业对员工的责任主要体现在以下方面。

(1) 不歧视员工。

(2) 定期或不定期培训员工。

(3) 营造一个良好的工作环境。

(4) 善待员工的其他举措,例如推行民主管理、提高员工的物质待遇、对工作表现好的员工予以奖励等。

【案例3-6】

公司对员工的责任

尊重人权、提供安心、舒适的工作环境,创建一个能使各种人才都可以发挥才能的工作场所。

对人权的尊重

对集团的全体员工开展人权教育。

东芝集团是一个尊重人，努力建设多样性和创造性的组织，我们已加入到关于人权与劳动等普遍原则的《联合国全球契约》，遵纪守法，尊重基本人权、不搞歧视，坚决反对雇用童工、强迫劳动。

在《东芝集团行动准则》中明确规定，作为东芝集团董事、员工的行为规范，应当尊重个人的多种价值观、个性、隐私，杜绝对种族、宗教、性别、国籍、身心残疾、年龄、有关性取向等方面的歧视言行、暴力行为、性骚扰、职权骚扰等忽视人格行为的发生。东芝集团努力地进行人权教育活动，并将东芝集团行动准则翻译成15国语言，在集团公司、所有工厂内贯彻实施。

尊重多样性

成立专门机构，推进人才和工作方式的多样性。

东芝集团在行动准则中规定："从以人为本的角度出发，承认不同的价值观，尊重人格与个性"，"完善高效创造性地完成工作的环境，支持实现工作生活平衡"。为实践这一准则，我们成立了男女共同参与的专门组织，"让闪亮的生活与工作并存推行室"，2007年4月，又将其改组扩大，并更名为"多样性推进部"。

多样性推进部的工作目标是："包容、尊重多样性"、"实现工作与生活的平衡"、"意识和氛围的改革"，通过包容多种价值观和工作方式，充分发挥各种人才的作用，形成"每一个员工都能充分发挥才能"的组织和氛围。

集团公司推进雇用残疾人。

到2007年4月1日，东芝集团有约460名残疾人员工活跃在公司的不同岗位（包括2005年2月成立的特殊子公司"东芝 With"里工作的16名智障员工）。残疾人雇用率已超过法定的1.8%，达到1.98%。

东芝 With公司刚成立时主要从事清洁卫生工作，现在工作范围扩大到复印、装订、印刷以及指压按摩等面向员工的健康服务业务。

另外，东芝集团设定到2008年4月实现的目标：所有子公司均达到法定雇用率。为此，东芝集团每年举办两次"残疾人雇用说明会"，积极促进残疾人的雇用。

残疾人雇用率变化(东芝)

2002年	2003年	2004年	2005年	2006年
1.52%	1.53%	1.62%	1.88%	1.92%

注:每年6月1日的数据。

积极扩大录用女员工制度

东芝集团很早就完善了人事制度,无论员工的年龄和性别如何,根据其能力与成果公平公正地进行评价,给予合适的待遇。

2004年10月成立了“让闪亮的生活与工作并存推行室”,扩大女性员工的人数,开展女性管理职位的培养教育。今后,我们将在这些活动成果的基础上继续积极地录用女性。

支持留职育儿/护理制度等工作/家庭并存的多种工作方式

东芝集团推行多样化就业形态以灵活适应员工家庭的需求。早在20世纪90年代东芝公司就开始积极帮助员工工作与家庭兼顾,完善、充实留职育儿/护理、短时工作制等。只要配偶有能力支撑正常家庭生活,孩子满3岁之前可以为养育孩子暂时离职。制度之完善超过了法定水平。从2005年4月起,按照《培养下一代援助对策推进法》的要求,东芝集团又提出了包括育儿相关制度等在内的工作生活平衡行动计划,同时制定了具体的推进措施。2007年5月获得下一代认定标识(昵称“花蕾”)。

公正评价、待遇

公正地评价每一个人的工作能力、成果,努力给予每位员工正确的评价。

评价的作用是,通过职务能力判断,给予合适的待遇,做到人尽其才,最大限度地发挥每个人的才干和能力。

在此基础上,运用对不同职务的能力要求和成果的《按职能划分评价方法》进行评价,同时,向全体员工发放了评价制度手册。

在评价时不分性别、年龄、种族、国籍等,对每个人的能力和完成业绩打分,给予公正的评价。

在集团内各公司进行倾听员工意见的调查。

为了倾听员工的意见,东芝要求集团各公司实施员工意见调查(TEAM调查)

制度。主要是对公司政策、工作单位和上司的评价、员工本身业务评价及待遇所进行的意见调查。2006年度日本国内35家公司已实施。调查结果分别在各个公司内讨论,以达到更有效地加强员工之间沟通和增强组织活力的目的。

与工会的关系

通过对话,保持劳资双方健全的关系。

东芝集团同员工们加入的"东芝工会"是稳定的劳资关系,经常就员工的劳动条件进行交涉和协商。利用每半年召开一次的"东芝集团劳资会议",会同日本国内各集团公司加盟的"东芝集团工会联合会"就集团的经营方针进行协商。

在日本以外,根据各国的法律法规,各集团公司同工会及员工代表保持着沟通。

人才的灵活使用与培养

支持员工职业能力的培养。

东芝集团一直致力于培养具有自立心和行动力的意志坚强的员工。为此,除了进行经营和业务所必须的培训、研修外,还设置了支持员工为提高职业能力所希望的各种培训课程。

此外,还按年龄段分别实施支持员工职业能力开发的"职业拓展研修"。

尊重个人意愿,实现量才适用。

东芝集团认为,推进量才适用过程最重要的是尊重员工的积极性。

为此,我们设立了公示业务内容,公开招募有干劲、有能力人才的"集团内公募制度"和员工积极挑战自我职业能力形成的"公司内FA(Free Agent)制度"。

变动工作的情况

制度	对象	2005年度	2006年度
集团内招聘制度	对象公司连续工作3年以上的正式员工	9人	85人
公司内FA制度	连续工作5年以上的正式员工	24人	26人

根据以人为本的经营理念,努力保证员工的安全、健康。

东芝集团把保证员工的安全与健康定为经营的最重要课题之一。

2004年制定了倡导"创造安全、舒适的职场环境,保持、增进身体健康"的《东芝集团健康基本方针》。2006年出版了英文和中文版,在日本以外的各集团公司贯彻执行。

全集团公司齐心合力消灭工伤事故，力争取得OHSAS18001认证。

近年来，东芝集团运用“东芝版安全健康管理系统”，使日本国内的工伤事故发生率（次数率）大大低于日本制造业的平均水平，但还没有完全实现零事故。另外，海外集团公司的工伤事故发生率比日本国内略高。

基于这种现状，东芝集团为了建立集团统一的安全健康体制及通过导入外来检查体系来提高管理水平，从2006年开始争取劳动安全管理系统“OHSAS 18001”的国际认证。计划到2009年3月，东芝及相关子公司的108家制造性企业取得了该认证。截至2007年3月已有13家企业（日本国内2家、日本国外11家）取得了认证。

OHSAS：Occupational Health and Safety Assessment Series 的缩写，工伤事故发生件数的变化。

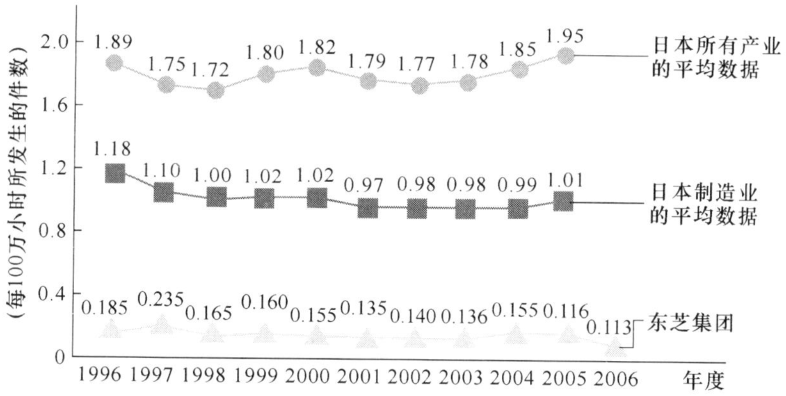

（数据来源：日本东芝集团）

保护员工身心健康。

东芝集团非常注意保持所有员工高度的身心健康。引进了员工健康诊断结果信息一元化管理系统，通过健康诊断后的单独指导和教育提高健康意识。

特别是在精神健康对策方面，东芝集团在日本制定指导方针之前就开始注重对员工进行不同层次的教育。2000年为员工和家属建立起日本国内最早的充分保护个人信息的外部电话咨询窗口。另外，为因精神健康原因长期休假后返回工作岗位的员工建立了在和医生面谈的基础上逐步地恢复正常工作的体系，开发引进了防止复发的先进程序。

(资料来源:东芝(中国)有限公司网站,网址:http://www.toshiba.com.cn/about/offer/csr14204.html。)

3. 企业对顾客的责任

“顾客就是上帝”,忠诚顾客的数量以及顾客的忠诚程度往往决定着企业的成败得失。企业对顾客的责任主要体现在以下方面。

(1) 提供安全的产品。安全的权利是顾客的一项基本权利。

(2) 提供正确的产品信息。企业要想赢得顾客的信赖,在提供产品信息方面不能弄虚作假,欺骗顾客。

(3) 提供售后服务。企业要重视售后服务,要把售后服务看做对顾客的承诺和责任,要建立与顾客沟通的有效渠道,如设立意见箱、热线电话等,及时解决顾客在使用本企业产品时遇到的问题和困难。

(4) 提供必要的指导。在使用产品前或过程中,企业要尽可能为顾客提供培训或指导,帮助他们正确使用本企业的产品。

(5) 赋予顾客自主选择的权利。在市场经济下,顾客拥有自主选择产品的权利。企业不能限制竞争,以防止垄断或限制的出现给顾客带来的不利影响。

4. 企业对竞争对手的责任

公平竞争,不以不道德的方式诋毁对手。

寓言一则

一只青蛙看着自己的老鼠邻居很不顺眼,总想找个机会教训教训它。

一天,青蛙见到老鼠,劝它到水里玩。老鼠不敢,青蛙说有办法保证它的安全,用一根绳子把它们连在一起,老鼠终于同意一试。

下了水,青蛙大显神威,它时而游得飞快,时而潜到水底,把老鼠折腾得死去活来。老鼠最后被灌了一肚子水,泡胀了飘浮在水面上。

空中飞过的鹞子正在寻找食物,发现了漂浮的老鼠,就一把抓了起来,相连的绳子把青蛙也带了起来,吃掉老鼠后,意犹未尽的鹞子把嘴又伸向青蛙。

在被鹞子吃掉之前,青蛙后悔地说:没想到把自己也给害了。

5. 企业对投资者的责任

企业首先要为投资者带来有吸引力的投资报酬。那种只想从投资者手中获取资金，却不愿或无力给投资者以合理报酬的企业是对投资者极不负责的企业，这种企业注定被投资者抛弃。

此外，企业还要将其财务状况及时、准确地报告给投资者。企业错报或假报财务状况，是对投资者的欺骗。

寓言一则

一群老鼠爬上桌子准备偷肉吃，惊动了睡在桌边的狗。老鼠们同狗商量，说："你要是不声张，我们可以弄几口肉给你，咱们共享美味。"

狗严辞拒绝了老鼠们的建议："你们都给我滚，要是主人发现肉少了，一定怀疑是我偷吃的，到那时我就会成为案板上的肉了。"

6. 企业对所在社区的责任

企业不仅要为所在社区提供就业机会和创造财富，还要尽可能为所在社区作出贡献。有社会责任的企业意识到通过适当的方式把利润中的一部分回报给所在社区是其应尽的义务。它们积极寻找途径参与各种社会行动，通过此类活动，不仅回报了社区和社会，还为企业树立了良好的公众形象。

思考题

1. 什么是道德的功利观？
2. 决定道德的因素是什么？
3. 如何提高员工的道德素质？
4. 社会责任的含义是什么？
5. 社会责任的两种观点分别是什么？

第四章

计划与决策

与其让别人掌握你的命运，不如你自己来主宰。

——杰克·韦尔奇

第一节　决策理论

【案例 4-1】

安娜该如何决策

安娜从一所不太著名的大学计算机学院毕业后，10 年来一直在某发展中大城市的一家中等规模的计算机公司当程序员。现在，她的年薪为 50 000 美元。她工作的这家公司每年要增加 4～6 个部门，这样扩大下去，公司的前景还是很好的，也增加了很多新的管理职位。其中有些职位，包括优厚的年终分红在内，公司每年要付 90 000 美元。有时，还提升程序员为分公司的经理。虽然，过去没有让妇女担任过这样的管理职位，但安娜相信，凭她的工作资历和这一行业女性的不断增加，在不久的将来她会得到这样的机会。

安娜的父亲雷森先生自己开了一家计算机维修公司，主要是维修计算机硬件，并为一些大的计算机公司做售后服务，同时也销售一些计算机配件。最近由于健康和年龄的原因，雷森先生不得不退休。他雇用了一位刚从大学毕业的学生来临时经营计算机维修公司，店里的其他部门继续由安娜的母亲经营。雷森想让女儿回来经营她最终要继承的计算机维修公司。而且，由于近年来购买计算机的个人不断增加，计算机维修行业的前景是十看好的。雷森先生在前几年的经营过程中，建立了良好的信誉，不断有大的计算机公司委托其做该城市的售后维修中心。因此，维修公司发展和扩大的可能性是很大的。安娜和双亲讨论后，得知维修公司现在一年的营业额大约为 400 000 美元，而毛利润差不多是 170 000 美元。由于雷森先生的退休，他和他太太要提前支取工资 80 000 美元，加上每年 60 000 美元的经营费用，交税前的净利润为每年 30 000 美元。自雷森先生退休以来，从维修公司得到的利润基本上和从前相同。目前，他付给新雇用大学毕业生的薪金为每年36 000美元，雷森夫人得到的薪金为每年 35 000 美元，雷森先生自己不再从维修公司支取薪金了。如果安娜决定担任起维修公司的管理工作，雷森先生打算也按他退休前的工资数付给安娜 50 000 美元的年薪。他还打算，开始时，把维修公司经营所得到利润的 25%作为安娜的分红；两年后增加到 50%。因为雷森夫人将不再在该公司任职，就必须再雇一个非全日制的办事员帮助安娜经营维修公司，他估计这笔费用大约需要 16 000 美元。雷森先生已知有人试图出 600 000 美元买他的维修公司。对于这笔款项的大部分，安娜在不久的将来是要继承的。对雷森夫妇来说，他们的经济状况并不需要过多地去用这笔资产来养老送终。

（思考：安娜该如何进行决策？对安娜来说，有什么行动方案可供选择？有哪些备选方案？安娜的个人价值观会对她作出决策有何影响？）

一、决策的类型与特点

1. 决策的含义

决策有狭义和广义之分。狭义地说，进行决策是在几种行为方案中作出选择。广义地说，决策还包括在作出最后选择之前必须进行的一切活动。广义上的定义基本上把握了决策的含义。

所以，决策就是指为达到一定的目标，从两个以上的可行方案中选择一个合理方案的分析判断过程。即决策是决策者经过各种考虑和比较之后，对应该做什么和应当怎样做作出的决定。在管理学研究中，决策是作为“决策判定过程”来理解的，而不仅仅指选择方案，即作出决定、抉择的那一片刻的行为。

正确理解这一概念需要注意以下几点。

（1）决策要有明确的目标。

（2）决策要有若干个可行方案。

（3）决策要进行方案的分析比较。

（4）决策的结果是选择一个满意的方案。

（5）决策是一个分析判断过程。

2. 决策的重要性

决策在管理工作中具有重要的地位与作用。

（1）决策贯穿于管理过程的始终。

（2）决策的正确与否直接关系到组织的生存与发展。战略决策影响到企业的长远发展和生存。

（3）决策能力是衡量管理者水平高低的重要标志。

决策是各级、各类主管人员的首要工作。决策不仅仅是“上层主管人员的事”。上至国家的高级领导者，下到基层的班组长，均要作出决策，只是决策的重要程度和影响的范围不同而已。在实际管理工作中，决策作为主管人员的首要工作已得到普遍验证。西蒙曾说过：“管理就是决策。”

决策是行为的选择，行为是决策的执行，正确的行为来源于正确的决策。对于每个主管人员来说，不是有无必要作出决策的问题，而是如何作出更好、更合理、更有效的决策的问题。不同管理层次上的决策，其影响不同。因而，改进管理决策、提高决策水平，应当成为各级主管人员经常注意的重要问题之一。

有效的决策取决于三个方面：具有有关决策原理、概念和方法的坚实基础；收集分析、评价信息和选择方案的娴熟技能；经受风险和承担决策中某些不确定因素的心理素质。

3. 决策的类型

解决问题首先需要了解问题的性质，决策类型的划分就将问题特征体现出来了。

（1）按照决策的重要程度划分，有战略决策、管理决策和业务决策。

战略决策是直接关系到组织的生存和发展的全局性、长远性问题的决策。

管理决策属于执行战略决策过程中的基本战术决策。

业务决策是在日常业务活动中为了提高效率所作的决策。

战略决策决定了企业的效益，管理决策和业务决策决定了企业的效率。

（2）按照决策问题的重复程度划分，有程序化决策和非程序化决策。

程序化决策又称为常规决策，是指经常发生能按照规定程序和标准进行的决策，多指对例行公事所作的决策。

非程序化决策又称非常规决策，它所要解决的是不宜确定、错综复杂且目前所没有遇到过的新问题。

一般来讲，非程序化决策由企业的高层领导来决定，而程序化决策由基层管理者处理，或者以组织规定的有关规章制度和政策处理。

（3）按照决策主体划分，有集体决策和个人决策。

集体决策指由多个人共同作出决策。在组织中一般对于重大的问题由多人共同做出决策。例如，董事会对有关企业战略性的决策采用集体决策。此外，对关系到员工切身利益的有些决策需要员工的参与。

个人决策即一个人作出决定。对于一些不是很重要的问题可以采用个人决策，或者在情况紧急的条件下，对于重要决策也需要个人决策。

（4）按照决策需要解决的问题划分，有初始决策和追踪决策。

初始决策是指组织对从事某种活动或从事该种活动的方案所进行的初次选择。

追踪决策是在初始决策的基础上对组织活动方向、内容或方式的重新调整。

（5）按照决策问题所处条件不同划分，有确定型决策、风险型决策和不确定型决策。

确定型决策指可供选择的方案只有一种自然状态时的决策，是各备择方案所需的条件已知，并能预先准确了解各个方案的必然后果的决策，如常用的盈亏平衡分析方法。

风险型决策指可供选择的方案中存在着两种以上的自然状态，哪种状态可能发生是不确定的、但可估计其发生的客观概率的决策。例如，买各种彩票的决策就属于风险型决策。

不确定型决策指各备择方案中存在着两种以上的可能出现的后果，这些后果出现的概率是不知道的。有的时候可以凭主观推测得出主观概率。例如，企业开发新产品的决策。这类问题无规律可循，一般依靠决策者的经验和直觉进行决策。对同样的问题决策者可以给出不同的答案。

一般地，越是组织的最高主管人员，其所作出的决策越倾向于战略型的、非常规的、科学的、非确定型的决策；而越是组织的下层主管人员，其所作出的决策越倾向于战术型的、常规的、经验的、确定型的决策。

二、决策过程与影响因素

决策过程是指从问题提出到定案所经历的过程。科学的决策程序是保证决策正确的重要因素。

1. 发现问题

没有问题就无所谓决策，决策首先必须明确提出所要解决的问题。

问题可以理解为在现有条件下，应该可以达到的理想状况和现实状态之间的差距。

确定问题要注意以下几点。

(1) 首先确定是否存在需要解决的问题。

(2) 确定问题出在何处。

(3) 明确真正的问题及其可能的原因。

2. 确定目标(度)

决策要求有明确而具体的决策目标。若决策的目标是模糊的，甚至是模棱两可的，则无法以目标为标准评价方案，更无从选择方案。

决策目标是指在一定的环境和条件下，根据预测，所能希望得到的结果。

问题提出后必须明确问题能否解决、解决的程度、结果要达到什么要求，也就是决策的目标。这是以后判定和选择方案的依据和标准。

目标的确定要根据组织的总目标进行综合平衡。组织的价值准则也对目标的确定起着重要的影响作用。

3. 拟订方案

决策也可以说是对解决问题的种种行动方案进行选择的过程。但如果不能将各种可行方案找到，选择的余地就很少了，也就难以保证决策的质量。

备选方案不可能是一个，但也不可能太多。因此，备选方案是带有概括性、典型性和代表性的几个可能的方案。概括性是指所拟定的备选方案包括了所有可能的方案，典型性和代表性是指各方案之间互相排斥。在拟定备选方案的过程中，一个很重要的问题就是尽量找出限制性因素，遵循限定因素原理，对一些抉择方案进行选择。

决策要求有两个以上的备选方案，以便比较选择。必须要有可供选择的方案，否则决策可能就是错误的。人们总结出两条规则：一是在没有不同意见前，不要作出决策；二是如果看来只有一种行事方法，那么这种方法可能就是错误的。

4. 评价与选择方案

每个实现目标的可行方案都会对目标的实现发挥某种积极作用和影响，也会产生消极作用和影响。必须对每个可行方案进行可行性研究。可行性研究是决策的重要环节。决策方案不但必须在技术上可行，而且应当考虑社会、政治、道德等各方面的因素，还要使决策结果的副作用缩小到可以允许的范围。

方案的评价首先需要建立一套有助于指导和检验判断正确性的决策准则。决策准则一般包括目标达成度、成本代价、可行性等。

决策的选择应充分考虑各种可能的限制因素和条件。特别应重视各种方案可能带来的后果。

方案抉择时应当注意以下几点。

(1) 任何方案均有风险。

(2) 不要一味追求最佳方案。

(3) 在最终选择时，允许不做任何选择。不选择也是一种方案。

应当注意的是，不能以最理想方案作为目标，而只能以足够好的达到组织目标的方案作为准则，即在若干备选方案中选择一个合理的方案。合理方案只能在决策时能够提出来的若干可行方案中进行比较和优选。而决策的可行方案是在人们现有的认识能力制约下提出来的。由于组织水平以及对决策人员能力训练方式的不同，加上人们对客观事物的认识是一个不断深化的过程，所以对于任何目标，都很难提出全部的可行方案。决策者只能得到一个适宜或满意的方案。

5. 方案的执行与反馈

决策在执行过程中首先应当制定一个实施的方案，包括宣布决策、解释决策、分配实施决策所涉及的资源和任务等。

在决策执行过程中必须进行有效的控制和监督，对决策执行过程中的结果必须进行及时地反馈，这样才能发现问题，及时地纠正偏差。

这一步骤对决策最终的结果影响很大，也是西蒙强调的一点。

三、决策的方法

决策的方法总地来说可以分为两大类：定性决策方法和定量决策方法。很多情况下要将这两种方法结合运用。特别对于一些重要的决策更是如此。

（一）定性决策方法

决策者根据已知的情况和资料，直接利用个人的知识、经验和组织规章进行决策。

这一类决策包括程序化决策方法、经验型决策方法、创造型决策方法等。

定性决策方法灵活，通用性大，容易被一般管理者接受，而且特别适合于非常规决策，同时还有利于调动专家的积极性，提高他们的工作能力。其局限性表现为：由于它是建立在专家个人直观的基础上，缺乏严格论证，易产生主观性，而且还容易受决策组织者个人倾向的影响。

1. 例行问题的处理

例行性问题的处理主要用于处理反复出现的问题，如公文传递、设备使用等。

（1）政策。政策是处理各种组织活动的普遍适用的原则，如企业退货原则、引进高层次人才政策。

（2）规章制度。组织的规章制度规定了在某种情况下必须遵守的一系列行为准则，如上下班制度、接待顾客的制度。

（3）业务常规。这也可以说是业务程序，规定了执行某项任务如何一步步去做。

程序化决策可以帮助管理者更快地处理日常事务，节省时间和精力处理其他问题。其缺点是：可能会减少发现处理问题更好的方法的机会，而且政策、规章制度、程序一旦建立，人们就必须按照它去做，这就显得僵化。

2. 经验型决策方法

经验型决策就是决策者凭自己的经验进行决策。凭个人的经验来进行决策有时会出现重大的失误。但在一些情况下，如信息资料不完整、问题复杂、涉及大量不可预知的因素，为了避免出现重大失误，导致严重的后果，利用经验进行预测时可以采用近渐式决策方法。

近渐式决策方法是指在众多途径中先选择一条走一步，慢慢向目标靠近，也就是我们常说的“摸着石头过河”。

这种方法虽然缺少力度和直接性，但由于根据每一步的结果作出下一步的行动，因此可以避免犯严重的错误，导致重大的损失。这种方法适合于重大的决策。

在日常生活中进行的简单决策，有时我们常会借助于一系列的经验总结来指导决策。例如，足球运动员在“形势危急时，将球踢出场”、领导者对待下属“把员工当成熟人来看待”等。

3. 创新型决策方法

创新型决策是指发现新的、富有想象力的解决问题的方案的方法。

思维科学对此作了很多研究，提出了很多能够激发人们想象力的方法。

（1）头脑风暴法：一群人通过相互启发，形成多种方案的方法。一般由 5～9 人组成一个小组，要求每个人提出自己的方案，别人可以在对此修正的基础上提出更好的方案，但不允许指责批评别人的方案。

（2）发散思维的方法（哥顿法）：促使人们通过发散思维的方式从全新的角度来提出解决问题的方案的方法。这种方法主要鼓励人们摆脱传统的思维模式，从不同角度去看待问题。

（3）德尔菲法。

（4）名义小组技术。

（二）有关活动方向的决策方法

在一个纷繁复杂、迅速变化的市场中，每一个企业都会面临这样的问题：我们是做什么的？我们将来应该做什么？我们怎样才能做到最好？企业确定自己的经营领域，从而进一步决定自己的市场行为，这就是领域界定。领域界定的主要目的是为了给企业领导层作出哪些业务领域应该建立、哪些应该保留、哪些应该收缩、哪些应该放弃等决策提供依据。这方面的方法尤以美国波士顿咨询公司的波士顿矩阵法最为流行。

波士顿矩阵法是基于企业中不同的战略业务单位在市场上所具有的相对市场占有率和行业增长率为衡量标准，建立一个矩阵（如图 4-1 所示），在矩阵图中，水平方向为相对市场份额，垂直方向为行业增长率。

位于双高位置的是明星区，应抓住机遇，加强力量，重点投资，促其发展。

现金牛区的是行业增长率低而市场占有率高的业务单位，它给企业带来大量的现金，用于支持其他有发展前途的战略业务单位，但其缺少未来发展的机会。因此，应严格控制投资，维持现有规模，设法获取尽可能多的利润。

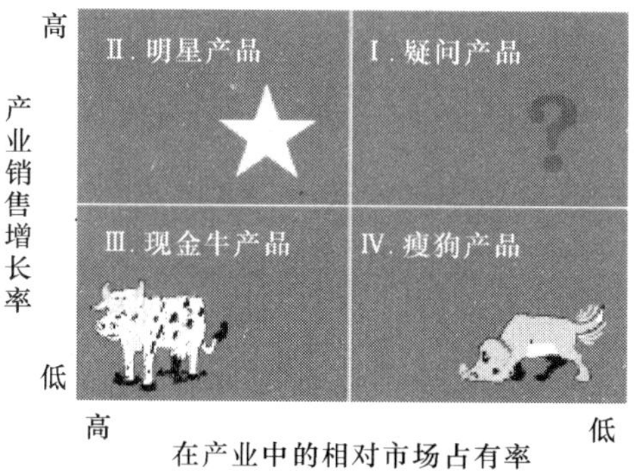

图 4-1　波士顿矩阵

疑问产品区的是行业增长率高而市场占有率低的业务单位，因其有发展前途，应加以完善和提高，促使其成为新的明星区类业务单位。

瘦狗区是低行业增长率和低市场份额的业务单位，缺乏发展前途和市场竞争力，应果断放弃和淘汰。

（三）有关活动方案的决策方法

定量决策方法是建立在数学工具基础上的决策方法。它的核心是把决策的变量与变量以及变量与目标之间的关系用数学模型表示出来，然后根据决策的条件，通过计算工具运算，求得决策答案。

定量决策方法的优点表现为：第一，提高了决策的准确性、最优性和可靠性；第二，可使领导者、决策者从常规的决策中解脱出来，把注意力专门集中在关键性、全局性的重大复杂的战略决策方面，这又帮助领导者提高了重大战略决策的正确性和可靠性。

其局限性即弊病表现为：第一，对于许多复杂的决策来说，仍未见可以运用的简便可行的数学手段，在许多决策问题中，有些变量是根本无法定量的；第二，数学手段本身也太深奥难懂，很多决策人员并不熟悉它，掌握起来也不容易；第三，采用数学手段或计算机，一般只用在重大项目或具有全局意义的决策问题上，而不直接用于一般决策问题。

1. 确定型决策的方法

确定型决策必须具备的条件有：存在着决策人要达到的一个明确的决策目标，如最大利润、最少成本等。有可供选择的两个以上的可行方案，肯定出现不以决策人主观意志为转移的一种自然状态，其概率为1，在这些条件下，损益值可以计算出来。

（1）模型决策法。即在事物的自然状态完全肯定的条件下，按照一定的数学模型计算后加以择优的方法，如盈亏平衡分析。

该方法是研究决策方案的销量、生产成本与利润之间的函数关系的一种数量分析方法。

$$\begin{cases} S=PQ & S\text{—收入} \quad P\text{—价格} \quad Q\text{—销量} \\ C=F+VQ & C\text{—成本} \quad F\text{—固定成本} \quad Q\text{—产量} \quad V\text{—单位变动成本} \end{cases}$$

盈亏平衡点有以下表示方法。

① 以产量 Q_0 表示：

$$PQ_0=F+VQ_0$$

$$Q_0=\frac{F}{P-V}$$

② 以销售收入 S_0 表示：

$$S_0=\frac{F}{1-\dfrac{C}{P}}$$

（2）简单择优决策。即事物的自然状态和结果非常明确，可以直接选择的一种决策方法。

2. 风险型决策的方法

风险型决策必须具备的条件有：存在着决策人要达到的一个明确的决策目标；有两个以上可供选择的可行方案；存在着不以决策人意志为转移的两种以上的自

然状态,各种自然状态可观的概率可以预测出来,各种自然状态下的损益可以计算出来。

(1) 决策损益表法:决策损益表法是指以决策收益表为基础,分别计算各个方案在不同自然状态下的损益值,然后按客观概率的大小,加权计算出各方案的期望收益值,进行比较,从中选择一个最佳的方案。

(2) 决策树法:决策树的基本原理仍然以决策损益表为依据,通过计算和比较各个方案的损益值,借助于树枝图形,利用修建数值方法寻找出最优方案。它适用于分析较为复杂的多级决策。

例 4-1 某企业为扩大某产品的生产,拟建设新厂,据市场预测产品销路好的概率为 0.7,销路差的概率为 0.3,有三种方案可供企业选择:方案 1,新建大厂,需投资 300 万元。据初步估计,销路好时,每年可获利 100 万元;销路差时,每年亏损 20 万元。服务期为 10 年。方案 2,新建小厂,需投资 140 万元。销路好时,每年可获利 40 万元;销路差时,每年仍可获利 30 万元。服务期为 10 年。方案 3,选建小厂,3 年后销路好时再扩建,需追加投资 200 万元,服务期为 7 年,估计每年获利 95 万元。

试选择方案。

解 三种方案如图 4-2 所示。

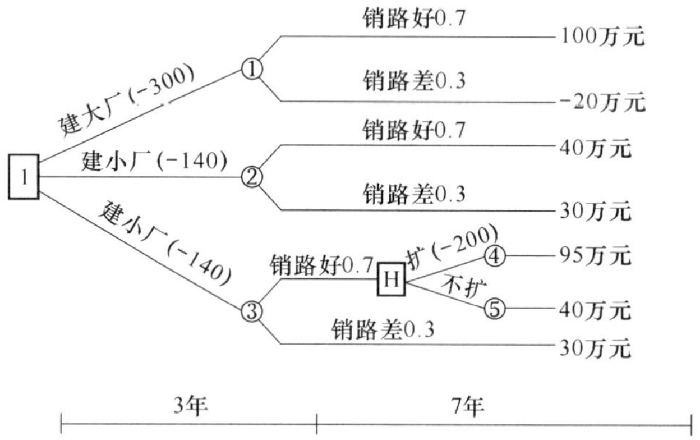

图 4-2 例 4-1 图

计算方案点的期望收益值:

$E_1=[0.7\times 100+0.3\times(-20)]\times 10-300=340$(万元)

$E_2=[0.7\times 40+0.3\times 30]\times 10-140=230$(万元)

由于结点④的期望收益值465万元(95×7－200)大于结点⑤的期望收益值280万元(40×7),所以销路好时,扩建比不扩建好。所以方案3的(结点③)期望收益值为

$E_3=(0.7\times40\times3+0.7\times465+0.3\times30\times10)-140=359.5$(万元)

$E_4>E_5$

比较E_1、E_2、E_3,选择方案3为最好。

3. 不确定型决策的方法

不确定型决策是指对未来事件,不仅无法估计在各种特定情况下的肯定结果,而且无法确定各种结果发生的概率。这时,决策在不确定情况下进行方案的选择,主要取决于决策者的经验和主观判断。

不确定型决策选择哪种方案,在很大程度上取决于决策者的风险价值观。根据决策者对待风险的态度和看法,决策者可分成三种类型,相应地就有三种不同的选择标准。

(1) 保守型。其也称为悲观原则,这类决策者对于利益的反映比较迟钝,而对损失的反应比较敏感,不求大利、唯求无险,不求有功、但求无过。

这种方法先计算出各方案的期望值之后,找出各方案的最小损益值,再从中选择损益值最大的方案作为决策方案。

(2) 进取型。其也称为乐观原则,这类决策者对于损失的反应比较迟钝,而对利益的反应比较敏感,他们往往谋求大利、不怕风险、敢于进取、以求突破。

与悲观原则相反,他们从损益值中挑选收益最大的方案作为决策方案,也就是极大损益值。

(3) 稳妥型。其也称为后悔值原则,这类决策者既不愿冒大的风险,也不愿循规蹈矩,在决策时往往依据最小后悔值原则。

最小后悔值原则以各个方案的机会损失的大小作为判别方案优劣的依据。

机会损失也就是后悔值,是指由于没有采取与实际状态相符的决策方案所造成的收益差额。

例4-2 某企业有三种新产品待选,估计销路和损益情况如表4-1所示,试分别用乐观准则、悲观准则、后悔值准则选择最优的产品方案。

表 4-1　损益表　　（单位：万元）

状态	甲产品	乙产品	丙产品
销路好	40	90	30
销路一般	20	40	20
销路差	−10	−50	−4

解

① 乐观准则。

甲产品最大利润 40 万元
乙产品最大利润 90 万元
丙产品最大利润 30 万元
}大中取大准则，90 万元对应的乙产品为最优的方案。

② 悲观准则。

甲产品最小利润−10 万元
乙产品最小利润−50 万元
丙产品最小利润−4 万元
}小中取大准则，−4 万元对应的丙产品为最优的方案。

③ 计算后悔值，如表 4-2 所示。

表 4-2　后悔值　　（单位：万元）

状态	甲产品	乙产品	丙产品
销路好	50	0	60
销路一般	20	0	20
销路差	6	46	0

甲产品最大利润 50 万元
乙产品最大利润 46 万元
丙产品最大利润 60 万元
}大中取小准则，46 万元对应的乙产品为最优方案。

上述三种方法仅反映了决策者的价值观不同，但很难说哪种方法就是好的。

第二节　计划的基本内容

【案例 4-2】

李经理的烦恼

李经理是某公司计划供应科的主管，主要负责生产订单的计划排产和原材料及相关产品配件的采购工作。让李经理感到头疼的是，几个采购员的工作效率不高，一件事情经常需要拖很长时间才能处理，并且在处理时，经常互相扯皮，久而久之就变成了一种习惯。

虽然李经理为每位采购员分派和划定了明确的业务范围，并告诉他们要做什么，该怎么做，但由于属下的工作绩效不高，责任心不强，爱偷懒，经常需要李经理过问催促才能完成，对于一些本该采购员拿主意的小事也要李经理亲自过问。每次的工作会议都搞得李经理很恼火，问题一大堆，因为窝了一肚子的火就不断地批评训斥几个下属，每次开会都变成了训斥会。结果采购员非但没有积极改进业务，反而消极怠工，产生抵抗情绪，并经常私底下抱怨工作时间长，薪资报酬低，电话费不够用，经常遭罚款，领导爱训斥人。

没办法，许多采购业务都要李经理亲历亲为，久而久之李经理本身就变成了大半个采购员，整天忙得焦头烂额，团团转。再加上有时候供货商的供货周期不稳定，以及公司部门之间信息流不顺畅、不及时，相互之间不配合，推脱责任，一到生产旺季就导致采购部门不能及时地把原材料订来，业务开展执行起来就会非常困难，自然断货现象就会经常发生，自己再怎么高效率工作，还是于事无补，问题越来越多，最后也搞得自己心力交瘁。更严重的是，由于生产用原材料不能及时到位，直接造成车间停工停产；因不能按计划生产，又全打乱了生产主计划员的工作，搞得他无所适从；这又导致了营销系统不能按客户订单要求及时出货，遭致客户的连续投诉。车间、生产主计划的催料，营销系统的催货，客户的投诉，整个乱成了一锅粥。

请大家帮帮李经理。

（思考：为什么计划供应科的工作没做好就使得整个企业乱成了一锅粥？）

计划是管理活动的首要职能，在整个管理活动中，计划起着重要的作用，它是一切管理活动的起点。

一、计划的含义及内容

（1）计划是一种普遍和连续的执行功能，它包括复杂的领悟、分析、理性思考、沟通、决策和执行过程。

（2）计划包括定义组织的目标、制定全局战略以实现这些目标，开发一个全面的分层计划体系以综合和协调各种活动。计划既涉及目标（做什么）也涉及达到目标的方法（怎么做）。

（3）阿考夫——对所有追求的目标及实现该目标的有效途径进行设计。

（4）计划是预先制定的行动方案。其基本要素有：目标、行动、认知及因果关系、实现计划的组织及个人。

（5）摩尔——计划就是为我们所做的事情制定规则，避免迷惑或匆忙行事，充分利用资源并减少浪费。

综上，我们把计划定义为：对组织未来工作进行的预选安排，是对组织未来的筹划、规划、谋划、企划等。计划制订并通过后，其他工作就应该按计划的内容进行，并把阶段性成果与计划的要求进行比较，如偏离计划的方向和标准，应及时地采取补救措施，以确保组织目标的实现。

计划工作有广义和狭义之分。广义的计划工作是指制订计划、执行计划和检查计划的执行情况三个阶段的工作过程。而狭义的计划工作则是指制订计划。

这里的计划工作概念是从狭义上讲的，就是根据组织内外部的实际情况，权衡客观需要的主观可能，通过科学的预测，提出在未来一定时期内组织所要达到的目标以及实现目标的方法。计划工作就是预先决定做什么、讨论为什么要做、确定何时做、何地做、何人做以及如何做，即通常所说的5W1H（what，why，who，where，when，how）。计划工作是事先选择预定目标的一种管理方法，表现出管理在创新方面的能力。

二、计划的性质

(1) 目的性。组织是通过精心安排的合作去实现目标而得以生存和发展的。计划工作旨在促使组织目标的实现。计划工作的一个主要方面就是确立目标。

(2) 主导性。计划工作须在组织工作、人员配备、指导与领导工作和控制工作之前进行,是进行其他各项管理工作的基础,并贯穿于整个管理过程。

(3) 普遍性。计划工作的核心是决策,而各级主管人员的工作中始终存在着决策问题,因而计划工作是各级主管人员的一个基本职能,具有普遍性。

(4) 经济性。计划工作要讲究效率,要考虑投入与产出之间的比例。计划的效率不仅体现在有形物上,还包括满意度这类无形的评价标准。

三、计划的作用

计划工作对组织的经营管理活动起着直接的指导作用,但一个计划对组织的工作可以起积极作用,也可能起消极作用。一个好的计划即科学性、准确性很强的计划,对于组织的工作将起到事半功倍的作用。制订计划的工作是十分重要的。计划工作的重要性主要表现在以下几方面。

(1) 弥补不肯定性和变化带来的问题。计划是面向未来的,而未来又是不肯定的。计划工作的重要性就在于如何适应未来的不肯定性。因此需要周密细致的预测,制定相应的补救措施和随时检查计划的落实情况,遇到问题则须重新制订相应的计划措施。即使将来的事情是肯定的,也需根据已知事实的基本数据计算采用哪种方案能以最低的代价取得预期的结果。

(2) 有利于管理者把注意力集中于目标。计划工作可以使人们的行动对准既定的目标。由于周密细致、全面的计划工作统一了部门之间的活动,才使主管人员从日常的事务中解放出来,而将主要精力放在随时检查、修改、扩大计划上来,放在对未来不肯定的研究上来。这既能保证计划的连续性,又能保证全面地实现奋斗目标。

(3) 有利于更经济地进行管理。由于计划工作强调了经营的效率和一贯性,使得组织经营活动的费用降至最低限度。计划工作能细致地组织经营活动,是有效地、经济地组织经营管理活动的工具。

(4) 有利于组织进行控制。计划和控制是一个事物的两个方面。未经计划的活动是无法控制的。控制活动就是通过纠正脱离计划的偏差来使活动保持既定的方向。计划是控制的标准,是控制的基础。

因此,计划工作是一个指导性、科学性和预见性很强的管理活动,同时也是一项复杂而又困难的工作。

第三节　计划的类型

计划的种类很多,可以按不同的标准进行分类。主要分类标准有:计划的重要性、时间界限、明确性和抽象性等。但依据这些分类标准进行划分,所得到的计划类型并不是相互独立的,而是密切联系的,如短期计划和长期计划、战略计划和作业计划等。

一、计划的类型

1. 长期计划和短期计划

管理人员采用长期、中期和短期来描述计划。长期计划描述了组织在较长时期,通常为 5 年以上的发展方向和方针,规定了组织的各个部门在较长时期内从事某种活动应达到的目标和要求,绘制了组织长期发展的蓝图。短期计划具体地规定了组织的各个部门在目前到未来的各个较短的时期阶段,特别是最近的时段中,应该从事何种活动,从事该种活动应达到何种要求,因而为各组织成员在近期内的行动提供了依据。

2. 业务计划、财务计划和人事计划

从职能空间分类,可以将计划分为业务计划、财务计划和人事计划。组织是通过从事一定业务活动立身于社会的,业务计划是组织的主要计划。财务计划与人事计划是为业务计划服务的,也是围绕着业务计划而展开的。财务计划研究如何从资本的提供和利用上促进业务活动的有效进行,人事计划则分析如何为业务规模的维持或扩大提供人力资源的保证。

3. 战略性计划和战术性计划

从计划的重要性程度上来看，可以将计划分为战略计划和作业计划。

应用于整体组织的，为组织设立总体目标和寻求组织在环境中的地位的计划，称为战略计划。规定总体目标如何实现的细节的计划称为作业计划。战略计划与作业计划在时间框架上、在范围上和在是否包含已知的一套组织目标方面是不同的。战略计划趋向于包含持久的时间间隔，通常为5年甚至更长，它们覆盖较宽的领域和不规定具体的细节。此外，战略计划的一个重要的任务是设立目标；而作业计划假定目标已经存在，只是提供实现目标的方法。

4. 具体性计划和指导性计划

根据计划内容的明确性指标，可以将计划分为具体性计划和指导性计划。

具体性计划具有明确规定的目标，不存在模棱两可。比如，企业销售部经理打算使企业销售额在未来6个月中增长15%，他会制定明确的程序、预算方案以及日程进度表，这便是具体性计划。指导性计划只规定某些一般的方针和行动原则，给予行动者较大自由处置权，它指出重点但不把行动者限定在具体的目标上或特定的行动方案上。比如，一个增加销售额的具体计划可能规定未来6个月内销售额要增加15%，而指导性计划则可能只规定未来6个月内销售额要增加12%～16%。相对于指导性计划而言，具体性计划虽然更易于执行、考核及控制，但缺少灵活性，它要求的明确性和可预见性条件往往很难满足。

5. 程序性计划和非程序性计划

西蒙把组织活动分为两类：一类是例行活动，指一些重复出现的工作，如定货、材料的出入库等。有关这类活动的决策是经常反复的，而且具有一定的结构，因此可以建立一定的决策程序。每当出现这类工作或问题时，就利用既定的程序来解决，而不需要重新研究。这类决策叫程序化决策，与此对应的计划是程序性计划。

另一类活动是非例行活动，不重复出现，比如新产品的开发、生产规模的扩大、品种结构的调整、工资制度的改变等。处理这类问题没有一成不变的方法和程序，因为这类问题或在过去尚未发生过，或因为其确切的性质和结构捉摸不定或极为复杂，或因为其十分重要而需用个别方法加以处理。解决这类问题的决策叫做非程序化决策，与此对应的计划是非程序性计划。

二、计划的层次体系

哈罗德·孔茨和海因·韦里克从抽象到具体，把计划划分为目的或使命、目标、战略、政策、程序、规则、方案以及预算，如图 4-3 所示。

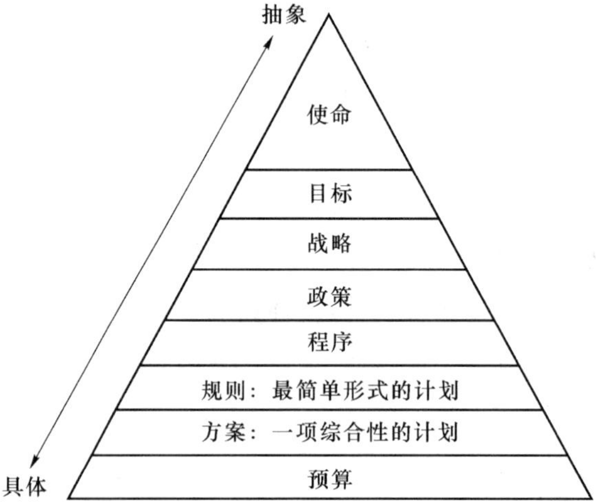

图 4-3　计划的层次体系

1. 目的或使命

它指明一定的组织机构在社会上应起的作用、所处的地位。它决定组织的性质，决定此组织区别于彼组织的标志。各种有组织的活动，如果要使它有意义的话，至少应该有自己的目的或使命。比如，大学的使命是教书育人和科学研究，研究院所的使命是科学研究，医院的使命是治病救人，法院的使命是解释和执行法律，企业的目的是生产和分配商品和服务。

2. 目标

组织的目的或使命往往太抽象，太原则化，它需要进一步具体为组织一定时期的目标和各部门的目标。组织的使命支配着组织各个时期的目标和各部门的目标，而且组织各个时期的目标和各部门的目标是围绕组织存在的使命所制定的，并为完成组织使命而努力的。虽然教书育人和科学研究是一所大学的使命，但一所大学在完成自己使命时会进一步具体化不同时期的目标和各院系的目标，比如最近 3 年培养多少人才、发表多少论文等。

3. 战略

战略是为了达到组织总目标而采取的行动和利用资源的总计划，其目的是通过一系列的主要目标和政策去决定和传达一个组织期望自己成为什么样的组织。战略并不打算确切地概述组织怎样去完成它的目标，这是无数主要的和次要的支持性计划的任务。

4. 政策

政策是指导或沟通决策思想的全面的陈述书或理解书。但不是所有政策都是陈述书，政策也常常会从主管人员的行动中含蓄地反映出来。比如，主管人员处理某问题的习惯方式往往会被下属作为处理该类问题的模式，这也许是一种含蓄的、潜在的政策。政策能帮助事先决定问题处理方法，一方面减少对某些例行事件处理的成本，另一方面把其他计划统一起来了。政策支持了分权，同时也支持上级主管对该项分权的控制。政策允许对某些事情有酌情处理的自由，一方面我们切不可把政策当规则，另一方面我们又必须把这种自由限制在一定的范围内。自由处理的权限大小取决于政策自身及主管人员的管理艺术。

5. 程序

程序是制定处理未来活动的一种必需方法的计划。它详细列出必须完成某类活动的切实方式，并按时间顺序对必要的活动进行排列。与战略不同，它是行动的指南，而非思想指南。与政策不同，它没有给行动者自由处理的权力。出于理论研究的考虑，我们可以把政策与程序区分开来，但在实践工作中，程序往往表现为组织的政策。比如，一家制造业企业的处理订单程序、财务部门批准给客户信用的程序、会计部门记载往来业务的程序等，都表现为企业的政策。组织中每个部门都有程序，并且在基层，程序更加具体化、数量更多。

6. 规则

规则没有酌情处理的余地。它详细、明确地阐明必需行动或无需行动，其本质是一种管理决策。规则通常是最简单形式的计划。

规则不同于程序。其一，规则指导行动但不说明时间顺序；其二，可以把程序看做是一系列的规则，但是一条规则可能是也可能不是程序的组成部分。比如，“禁止吸烟”是一条规则，但和程序没有任何联系；而一个规定为顾客服务的程序可能表现为一些规则，如在接到顾客需要服务的信息后30分钟内必须给予答复。

规则也不同于政策。政策的目的是指导行动，并给执行人员留有酌情处理的余地；而规则虽然也起指导行动的作用，但在运用规则时，执行人员没有自行处理之权。

必须注意的是，就其性质而言，规则和程序均旨在约束思想，因此只有在不需要组织成员使用自行处理权时，才使用规则和程序。

7. 方案

方案是一个综合性的计划，它包括目标、政策、程序、规则、任务分配、要采取的步骤、要使用的资源以及为完成既定行动方针所需的其他因素。一项方案可能很大，也可能很小。通常情况下，一个主要方案可能需要很多支持计划。在主要计划进行之前，必须把这些支持计划制订出来，并付诸实施。所有这些计划都必须加以协调和安排时间。

8. 预算

预算是一份用数字表示预期结果的报表。预算通常是为规划服务的，其本身可能也是一项规划。

第四节　战略性计划

一、远景和使命陈述

远景和使命陈述回答的是“我们想成为什么和我们的使命是什么”。它包括两个主要部分：核心意识形态(core ideology)和远景展望(envisioned future)。核心意识形态由核心价值观(core values)和核心目标(core purpose)两部分构成，它给组织提供了长久存在的基础，是组织的精神。远景展望由10～30年的宏伟、大胆、有难度的目标(10-to-30-years Big，Hairy，Audacious Goal，简写为BHAG)和生动逼真的描述(vivid description)两部分构成，如图4-4所示。

1. 核心价值观

核心价值观是组织持久和本质的原则。它是一般性的指导原则，不能把它与具体生产或经营做法混为一谈，不能为了经济利益或短期的好处而放弃它。“目光远大的公司的核心价值观不需要理性的或外在的理由，它们不随趋势和时尚的变化而变化，甚至也不随市场状况的变化而变化。”下面举一些公司核心价值观陈述的例子。

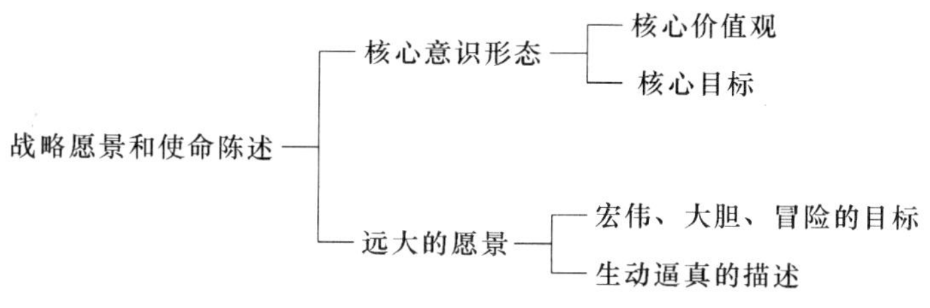

图 4-4　战略愿景和使命陈述

（1）Merck 公司

- 诚实与正直。
- 共同的社会责任。
- 基于科学的创新，而不是模仿。
- 公司各项工作的绝对优秀。
- 利润，但是利润应来自有益于人类的工作。

（2）Sony 公司

- 弘扬日本文化，提高国家地位。
- 作为开拓者，不模仿别人，努力做看似不可能的事情。
- 尊重和鼓励每个人的才能和创造力。

（3）Walt Disney 公司

- 不许悲观失望。
- 弘扬和宣传健康向上的美国文化。
- 创新，梦想，想象。
- 对工作充满热情，细致入微，持之以恒。
- 永远保持迪斯尼公司的神奇形象。

2. 核心目标

核心目标是企业存在的理由或目的，不是具体的目标或公司战略。有效的核心目标反映了为公司工作的内在动力，它不仅描述公司的产出或目标顾客，而且表达了公司的灵魂。好的目标对公司的指导和激励作用可以持续好多年，也许长达一个世纪，也许比一个世纪还持久。前 Merck 公司总裁罗伊·瓦格洛斯这样描述 Merck 公司目标的持久作用："想象一下，如果时光突然把我们带到 2091 年，那该是什么样子。到那时，由于预想不到的新情况，我们的许多战略和方法已经发生了变化。但无论我们的公司有多大的变化，我敢说有一样最重要的东西不会变，那就是 Merck 的精神……最重要的是，我相信这一点，因为 Merck 公司所专心从事的治病救人的工作是一项正当的事业，是一项激励人们去梦想作出伟大创举的事业。这项事业是没有时间性的，它将带领 Merck 人在今后 100 年里取得伟大成就。"下面举一些公司核心目标陈述的例子。

（1）Merck 公司

- 我们的工作是维持和改善人类的生活。

（2）Sony 公司

- 享受有益于公众的技术革新和技术应用所带来的真正乐趣。

（3）Walt Disney 公司

- 给千百万人带来快乐。

3. 10～30 年的宏伟、大胆、有难度的目标

目光远大的公司经常利用大胆的目标作为促进进步的一种特别有效的手段。一个有效的 BHAG 具有强大的吸引力，人们会不由自主地被它吸引，并全力以赴地为之奋斗；它非常明确，能够使人受到鼓舞；它让人一目了然，几乎无需任何解释。

前通用电气公司总裁杰克·韦尔奇说，公司的第一步，也是最重要的一步，是用概括性的、明确的语言确定公司的目标。通用电气公司的目标是："不断提高竞争力，争取在所有我们参加的市场中名列前茅；彻底改革我们的公司，使公司像小公司一样行动快捷、灵敏。"

1907 年，43 岁的亨利·福特全力以赴地推动自己的公司朝向一个惊人的目标前进：使汽车大众化。他宣布："要为广大老百姓生产一种汽车……这种汽车价格低廉，所有收入不丰的人都有能力拥有一辆，驾驶着它，和家人一起享受在广阔天地里驰骋的快乐。"下面再举一些公司 BHAG 陈述的例子。

(1) Merck 公司

• 进行大规模的研究与发展工作，开发新产品，成为世界杰出的制药公司。

(2) Sony 公司

• 成为改变日本产品质量低劣的世界形象的最著名的公司；制造一种袖珍晶体管收音机(1950 年代)。

(3) Walt Disney 公司

• 建造迪斯尼乐园——根据我们的想象，而不是根据工业标准(1960 年代)。

4. 生动逼真的描述

当我们确立了核心价值观、核心目标以及宏伟、大胆、有难度的远大目标后，要想让这些产生激励、鼓舞作用，必须要用生动逼真的语言表达出来。语言描绘了未来的图画。

远景和使命描述了组织未来期望达到的图景和组织为之奋斗的任务。远景和使命陈述与企业战略是不同的。战略是为了达到组织总目标而采取的行动和利用资源的总计划。战略是硬件，而远景描述则是软件。它是组织的梦，如同个人对未来的梦。表 4-3 给出了一个完整的远景和使命陈述的例子。

表 4-3 Sony 公司在 1950 年代的远景和使命陈述

核心意识形态	远景展望
核心价值观 • 弘扬日本文化，提高国家地位 • 作为开拓者，不模仿别人，努力做看似不可能的事情 • 尊重和鼓励每个人的才能和创造力	宏伟、大胆、有难度的目标 • 成为改变日本产品质量低劣的世界形象的最著名的公司 • 制造一种袖珍晶体管收音机
核心目标 • 享受有益于公众的技术革新和技术应用所带来的真正乐趣	生动逼真的描述 • 我们将生产遍及全球的产品……我们要成为进入美国市场并在那里直接销售的第一个日本公司……我们要由创新获取成功，而这些创新美国公司却未能获得成功，比如晶体管收音机……从现在起的 50 年，我们的品牌要在世界范围内家喻户晓……并且创新与质量能与任何最富创新精神的公司相媲美……“日本制造”将意味着品质优良，而非质量低劣

二、战略环境分析

战略环境分析是为完成企业使命和战略选择服务的。用《孙子兵法》的语言，环境分析的内容是“天、地、彼、己”和“顾客”(目标市场)，其目的是“知天知地，知彼知己”和“知顾客”。孙子曰：“知彼知己，胜乃不殆；知天知地，胜乃不穷。”德鲁克曾指出，“企业的目的只有一个定义说得通：创造顾客。”波特认为，“竞争优势归根结底产生于企业为顾客所能创造的价值。”因此，企业竞争最终目的是：为给顾客创造价值而去创造和获取顾客。就企业环境分析而言，“天”指外部一般环境，主要包括政治环境、社会文化环境、经济环境、技术环境和自然环境；“地”指企业竞争所处的行业环境，主要包括行业竞争结构、行业内战略群等；“彼”指企业竞争对手；“己”指企业自身条件；“顾客”指企业为之提供产品或服务的消费者。由于竞争的相对性，长与短、强与弱、虚与实都是相对的，因此“彼” 与“己”研究必须相互比较而进行，而单纯研究“彼”或“己”是没有意义的。“知天知地”认识了企业所面临的利与危、机遇与威胁，“知彼知己”了解了企业的长与短、实力与不足。企业的产品或服务必须能为顾客创造价值，与顾客相匹配。扬长避短，趋利避害，必须能创造和获取顾客。因此，战略制定的原则是：扬长避短、趋利避害和满足顾客，如图 4-5 所示。

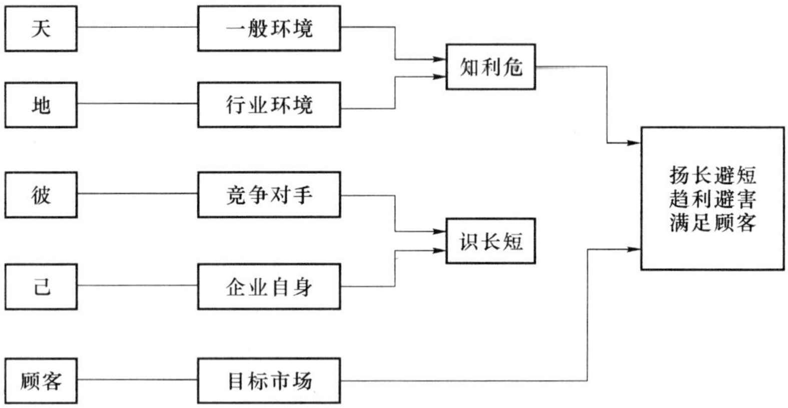

图 4-5　环境研究的内容与目的

(一) 外部一般环境

外部一般环境，或称总体环境，也称 PEST，即 Political(政治)、Economic(经济)、Social(社会)和 Technological(科技)。

(1) 政治环境包括一个国家的社会制度,执政党的性质,政府的方针、政策、法令等。不同的国家有着不同的社会性质,不同的社会制度对组织活动有着不同的限制和要求。即使社会制度不变的同一国家,在不同时期,由于执政党的不同,其政府的方针特点、政策倾向对组织活动的态度和影响也是不断变化的。

(2) 经济环境主要包括宏观和微观两个方面的内容。宏观经济环境主要指一个国家的人口数量及其增长趋势,国民收入、国民生产总值及其变化情况以及通过这些指标能够反映的国民经济发展水平和发展速度。微观经济环境主要指企业所在地区或所服务地区的消费者的收入水平、消费偏好、储蓄情况、就业程度等因素。这些因素直接决定着企业目前及未来的市场大小。

(3) 社会文化环境包括一个国家或地区的居民教育程度和文化水平、宗教信仰、风俗习惯、审美观点、价值观念等。文化水平会影响居民的需求层次;宗教信仰和风俗习惯会禁止或抵制某些活动的进行;价值观念会影响居民对组织目标、组织活动以及组织存在本身的认可与否;审美观点则会影响人们对组织活动内容、活动方式以及活动成果的态度。

(4) 技术环境除了要考察与企业所处领域的活动直接相关的技术手段的发展变化外,还应及时了解国家对科技开发的投资和支持重点、该领域技术发展动态和研究开发费用总额、技术转移和技术商品化速度、专利及其保护情况等。

(二) 行业环境

根据美国学者波特的研究,行业环境研究主要包括行业竞争结构、行业内战略群分析等内容。

1. 行业竞争结构分析

一个行业内部的竞争状态取决于五种基本竞争作用力,如图 4-6 所示。这些作用力汇集起来决定着该行业的最终利润潜力,并且最终利润潜力也会随着这种合力的变化而发生根本性的变化。一个公司的竞争战略目标在于使公司能在行业内进行恰当定位,以最有效地抗击五种竞争作用力并影响它们朝有利自己的方向变化。

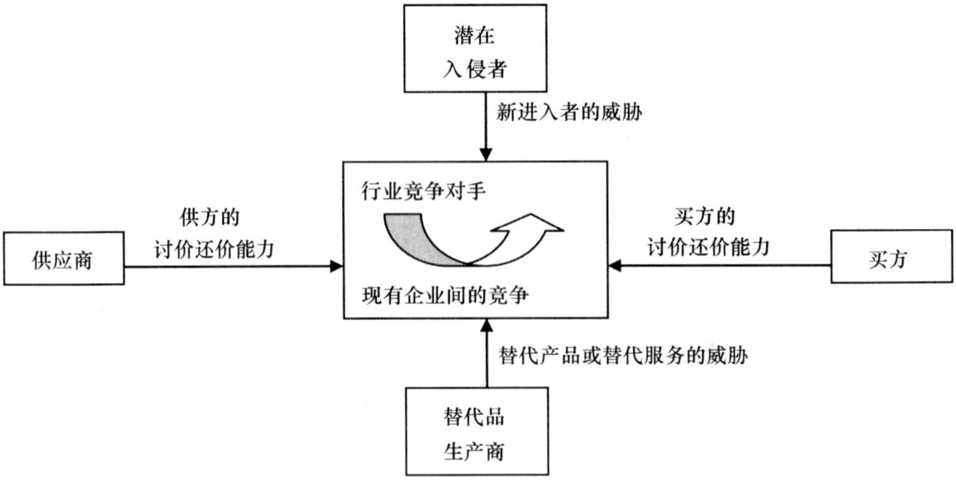

图 4-6 驱动行业竞争的五种力量

(1) 行业内现有竞争对手研究

现有竞争对手研究主要包括以下内容:①竞争对手基本情况研究;②主要竞争对手研究;③主要竞争对手的发展动向研究。

竞争对手基本情况研究主要研究竞争对手的数量有多少,分布在什么地方,它们有哪些活动,各自的规模、资金、技术力量如何,其中哪些对自己的威胁特别大。基本情况研究的目的是要找到主要竞争对手。为了在众多的同种产品的生产厂家中找出主要竞争对手,必须对它的竞争实力及其变化情况进行分析和判断。反映企业竞争实力的指标主要有销售增长率、市场占有率和产品的获得能力。

主要竞争对手研究主要比较不同企业的竞争实力,找出了主要竞争对手后,还要研究其所以能对本企业构成威胁的主要原因,是技术力量雄厚、资金多、规模大,还是其他原因。主要竞争对手研究的目的是找出主要竞争对手的竞争实力的决定因素,以帮助企业制定相应的竞争策略。

竞争对手的发展动向研究包括市场发展或转移动向和产品发展动向。要收集有关资料,密切注视竞争对手的发展动向,分析竞争对手可能开辟哪些新产品、新市场,使企业在竞争中争取主动地位。

(2) 入侵者研究

潜在竞争者进入行业,变成显在的竞争者,它的新的业务能力和充裕的资源将导致行业竞争更加激烈，其结果是产品价格可能被压低或从业者的经营成本上升，从而导致行业利润率下降。某一行业被入侵的威胁大小取决于行业进入障碍、行业产品价格水平、行业对入侵者的报复能力以及入侵者对报复的估计。

影响行业进入障碍的因素主要有以下几个。

① 规模经济。规模经济性表现为在一定时期内产品的单位成本随总产量的增加而降低。规模经济表明企业经营只有达到一定规模，才能收回经营过程中的各种耗费。规模经济的存在阻碍了对行业的入侵，因为它迫使进入者或者一开始就以大规模生产并承担遭受原有企业强烈抵制的风险，或者以小规模生产而接受产品成本方面的劣势，这两者都不是进入者所期望的。

② 产品差别化。产品差别化意味着现有的公司由于过去的广告、顾客服务、产品特点或由于第一个进入该行业而获得的商标及顾客信誉上的优势。差别化迫使入侵者耗费大量资金克服原有的顾客忠诚，这种努力通常带来初始阶段的亏损，并且常常要延续一个时期。这种为建立一种品牌的投资具有特别的风险，因为一旦失败将血本无归。

③ 转移成本。转移成本指买方从向某一供应商购买产品转移到向另一供应商购买产品时所遇到的一次性成本。这种成本包括雇员重新培训成本、新的辅助设备成本、检查考核新资源所需的时间及成本、由于技术依赖而需要帮助的成本、建立新关系的心理代价等。如果这种成本较大，则新进入者必须在成本或经营服务上做重大改进以吸引购买者接受这种购买转移。

④ 资本需求。

⑤ 在位优势。在位优势指行业已在位的厂商由于一段时间经营而积累起来的优势，包括掌握销售渠道的优势、专有的产品技术、最佳原料来源控制、政府补贴、学习或经验曲线等。

⑥ 政府政策。对于进入行业，政府往往采取限制甚至封锁或鼓励、补贴的政策。

影响行业对入侵者的报复能力的因素主要有行业所处的发展阶段、行业的集中程度以及行业的退出障碍。

影响入侵者对报复估计的因素主要有行业过去对入侵者的行为反应以及入侵者对自身能力的估计。

⑦ 行业进入扼制价格。行业进入扼制价格是指入侵者设想的克服进入壁垒及其遭到报复的风险与入侵带来的潜在报酬平衡时的价格水平。进入扼制价格依赖于入侵者对未来的而不是对现在条件的预期。如果行业现行价格水平高于进入扼制价格,则入侵者预计入侵将有利可图。所以说,行业的定价水平是影响入侵威胁的重要因素之一。

(3) 替代品生产商研究

企业生产的产品,从表面上看,是具有一定外观形状的物质品,但抽象地分析,它们是能够满足某种需要的使用价值或功能。产品的使用价值或功能相同,能够满足的消费者的需要相同,在使用过程中就可以相互替代,生产这些产品的企业间就可能形成竞争。再者,替代品限定了行业内的厂商可能的最高限价,从而限制了一个行业的潜在收益。消费者购买产品是为了享用其使用价值,消费者在购买商品时将会根据自己的收入水平选择最佳的需求满足。因此,一旦替代品生产形成强大的经济规模,从而定价能力增强,那么本行业将受到威胁,因为其潜在收益或许在某个时刻突然地消失。

替代品生产商的分析主要包括两个内容:第一,判断哪些产品是替代品;第二,判断哪些替代品可能对本企业经营构成威胁。前项工作较易进行,后项较为复杂。在判断威胁最大的替代品时,应特别重视以下两类替代品研究:容易导致价格改善的替代品和现行盈利率很高的替代品。

(4) 买方的讨价还价能力研究

消费者在两个方面影响着行业内企业的经营:第一,买方对产品的总需求决定着行业的市场潜力,从而影响行业内所有企业的发展边界。第二,不同买方的讨价还价能力会诱发企业之间的价格竞争,从而影响企业的获利能力。这里主要讨论影响买方讨价还价能力的因素。

影响买方讨价还价能力的因素主要有以下几个。

① 买方是否大批量或集中购买。

② 买方这一业务在其购买额中的份额大小。

③ 产品或服务是否具有价格合理的替代品。

④ 买方面临的购买转移成本大小。

⑤ 本企业的产品、服务是否是买方在生产经营过程中的一项重要投入。

⑥ 买方是否采取“后向一体化”(后向一体化指买方自己生产或经营本企业生产中耗费的其他原材料、半成品或成品,满足自己的需要)。

⑦ 买方行业获利状况。如果利润微薄,买方具有较强的谈价能力,反之则反。

⑧ 买方对产品是否具有充分信息。

(5) 供应商的讨价还价能力研究

因为企业生产所需的许多生产要素是从外部获得的,从而提供这些生产要素的经济组织也制约着企业的经营。一方面,供应商能否根据企业的需要按时、按质、按量地提供所需生产要素,影响着企业生产规模的维持和扩大。另一方面,供应商提供货物时所要求的价格决定着企业的生产成本,影响着企业的利润水平。这里主要讨论影响供应商讨价还价能力的因素。

影响供应商讨价还价能力的因素主要有以下几个。

① 要素供应方行业的集中化程度。

② 要素替代品行业的发展状况。

③ 本行业是否是供方集团的主要客户。

④ 要素是否是该企业的主要投入资源。

⑤ 要素是否存在差别化或转移成本是否低。

⑥ 要素供应者是否采取“前向一体化”(前向一体化指要素供应商在向顾客提供要素的同时,自己也生产耗用这种要素的产品或服务)。

2. 行业内战略群分析

行业内战略群,又称为战略集团,属于次行业范畴。波特认为,在一个给定的行业内,公司的战略选择可以由以下方面表现出来:①专业化程度;②品牌;③促销方式;④分销渠道选择;⑤产品质量;⑥技术领先程度;⑦纵向一体化;⑧成本结构;⑨销售服务;⑩价格政策;⑪财务杠杆;⑫与母公司的关系;⑬与母国及东道国政府的关系。行业内战略群正是依据这些战略特征来划分的,一个战略群指某一行业内在某些战略特征方面相同或相似的公司集合。

一般来说,在一个行业中仅有为数不多的战略群体,它们采取本质上有所不同的战略。一个行业中战略群的形成与变化有各种原因,比如,企业成立时所依赖的技术或资源条件不同,企业的目标或者对风险的态度不同等。行业内战略群间在竞争、利润率等方面的差异是由于移动壁垒的存在。与进入壁垒抵抗产业外的企业入侵的作用相似，移动壁垒阻止了产业内企业从一种战略群向另一战略群移动。

一般来说，移动壁垒的高低决定行业内战略群间的竞争激烈程度。以下四个因素决定了战略群间的竞争程度：①战略群间的市场相互依赖程度或者目标顾客的相互重叠程度；②战略群所建立的产品差异性；③行业内战略群的数目及其相对规模；④各战略群间的差异度或离散度。

企业盈利率不仅取决于企业自身的实力，而且取决于行业结构状况及其企业所处的战略群状况，因此，我们可以从三个方面考察企业的盈利状况。第一，行业特征。这些特征包括行业需求的增长率、产品差异化的潜力、供方行业的结构以及技术等。第二，企业所处的战略群的特征。这些特征包括本战略群的移动壁垒的高低、本战略群对于供方和买方的讨价还价能力、本战略群对替代品的敏感度、本战略群面对其他战略群体的竞争等。第三，企业在战略群中的地位。主要有本战略群内的竞争强度、本企业的相对规模、入侵本群体的成本、企业执行既定战略的能力等。

在战略群分析时，可以绘制行业内战略群分布图。绘制分布图的关键是选择恰当的战略变量作为图轴。选择的原则是：第一，作为图轴的战略变量应该是那些对行业内移动壁垒起决定作用的变量。比如，在软饮料行业，影响移动壁垒的主要因素是产品宽度、品牌知名度和分销渠道。其次，所选的变量不可一同变化。例如，如果所有企业都具有高的产品差异性和宽的产品线，则产品差异性和产品线两者不可作为变量，而应选择战略组织的多样化程度变量。第三，变量无需连续性或单调性。

（三）竞争对手

战略制定的一项任务是竞争对手分析。在上文“行业竞争结构分析”中已经对“行业内现有竞争对手”的基本情况、主要竞争对手情况及其发展动向进行了一些分析。

这里所讨论的竞争对手范围要广于“行业内的现有竞争对手”。竞争对手研究的第一步是识别竞争对手。识别行业内现有的竞争对手并非难事，但要识别潜在的竞争对手并非易事。一般来说，竞争对手可以从以下的群体中辨识出来：①不在本行业、但可以克服进入壁垒（尤其是那些不费力气者）进入本行业的企业；②进入本行业可以产生明显的协同效应的企业；③因战略实施而自然进入本行业的企业；④那些通过后向或前向一体化进入本行业的买方或供方。

竞争对手分析的目的是，认识在行业竞争中可能成功的战略的性质、竞争对手对各不同战略可能作出的反应、竞争对手对行业变迁以及更广泛的环境变化可能作出的反应。竞争对手分析必须回答“在行业中,我们与谁展开竞争以及我们应采取何种行动”,“竞争对手的战略行动意味着什么以及我们如何对付”,“我们应该规避哪些领域,因为在这些领域中竞争对手将采取情绪化的和拼死的行动”。波特的研究给出了竞争对手分析的基本框架,如图 4-7 所示。

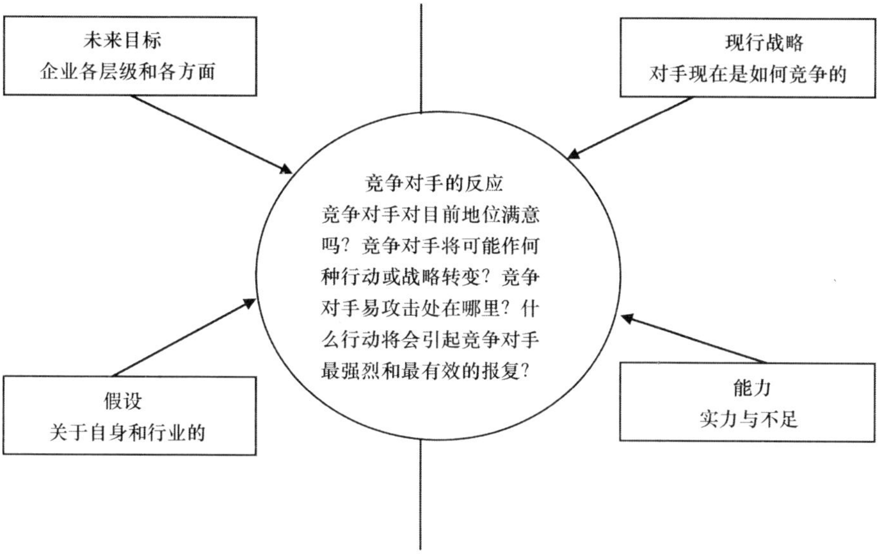

图 4-7　竞争对手分析的基本框架

该分析框架的左侧描述了驱使竞争对手行动的因素:未来目标和对手关于自身和行业的假设;右侧描述了竞争对手现在在做什么和它能做什么:现行战略和对手的能力。竞争对手研究与自身研究具有对称性,“知己”内容与“知彼”内容往往是一致的。

“未来目标”研究主要考察竞争对手的远景和使命陈述,进一步可以考察对手不同层级的目标陈述。

“假设”研究主要考察竞争对手在本行业中经营的历史、在其他行业中经营的历史、对本行业经营传统的认识、管理层结构和个人历史背景,以及企业的顾问单位或个人的背景。比如,典型的例子是 Phlip Morris 公司 1970 年(一家烟草公司,其著名品牌“万宝路”)收购 Miller 公司(一家啤酒公司),从烟草行业进入了啤酒行业,把在烟草行业中的经营经验——市场细分策略——带入啤酒行业,从而打破了啤酒行业的传统经营思维：啤酒市场是同质市场，只要推出一种产品及一种包装，消费者就得到了满足。它推出了一种7盎司一瓶的“小马力”啤酒，并又推出名叫“Lite”的低热量啤酒和“Lowenbrau”的高档啤酒，获得了巨大成功。据报道，1970年代初，大多数啤酒公司嘲笑Miller公司的这一举动，但后来他们却纷纷效仿。

“现行战略”研究主要考察对手现行的基本战略姿态、各职能战略和发展战略。具体战略类型分析参见下文。

“能力”研究主要考察竞争对手强弱之所在。利用波特的思想，将公司看成一系列价值活动的集合，考察对手各价值活动，并与本企业和其他公司相应价值活动进行比较，从而判断对手以及本企业实力与不足。详细分析见下文“企业自身”。

（四）企业自身

企业自身应与竞争对手相对应地进行研究，其目的是“识长短”，即与对手相比，认清企业自身的实力与不足。波特认为，将企业作为一个整体来看无法认识竞争优势，因为竞争优势来源于企业在设计、生产、营销、交货等过程中所进行的许多相互分离的活动，并且企业正是通过比其竞争对手更廉价或更出色地开展这些价值活动而赢得竞争优势的。因此，关于企业自身和竞争对手的比较分析可以借用波特的“价值链”分析法。

根据价值链分析法，每个企业都是设计、生产、营销、交货以及对产品起辅助作用的各种价值活动的集合。企业的价值活动分为基本活动和辅助活动两类，如图4-8所示。

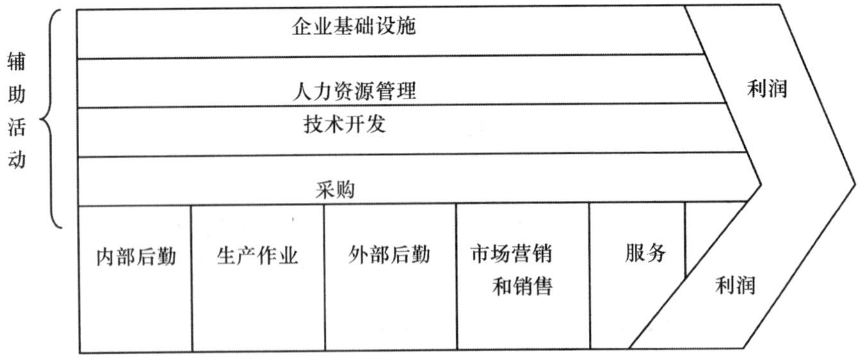

图4-8　企业价值链：基本活动及其辅助活动

按价值活动的工艺顺序，基本活动由五个部分构成：①内部后勤，是与接收、存储和分配相关联的各种活动；②生产作业，是与将投入转化为最终产品形式相关的各种活动；③外部后勤，是与集中、存储和将产品发送给买方有关的各种活动；④市场营销和销售，是与传递信息、引导和巩固购买行为有关的各种活动；⑤服务，是与提供服务以增加或保持产品价值有关的各种活动。每种基本活动可以进一步细分或组合，以助于企业内部分析。

表 4-4 是评价企业的基本价值活动。给表中每一项按一定方式赋值，比如可以赋值为“优秀”、“一般”和“差”三等，或赋值为“优秀”、“较好”、“一般”、“差”和“很差”五等，与竞争对手的相应项目比较，评价企业每一项基本活动的情况。

表 4-4　评价企业的基本价值活动

基本活动	评价指标	得　分
内部后勤	物资和库存控制系统健全性	
	原材料入库工作的效率	
生产作业	与主要竞争对手相比的设备生产率	
	生产过程的适当自动化程度	
	用以提高质量和降低成本的生产控制系统的效果	
	工厂、车间设计和工作流动设计的效率	
外部后勤	产成品交货和服务的及时性和效率	
	产成品入库工作的效率	
市场营销和销售	用以识别目标顾客和顾客需求的市场研究的效果	
	在销售促进和广告方面的创新	
	对可供选择的分销渠道的评价	
	销售队伍的能力及其激励	
	关于质量形象和名誉的发展	
	顾客对品牌的忠诚度	
	在细分市场或整个市场中的优势程度	
顾客服务	促进顾客对产品改进进行投入的方法	
	对顾客意见反应的及时性	
	企业担保和保证政策的合理性	
	对顾客进行教育和培训的质量	
	企业提供零部件和维修服务的能力	

辅助活动主要包括:①企业基础设施,包括总体管理、计划、财务、会计、法律、信息系统等价值活动;②人力资源管理,包括组织各级员工的招聘、培训、开发和激励等价值活动;③技术开发,包括基础研究、产品设计、媒介研究、工艺与装备设计等价值活动;④采购,包括原材料采购以及诸如机器、设备、建筑设施等直接用于生产过程的投入品采购等价值活动。

同评价企业基本活动一样,可以与竞争对手比较,评价企业每一项辅助活动的情况,如表 4-5 所示。

表 4-5　评价企业的辅助价值活动

辅助活动	评价指标	得　分
企业基础设施	对新产品的市场机会和潜在环境威胁识别的能力	
	用以实现企业目标的战略计划体系的质量	
	对价值链内及价值链间的各价值活动协调和整合的能力	
	获得成本相对低廉的资本的能力	
	信息系统对制定战略的或日常的决策的支持水平	
	有关企业一般环境和竞争环境的信息获取的及时性和准确性	
	与公共政策制定者和企业利益相关者间的关系	
	企业公共形象和组织公民行为	
人力资源管理	各级员工的招聘、培训和激励程序和政策的效果	
	组织报酬制度的合理性	
	良好的工作环境,以保证员工缺勤最少和员工在理想岗位间流动	
	与工会的关系	
	管理人员和技术人员的积极性	
	一般员工积极性和工作满意度	
技术开发	在引导产品和过程创新上,研究与开发的成功性	
	研究开发人员与企业其他部门间工作关系的质量	
	技术开发的及时性(能否按时完成)	
	实验室和其他设施的质量	
	实验室工程师和科学家的资格和经验	
	激励创造性和创新性的工作环境	

续表

辅助活动	评价指标	得　分
采　购	为降低对单一供应商的依赖性而开发多采购渠道的能力	
	原材料采购：以最恰当的时间，以尽可能低的成本，以可接受的质量水平	
	有关工厂、机器和厂房采购的程序和制度	
	租赁与购买标准合理性	
	与可信赖的供应商间良好而长期的关系	

（五）顾客（目标市场）

企业的产品和服务是为顾客服务的，但是企业不能在产品和服务创造出来后才考虑顾客的需求，而应在战略制定阶段就分析企业所服务的顾客及其需求。企业顾客研究的主要内容是总体市场分析、市场细分、目标市场确定和产品定位，如图 4-9 所示。

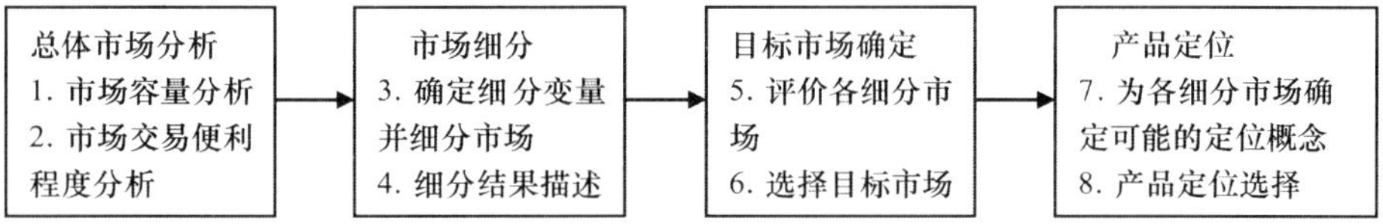

图 4-9　目标市场研究

1. 总体市场分析

市场的主要特征可用市场容量和市场交易便利程度两个指标来描述。市场容量决定企业发展的可能边界，市场交易便利程度或市场交易成本反映市场交易的可实现程度。

市场容量必须要界定地域和需求性质。根据所界定的地域和需求性质，分析市场总需求、总需求中有支付能力的需求、暂时没有支付能力的潜在需求。这种分析需要再次分析宏观一般环境的一些信息，如区域的国民经济发展状况、居民收入水平、居民储蓄和消费偏好、人口数量等。

市场交易的便利程度主要取决于市场基础建设、法规建设、产权制度和市场制度建设状况。这些建设状况好，将大大刺激人们交易，从而扩大市场的广度。对这些因素的考察，同样需要再次分析宏观一般环境的一些信息。

总体市场分析不仅要注意分析诸如经济、基础建设等硬件，更要注意分析政治、法律、社会、文化等软件。

2. 市场细分

市场细分就是将一个总体市场划分为若干个具有不同特点的顾客群，每个顾客群需要相应的产品或市场组合。对于一个总体市场，可能存在两种极端：一种是市场中所有顾客都具有完全相同的偏好，称为“同质市场”或“无市场细分”；另一种是市场中每位顾客均具有不同的偏好，并且企业对顾客的偏好具有完全信息，企业能够根据每位顾客需要提供别具一格的产品和服务，称为“用户化市场”或“完全市场细分”。极端存在是偶然的，一般来说，一个总体市场可以根据一定的标准将顾客归类，每一类顾客具有相同或相似的偏好。

市场细分一般包括以下三个阶段。

首先，调查阶段。调查者可以先对一些顾客进行非正式的访谈，从而对顾客的偏好、行为有一大概了解。在此基础上，调查者进一步进行抽样问卷调查，收集顾客特征、顾客重要分类、品牌了解、品牌分类、产品类型以及顾客人口统计、心理特征等信息。

其次，分析阶段。运用统计学的因素分析和聚类分析等方法对取得的资料进行分析。

最后，细分结果描述阶段。对聚类的群体命名，并描述其特征。由于市场不断变化，市场细分工作必须定期地重复进行。

典型的消费品市场细分变量有四类：第一，地理因素，主要包括地区、区域大小、城市规模、人口密度、气候等。第二，人口统计因素，主要包括年龄、性别、家庭规模、家庭生命周期、收入、职业、教育水平、宗教信仰、种族、国籍等。第三，心理特征因素，主要包括社会分层、生活方式、个性特征等。第四，行为因素，是与顾客的知识、态度、使用以及顾客对产品的反应有关的因素，主要包括场合（如定期还是特别场合）、利益（如豪华、中等还是经济的）、使用率（如经常还是偶尔使用）、使用状态（如从不使用、准备使用、初次使用、重复使用）、忠诚度（不忠诚、中等忠诚、忠诚、专一）、了解情况（不了解、了解、渴望使用、反复使用）、对产品的态度（厌恶、可使用、喜欢、热爱）。

典型的工业品市场细分变量有四类：第一，地理因素，主要包括产业、企业规模、地理位置等。第二，生产运作变量，如顾客的能力、技术水平等。第三，采购方式因素，如买方企业集权程度、内部权力结构、采购政策、公共形象与公共关系、采购标准等。第四，状态因素，如交货和服务、对产品的态度(厌恶、可使用、喜欢、热爱)。

3. 目标市场确定

市场细分揭示了各细分市场的可能机会，接下来企业必须评价各细分市场并选择企业所服务的目标市场。

企业从以下三个主要指标来评价细分市场：①细分市场规模及其成长状况。②细分市场结构的吸引力。这可以用上文所提到的波特行业竞争结构分析框架。③企业的目标和资源状况。即使细分市场在规模、增长及其结构吸引力方面都较好，如果该细分市场不符合企业的目标，该细分市场也不宜选择为目标市场。

良好的细分市场应具有如下特征。

(1) 可测量性，即市场规模、容量和购买力可以测量。

(2) 丰富性，即市场规模足够大且有利可图，企业可投入该市场。

(3) 可接近性，即市场可以有效地接近且能为顾客服务。

(4) 可实现性，即企业有能力满足该市场的需求。如果细分市场对企业具有吸引力，但市场容量过大，企业过小，从而无法满足该市场需求，则应该对该市场进一步细分。

4. 产品定位

产品定位是企业为了满足目标市场，确定产品(或服务)的功能、质量、价格、包装、销售渠道、服务方式等。这里的关键是必须用“整体产品”概念来理解“产品定位”。整体产品是指，产品包括向市场提供的能满足人们某种需要的一切物品和劳务，是由核心产品、形式产品和扩增产品三个层次所组成的整体。企业可以在任一层次或多层次上创造产品差别化，从而创造顾客。

与产品定位相联系的是广告(促销)定位。广告定位是使企业的产品在顾客心里占有位置，以及占什么位置。一般来说，定位策略主要有以下几种。

(1) 抢先定位策略。最早给人以一个印象是进入一个人心里的捷径。

(2) 领导定位策略。一些经验表明，进入顾客心里的第一个产品牌子的长期市场占有率一般来说比第二个牌子高出两倍，第二个牌子差不多也比第三个牌子高出两倍，而且这种关系不会轻易改变。

(3) 依附定位策略。有时，当企业推出了新产品，它却尽量告诉顾客这个产品不是什么完全新的产品，而是同老产品有联系的新产品。第一种依附定位策略是紧挨着市场中已存在的产品建立自己的位置。第二种依附定位策略是小心缓慢地爬上别人占有的阶梯。

(4) 空隙定位策略。空隙定位策略一般是追随者所采用的策略。空隙可以是规模、价格、性别、年龄、时间方面的空隙。

(5) 重新定位策略。根据市场演进理论，到了一定的时候，由于市场上每类产品都有数以百计的品种，企业将在顾客的心里再也找不到一个空隙。一个公司如果想利用广告炸开一条路使自己的产品进入顾客的心里，那么必须改变竞争对手在顾客心里已经占有的位置，为自己的产品创造个空隙。

三、战略选择

战略环境分析认识了企业所面临的机遇与威胁，了解了企业的实力与不足以及企业能为何种顾客进行服务。战略选择的实质是企业选择恰当的战略，从而扬长避短、趋利避害和满足顾客。

(一) 基本战略姿态

企业基本战略揭示企业如何为顾客创造价值。波特认为，“竞争优势归根结底产生于企业为顾客所能创造的价值：或者在提供同等效益时采取相对低的价格，或者其不同寻常的效益用于补偿溢价而有余。”一种基本战略姿态可以有多种实现形式，比如，多元化和一体化战略都可以实现成本领先或特色优势战略姿态。同样，一种战略形式可以为多种基本姿态服务，比如，多元化战略既可以实现成本领先的战略姿态，也可以实现特色优势的战略姿态。

从实现顾客价值形式角度而言，企业可以采取三种基本战略姿态中的任一种，但由于每种战略姿态需要企业在组织、管理、文化等方面特殊支持，因此既追求成本领先又追求特色优势的“夹在中间”战略姿态是注定要失败的。表 4-6 列出了选择基本战略姿态的基本原则。

表 4-6　基本战略姿态选择的原则

基本战略姿态	基本原则
成本领先战略	一种先发制人的战略 持续的资本投资和良好的融资能力 能够大规模化的生产技能 对工人严格监督 低成本的分销系统 结构和责任分明的组织 严格以定量目标为基础的激励制度 严格的成本控制和经常、详细的控制报告
特色优势战略	既可以是先发制人，也可以是后发制人的战略 强大的生产营销能力 敏锐的创造性鉴别能力 很强的基础研究能力 具有质量或技术领先的公司声誉 悠久的传统或独特的业务组合 在研究、产品开发和市场营销部门之间的密切协作 重视主观评价、创新精神，而不仅仅以定量指标为基础的激励制度 轻松愉快的工作环境和企业文化，吸引高技能人才
目标集聚战略	一种具有自我约束能力的战略 公司的实力不足以在产业内更广范围内竞争 公司能够以更高的效率、更好的效果为某一狭窄的战略对象服务，能在该范围内超过竞争对手 针对不同的成本或特色目标，相应地对上述原则组合

（二）核心能力在企业内和企业外扩张的成长战略

美国学者哈梅尔和普拉哈拉德研究认为，“核心能力是组织内的集体知识和集体学习，尤其是协调不同生产技术和整合多种多样技术流的能力”，“如果公司有意在未来的市场上获取巨大的利润份额，就必须建立起能对未来顾客所重视的价值起巨大作用的专长”，”“企业的竞争是核心专长的竞争”。一项能力能成为企业的核心能力必须通过以下三项检验。

（1）用户价值。核心能力必须能够使企业创造顾客可以识别的和看重的、而且在顾客价值创造中处于关键地位的价值。

（2）独特性。与竞争对手相比，核心能力必须是企业所独具的，如果不是独具的，其必须是比任何竞争对手胜出一筹的能力。

（3）延展性。核心能力必须是企业向新市场延展的基础，企业可以通过对核心的延展而创造出丰富多彩的产品。

虽然企业所有能力都对企业竞争优势产生贡献，但只有核心能力才能创造持续的动态的竞争优势。在企业能力构成中，各种能力的相对重要程度不是一成不变的，而是随着“天、地、彼、己”以及“顾客”的变化而变化。或因为顾客需求变化，或因为竞争对手在此项能力上发展出更好的能力等，今天的某种能力是自己的核心能力，明天可能不再如此。我们必须认识到，这种变化在加速。企业能力并不表现为企业的实物资产，甚至并不表现为士气、技术或知识。企业能力是企业获取并运用资产的能力，使企业资产呈现良好的结构；是企业通过文化建设和制度安排创造高昂士气的能力，使参与者同心同德并步调一致；是企业获取并充分运用设备、技术和知识的能力，使企业人、财、物同先进适用的技术和知识良好地结合。能力不像有形资产那样逐渐“耗损”，能力用得越多就越精进，越有价值。

如何增强企业的竞争力呢？如何实现企业成长呢？手段只有一条：充分利用符合“天与地”规律、且是企业独特长处的，并“有助于实现消费者看重的价值”的核心能力。“充分利用”的内涵是，将自己有限的人力、物力、财力配置于核心能力之上，让核心能力长出丰硕的果实。不认识核心能力，企业很可能分散配置资源，这可能获取一些可观的利润，但它在未来必然失败。“充分利用”的实质是集中精力干最重要的事情。集中精力干好最重要的事情是企业家的重要才能。“充分利用核心能力”还有另一层隐含义，即充分利用企业外部的人力、物力、财力配置于自己非核心能力之上。因为只有如此，企业才可能将自己有限的人力、物力、财力配置于核心能力之上。但核心能力一般不能与别人共享，因为核心能力必须专有才能成为真正的核心能力。从这种意义上说，企业的功能是专心致志于企业核心能力的工作，而其他非核心能力部分的工作则可以通过市场交易、虚拟化、联盟形式从企业外部获得。

企业成长的基础是核心能力。核心能力可以通过一体化、多元化和加强型战略等战略形式在企业内扩张，也可以通过出售核心产品、非核心能力的虚拟运作和战略联盟等战略形式在企业间扩张，各种战略形式选择的原则如表 4-7 所示。

表 4-7　核心能力在企业内和企业外扩张的成长战略选择原则

成长战略			基本原则
核心能力企业内扩张	一体化战略	前向一体化	企业现在利用的销售商或成本高昂、或不可靠、或不能满足企业需要 可资利用的高质量销售商数量很有限 企业所在行业明显快速增长或预期快速增长 企业具有销售自己产品所需的资金和人力资源 稳定的生产对企业十分关键 现在利用的经销商或零售商有丰厚的利润
		后向一体化	企业现在利用的供应商或成本高昂、或不可靠、或不能满足企业需要 可资利用的供应商数量少且需求方数量多 企业所在企业明显快速增长或预期快速增长 企业具有自己生产原材料所需的资金和人力资源 原材料价格稳定和供货稳定对企业十分关键 现在利用的供应商有丰厚的利润 企业需尽快地获取所需资源
		横向一体化	企业所在行业目前较零散，但具备集中的基本经济条件 企业在一个成长的行业中进行竞争 规模扩大有利可图 企业具备管理更大的组织的能力 竞争者由于管理原因或资源限制而停滞不前
	多元化战略	同心多元化	企业所在行业增长或缓慢、或为零 增加新的但相关的产品将会显著地促进现有产品的销售 企业有能力提供具有竞争力的新的相关产品 新的但相关的产品需求和生产的季节性正好与现有产品具有互补性 企业现有产品处于产品生命周期的衰退期 企业拥有强有力的管理队伍
		横向多元化	增加新的不相关的产品可显著地增加现有产品的盈利 企业所在行业属于高度竞争或停止增长的行业，其表象为低产业盈利和低投资回报 企业可以利用现有销售渠道销售新产品 新产品的生产与销售波动与企业现有产品的正好互补

续表

<table>
<tr><th colspan="3">成长战略</th><th>基本原则</th></tr>
<tr><td rowspan="4">核心能力企业内扩张</td><td rowspan="4">多元化战略</td><td>混合多元化</td><td>企业的主营业务产业处于成熟期或衰退期
企业拥有增加业务所需的资金和管理人才
企业有机会收购不相关但发展前景良好的企业
购并来的企业与本企业存在资金上的互补性
避免反垄断法指控</td></tr>
<tr><td>市场渗透</td><td>企业特定产品与服务在目前市场中还未达到饱和
现有顾客对产品的使用率还可以明显提高
在整个产业的销售额增长时主要竞争对手的市场份额却在下降
产业历史显示，销售额与营销费用高度正相关
规模的提高可以带来很大的竞争优势</td></tr>
<tr><td>市场开发</td><td>企业可以获得新的、可靠的、高质量的、经济的销售渠道
企业在所经营的领域极其成功
存在未开发或未饱和的市场
企业拥有扩大经营所需的资金和管理人才
企业存在过剩的生产能力
企业所经营的主业属于区域扩张型或全球化的产业</td></tr>
<tr><td>产品开发</td><td>企业拥有成功的但处于产品生命周期成熟期的产品
企业所在行业属于快速发展的高技术行业
竞争对手实施竞争性定价
竞争对手不断进行产品开发
企业所在行业属于高速增长的行业
企业拥有实力强的研究与开发能力</td></tr>
<tr><td rowspan="3">核心能力企业外扩张</td><td></td><td>战略联盟</td><td>合作对手的价值活动比自己做得更好，而这些价值活动是企业需要的
企业已经建立了保护自己核心能力的壁垒
企业自己单独进行某价值活动的风险太大
某些价值活动具有较高的外部性，且易被对手模仿，从而难以专有</td></tr>
<tr><td></td><td>虚拟运作</td><td>企业在外包出去的价值活动上不具有竞争优势
外包出去的价值活动需要较高的投资和较多的沉淀成本
在顾客价值创造中，企业所集中的价值活动具有关键地位
行业中存在大量企业可以承担企业外包出去的价值活动</td></tr>
<tr><td></td><td>出售核心产品</td><td>进行一体化经营增加了企业经营的成本，且降低了经营灵活性
行业技术进步迅速，产品生命周期短
企业有能力保持核心产品的行业领先地位
企业核心产品具有较高的附加值
企业核心产品在行业生产中具有关键地位</td></tr>
</table>

（三）防御性战略

在企业成长的道路上，经常采取一些防御性战略，以退为进，以迂为直，以使企业更加健康地成长。常采用的防御性战略有收缩、剥离和清算等方式，各种战略形式选择的原则如表 4-8 所示。

表 4-8 防御性战略选择原则

防御性战略	选择原则
收缩战略	企业具有明显而独特的竞争优势，但在一定时期内并未充分发挥其优势 企业在特定行业的竞争中属于弱者 企业业绩持续一段时间较差 企业管理出现失误 企业已迅速地发展成为大型企业，从而需要大规模地改组
剥离战略	企业已采取了收缩战略但未收到成效 分公司为保持竞争优势而需投入的资源大大超出公司的供给能力 分公司失利使公司整体业绩不佳 分公司与公司其他组织不相适宜 政府反垄断法对公司构成威胁
清算战略	公司已经采取收缩和剥离战略，但均未成功 公司除清算外唯一选择是破产 企业股东可通过出售企业资产而将损失降至最小

第五节　计划的组织实施

一、目标管理

目标管理是美国管理学家彼得·德鲁克 1954 年提出的。我国企业于 20 世纪 80 年代初开始引进目标管理法，并取得较好成效。

目标管理法不是像传统的目标设定法那样完全由上司设定和分派目标给下级，而是采取参与的方式来决定目标，也即上下级共同参与目标的选择并对如何实现目标达成一致意见。目标管理法的实质是员工参与制定目标，实现自我管理和自我控制。

目标管理法提出了一种新的目标设定逻辑，使组织内目标制定过程从单纯的自下而上转变为上下结合，并形成了一个通过协调的目标层级结构。在此结构中，某一层的目标与下一层的目标连接在一起，而且对每一位员工都提供了具体的个人绩效目标。这样，目标管理法就不仅保证了各层管理人员的“承诺意识”，而且也使得目标设定真正成为提高工作绩效的动力。目标管理法被认为是一种科学合理的现代管理方法，而不单单是计划或目标的设定方法。

（一）目标管理的基本思想

(1) 企业的任务必须转化为目标，企业管理人员必须通过这些目标对下级进行领导并以此来保证企业总目标的实现。凡是在工作成就和成果直接地、严重地影响企业的生存和繁荣的部门中，目标都是必需的，并且经理取得的成就必须是从企业的目标中引申出来的。

(2) 目标管理是一种程序，使一个组织中的上下各级管理人员共同来制定共同的目标，确定彼此的成果责任，并以此项责任作为指导业务和衡量各自贡献的准则。一个管理人员的职务应该以达到公司目标所要完成的工作为依据。

(3) 每个企业管理人员或工人的分目标就是企业总目标对他的要求，同时也是这个企业管理人员或工人对企业总目标的贡献。只有每个人的分目标都完成了，企业的总目标才有完成的希望。

(4) 管理人员和工人是靠目标来管理，由所要达到的目标为依据，进行自我指挥、自我控制，而不是由他的上级来指挥和控制。

(5) 企业管理人员对下级进行考核和奖惩也是依据这些分目标。

（二）目标管理的特点

目标管理的具体形式各种各样，但其基本内容是一样的。所谓目标管理乃是一种程序或过程，它使组织中的上级和下级一起协商，根据组织的使命确定一定时期内组织的总目标，由此决定上、下级的责任和分目标，并把这些目标作为组织经营、评估和奖励每个单位和个人贡献的标准。

目标管理指导思想上是以 Y 理论为基础的，即认为在目标明确的条件下，人们能够对自己负责。具体方法上是泰勒科学管理的进一步发展。它与传统管理方式相比有鲜明的特点，可概括为以下几点。

1. 重视人的因素

目标管理是一种参与的、民主的、自我控制的管理制度，也是一种把个人需求与组织目标结合起来的管理制度。在这一制度下，上级与下级的关系是平等、尊重、依赖、支持，下级在承诺目标和被授权之后是自觉、自主和自治的。

2. 建立目标锁链与目标体系

目标管理通过专门设计的过程，将组织的整体目标逐级分解，转换为各单位、各员工的分目标。从组织目标到经营单位目标，再到部门目标，最后到个人目标。在目标分解过程中，权、责、利三者已经明确，而且相互对称。这些目标方向一致，环环相扣，相互配合，形成协调统一的目标体系。只有每个人员完成了自己的分目标，整个企业的总目标才有完成的希望。

3. 重视成果

目标管理以制定目标为起点，以目标完成情况的考核为终结。工作成果是评定目标完成程度的标准，也是人事考核和奖评的依据，成为评价管理工作绩效的唯一标志。至于完成目标的具体过程、途径和方法，上级并不过多干预。所以，在目标管理制度下，监督的成分很少，而控制目标实现的能力却很强。

（三）目标管理的程序

目标管理的具体做法分三个阶段：第一阶段为目标的设置；第二阶段为实现目标过程的管理；第三阶段为测定与评价所取得的成果。

1. 目标的设置

这是目标管理最重要的阶段，第一阶段可以细分为四个步骤。

(1) 高层管理预定目标，这是一个暂时的、可以改变的目标预案。即可以上级提出，再同下级讨论；也可以由下级提出，上级批准。无论哪种方式，必须共同商量决定；其次，领导必须根据企业的使命和长远战略，估计客观环境带来的机会和挑战，对该企业的优劣有清醒的认识。对组织应该和能够完成的目标心中有数。

(2) 重新审议组织结构和职责分工。目标管理要求每一个分目标都有确定的责任主体。因此预定目标之后，需要重新审查现有组织结构，根据新的目标分解要求进行调整，明确目标责任者和协调关系。

（3）确立下级的目标。首先下级明确组织的规划和目标，然后商定下级的分目标。在讨论中上级要尊重下级，平等待人，耐心倾听下级意见，帮助下级发展一致性和支持性目标。分目标要具体量化，便于考核；分清轻重缓急，以免顾此失彼；既要有挑战性，又要有实现可能。每个员工和部门的分目标要和其他的分目标协调一致，支持本单位和组织目标的实现。

（4）上级和下级就实现各项目标所需的条件以及实现目标后的奖惩事宜达成协议。分目标制定后，要授予下级相应的资源配置的权力，实现权责利的统一。由下级写成书面协议，编制目标记录卡片，整个组织汇总所有资料后，绘制出目标图。

2. 实现目标过程的管理

目标管理重视结果，强调自主、自治和自觉。但并不等于领导可以放手不管，相反由于形成了目标体系，一环失误，就会牵动全局。因此领导在目标实施过程中的管理是不可缺少的。首先进行定期检查，利用双方经常接触的机会和信息反馈渠道自然地进行；其次要向下级通报进度，便于互相协调；再次要帮助下级解决工作中出现的困难问题，当出现意外、不可测事件严重影响组织目标实现时，也可以通过一定的手续，修改原定的目标。

3. 总结和评估

达到预定的期限后，下级首先进行自我评估，提交书面报告；然后上下级一起考核目标完成情况，决定奖惩；同时讨论下一阶段目标，开始新循环。如果目标没有完成，应分析原因总结教训，切忌相互指责，以保持相互信任的气氛。

（四）目标管理的优缺点

目标管理在全世界产生很大影响，但实施中也出现许多问题。因此必须客观分析其优劣势，才能扬长避短，收到实效。

1. 目标管理的优点

（1）目标管理对组织内易于度量和分解的目标会带来良好的绩效。对于那些在技术上具有可分性的工作，由于责任、任务明确目标管理常常会起到立竿见影的效果，而对于技术不可分的团队工作则难以实施目标管理。

（2）目标管理有助于改进组织结构的职责分工。由于组织目标的成果和责任力图划归一个职位或部门，容易发现授权不足与职责不清等缺陷。

（3）目标管理启发了自觉，调动了职工的主动性、积极性、创造性。由于强调自我控制，自我调节，将个人利益和组织利益紧密联系起来，因而提高了士气。

(4) 目标管理促进了意见交流和相互了解,改善了人际关系。

2. 目标管理的缺点

在实际操作中,目标管理也存在许多明显的缺点,主要表现在以下几个方面。

(1) 目标难以制定。组织内的许多目标难以定量化、具体化;许多团队工作在技术上不可解;组织环境的可变因素越来越多,变化越来越快,组织的内部活动日益复杂,使组织活动的不确性越来越大。这些都使得组织的许多活动制定数量化目标是很困难的。

(2) 目标管理的哲学假设不一定都存在。Y 理论对于人类的动机作了过分乐观的假设,实际中的人是有“机会主义本性”的,尤其在监督不力的情况下。因此许多情况下,目标管理所要求的承诺、自觉、自治气氛难以形成。

(3) 目标商定可能增加管理成本。目标商定要上下沟通、统一思想是很费时间的;每个单位、个人都关注自身目标的完成,很可能忽略了相互协作和组织目标的实现,滋长本位主义、临时观点和急功近利倾向。

(4) 有时奖惩不一定都能和目标成果相配合,也很难保证公正性,从而削弱了目标管理的效果。

鉴于上述分析,在实际中推行目标管理时,除了掌握具体的方法以外,还要特别注意把握工作的性质,分析其分解和量化的可能;提高员工的职业道德水平,培养合作精神,建立健全各项规章制度,注意改进领导作风和工作方法,使目标管理的推行建立在一定的思想基础和科学管理基础上;要逐步推行,长期坚持,不断完善,从而使目标管理发挥预期的作用。

(五) 目标制定的遵循原则

目标的制定应该遵循以下几个方面的原则。

1. 目标的层次性

组织目标形成一个有层次的体系,范围从广泛的组织战略性目标到特定的个人目标。这个体系的顶层是组织的远景和使命陈述。第二层次是组织的任务。在任何情况下,组织的使命和任务必须要转化为组织总目标和战略,总目标和战略更多地指向组织较远的未来,并且为组织的未来提供行动框架。这些行动框架必须要进一步地细化为更多的具体的行动目标和行动方案,这样,在目标体系的基层,有分公司的目标、部门和单位的目标、个人目标等。

在组织的层次体系中,不同层次的主管人员参与不同类型目标的建立。董事会和最高层主管人员主要参与确定企业的使命和任务目标，并且也参与在关键成果领域中更多的具体的总目标。中层主管人员如副总经理、营销经理或生产经理，主要是建立关键成果领域的目标、分公司的和部门的目标。基层主管人员主要关心的是部门和单位的目标以及他们的下级人员目标的制定。对于组织任何层次的人员来说，都应该有个人目标，包括业绩和个人发展目标。

2. 目标的可考核性

要想目标可以考核，一个途径是将目标量化。目标定量化往往会损失组织运行的一些效率，但是对组织活动的控制、成员的奖惩会带来很多方便。

有时要用可考核的措辞来说明结果会有更多的困难，对高层管理人员以及政府部门尤其如此。但原则是：只要有可能，就规定明确的、可考核的目标。

3. 目标的可接受性

人们在工作中的积极性或努力程度是效价和期望值的乘积。其中效价指一个人对某项工作及其结果能够给自己带来满足程度的评价，即对工作目标有用性的评价；期望值指人们对自己能够顺利完成这项工作可能性的估计，即对工作目标能够实现的概率的估计。因此，如果一个目标对其接受者要产生激发作用的话，这个目标必须是其可接受的，可以完成的。对一个目标完成者来说，如果目标超过其能力所及的范围，则该目标对其没有激励作用。

4. 目标的挑战性

如果一项工作完成所达的目的对接受者没有多大意义的话，接受者也没有动力去完成该项工作；如果一项工作很容易完成，对接受者来说，是件轻而易举的事件，那么接受者也没有动力去完成该项工作。教育学中有一原则叫“跳一跳，摘桃子”，说的就是这个道理。

目标的可接受性和挑战性是对立统一的关系，在实际工作中，必须把它们统一起来。

5. 目标的伴随信息反馈性

信息反馈是把目标管理过程中，目标的设置、目标实施情况不断地反馈给目标设置和实施的参与者，让人员时时知道组织对自己的要求、自己的贡献情况。如果建立了目标再加上反馈，就能更进一步改善员工工作表现。

综上所述，设置目标的数量一般不宜太大，应包括工作的主要特征，并尽可能地说明必须完成什么和何时完成，如有可能，也应明示所期望的质量和为实现目标的计划成本。此外，目标应能促进个人和职业上的成长和发展，对员工具有挑战性，并适时地向员工反馈目标完成情况。

二、滚动计划法

（一）滚动计划的基本思想

这种方法根据计划的执行情况和环境变化定期修订未来的计划，并逐期向前推移，使短期计划、中期计划有机地结合起来。由于在计划工作中很难准确地预测将来影响企业经营的经济、政治、文化、技术、产业、顾客等的各种变化因素，而且随着计划期的延长，这种不确定性就越来越大。因此，若机械地按几年以前的计划实施，或机械地、静态地执行战略性计划，则可能导致巨大的错误和损失。滚动计划法可以避免这种不确定性带来的不良后果。具体做法是用近细远粗的办法制定计划。图 4-10 所示的是五年期的滚动计划方法。

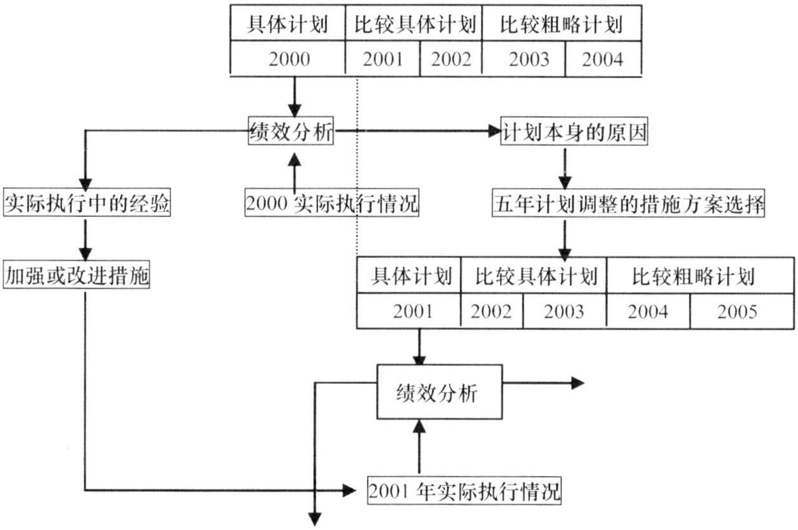

图 4-10　五年期的滚动计划方法

由图 4-10 可以看出，在计划期的第一阶段结束时，要根据该阶段计划的实际执行情况和外部与内部有关因素的变化情况，对原计划进行修订，并根据同样的原则逐期滚动。每次修订都使整个计划向前滚动一个阶段。

（二）滚动计划法的评价

滚动计划方法虽然使得计划编制和实施工作的任务量加大，但在计算机普遍应用的今天，其优点十分明显。

其最突出的首要优点是计划更加切合实际，并且使战略性计划的实施更加切合实际。战略性计划是指应用于整体组织的、为组织未来较长时期（通常为5年以上）设立总体目标和寻求组织在环境中的地位的计划。由于人们无法对未来的环境变化作出准确的估计和判断，所以计划针对的时期越长，不准确性就越大，其实施难度也越大。滚动计划相对缩短了计划时期，加大了计划的准确性和可操作性，从而是战略性计划实施的有效方法。

其次，滚动计划方法使长期计划、中期计划与短期计划相互衔接，短期计划内部各阶段相互衔接。这就保证了即使由于环境变化出现某些不平衡时，也能及时地进行调节，使各期计划基本保持一致。

第三，滚动计划方法大大加强了计划的弹性，这对环境剧烈变化的时代尤为重要，它可以提高组织的应变能力。

三、网络计划技术

网络计划技术是1950年代后期在美国生产和发展起来的。这种方法包括各种以网络为基础制定计划的方法，如关键路径法、计划评审技术、组合网络法等。1956年美国的一些工程师和数学家组成了一个专门小组首先开始这方面的研究；1957年美国杜娜对关键线路法（CPM）进行了研究；1958年美国海军武器计划处采用了计划评审技术（PERT），使北极星导弹工程的工期由原计划的10年缩短为8年；1961年，美国国防部和国家航空署规定，凡承制军用品必须用计划评审技术制定计划上报。从那时起，网络计划技术就开始在组织管理活动中被广泛地应用。

网络计划技术的原理，是把一项工作或项目分成各种作业，然后根据作业顺序进行排列，通过网络图对整个工作或项目进行统筹规划和控制，以便用最少的人力、物力、财力资源，用最高的速度完成工作。网络计划技术的基本步骤如图4-11所示。

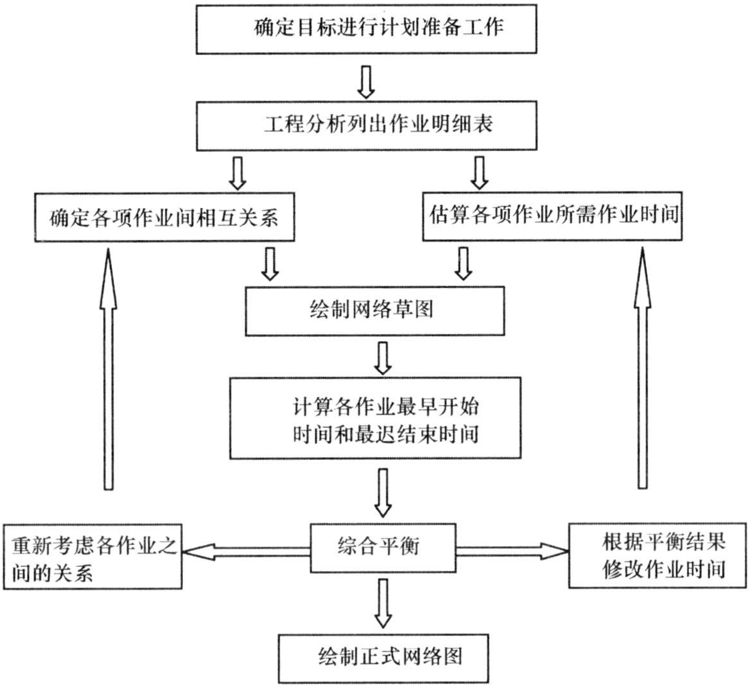

图 4-11　网络计划技术的基本步骤

思考题

一、案例分析

失败的营销决策

A 厂是我国北方一家生产电工产品的大型企业，也是“一五”期间我国 156 个重点工程项目之一，一直位列全国 500 家最大工业企业和 500 家利税大户之中。1990 年初，企业主要经济指标一直居同行业之首，生产的产品是名牌产品，产品主要用在电力、铁路、矿山系统和大型基础建设项目中。但就是这样一个企业，目前经营却陷入困境，明亏潜亏达 7 亿元，到了资不抵债的边缘。

(一) 病急乱投医——遍地设点

20 世纪 90 年代以前，A 厂产品由国家计划订货量每年就有 3 亿～4 亿元。国家物资部门根据订货以计划价格向其供料，在当时，中小企业和乡镇企业是无法与之匹配的。20 世纪 90 年代以后，随着我国的经济体制逐步由计划经济向市场经济转变，市场全面开放，A 厂面临着严峻的形势。为了适应新的形势，厂领导采取了很多措施。其中之一就是专门成立了销售总公司，统一销售 A 厂的产品。但由于观念陈旧和根深蒂固的老大思想，销售公司的工作远不能适应市场竞争的需要。这时，厂领导受相邻一个厂家实行“全员销售”经验的启发，也搞起了全员销售，除销售总公司的直属门点外，又陆续办了大批销售门点。这些销售门点有四种类型：一是厂里投资在各中心城市办的销售处或公司；二是各分厂、车间办的集体性质的销售门点，解决部分富余人员就业问题，厂里给予优惠条件；三是本厂职工合伙或个人办的销售门点，人员停薪留职或业余时间销售；四是各地其他单位或个人挂 A 厂的牌子办的门点，每年向 A 厂交管理费。

这些销售公司和门点销售形式各异，或是厂里下达任务，或是承包，或是代销，还有的做中间人牵线。一般是先交一部分定金，由厂里按出厂价供货，货售完后，货款返回厂里，高出出厂价部分(费用加利润)归个人或单位。

(二) 彻底失去控制

经过几年的运营，A 厂的销售门点几乎失去控制，总厂、分厂、各部门、三产、个人和其他单位在各地办的大大小小的门点近 1 000 个，具体到底多少谁也说不清，这些销售环节出现了严重问题。

(1) 销售门点普遍拖欠货款，每年有上亿元收不回来，到 1998 年年底，账面反映有 162 户门点欠 A 厂货款共达 1.5 亿元。

(2) 厂里投资的销售公司有的大量占用货款挪做他用。其中本厂所属的南方一家销售公司，1992 年至 1998 年，销售 A 厂产品 4 亿元，其中 1.6 亿元货款没有直接返回厂里，而是无偿地占用这笔货款与他人共同投资兴办了一个股份公司，还打时间差，不间断地用货款做流动资金，发展起了一个 3 亿多元净资产的企业。

(3) 由于推销组织没有统一规划，分散重复设置，出现各销售门点争夺市场，破坏了统一的价格体系，使客户有机可乘，压低产品价格。

(4) 本厂职工或三产办的门点公开赖账，有钱不还。

(5) 外单位和个人以 A 厂名义办的门点，拿到货款后，人走点空，无处追寻。有的根本不卖 A 厂的货，而卖其他厂家的货。

厂领导针对这种情况，曾绞尽脑汁想了一些对策。比如，简单地要求客户先交款后提货，但这样做又赶走了一些大的客户；再有，让中间商直接带客户到厂里签合同，返给一定的利，结果有些有推销手段和固定客户的点感到利少而不愿做。两种方法都影响了产品的销售。更致命的是，有些门点已控制了A厂的部分销售渠道，使A厂处于想清理这些门点又不能清理的境地。

（三）难咽的苦果

由于A厂销售环节管理出现的问题，使A厂的整个营销活动受到了严惩的影响。

（1）滞留在中间环节的货款不能及时收回，使A厂流动资金原本不足的状况更加严重，不得不增加贷款。1990年中期是银行利率较高时期，贷款的增加使A厂财务费用激增，加剧了营销活动的困难。

（2）由于财务费用和原材料价格上升以及其他原因，A厂的产品成本在同行业中处于较高水平，失去了市场竞争优势，又使困境中的A厂雪上加霜。

（3）由于许多销售门点以A厂名义注册或挂靠A厂，当这些门点发生民事纠纷后，由A厂承担连带责任，又造成一部分损失。

（四）亡羊补牢说教训

A厂的这种推销策略，从理论上和别人的实践上都无可非议，问题是这种策略是否适应A厂的产品，是否存在所有情况下都适用于这种策略，更主要的是如何控制这些销售中间环节。

首先，A厂的产品不适应“全员销售”的方式。

全员销售、办连锁点、大量依靠中间商等销售方式一般适用于用途广泛的工业产品、大众日用品或食品等，它的消费者范围广、数量多、厂家没有力量完全直接同消费者见面。A厂的产品用户主要是电网系统、基建项目、通信系统等，产品用户比大众日用品用户范围窄得多，因而恰恰应该减少中间环节和销售渠道层次。

其次，对销售中间环节的控制不力。

既然已经采用“全员销售”的方式，就必须加强管理和控制，A厂是只建门点，却疏于管理：(1)门点建立缺乏计划性，厂内各个层次、各类人员都办，不看他们是否有办点的能力、实力和必要性，是否能推销A厂的产品，是否是为了推销A厂的产品。对于外地、外单位要求办门点，同样没有审查其能力和资信情况，没有分析市场需求情况来统一销售计划，建立销售中间环节。(2)对门点缺乏财务监督，不能及时、定期地对本厂所属单位和人员的门点进行财务检查，了解销售情况和货款回收情况，及时清欠货款；对外单位的门点没有采取有效的控制措施，防止他们拖欠货款。

再次，法律意识淡薄。

A厂只顾大办门点推销产品，却忽视了同这些门点签订责任条款，厂内各单位自己办的门点和职工办的门点都挂A厂的牌子，为了注册，都由A厂向工商登记部门作出资证明，特别是外单位门点挂A厂牌子的每年只要交1万元管理费就行了。结果，当这些部门同第三方发生民事纠纷时，第三方起诉到法院，法院从工商注册文件中认定A厂是投资主体，所以法院以A厂为诉讼主体或由A厂承担连带责任，这是A厂所始料不及的。另外，对于拖欠货款的单位和本人，A厂也没有意识到用诉讼的方式解决问题。

问题讨论：

1. 详细分析A厂营销管理失败的原因。

2. 如果你是该厂厂长，在营销管理决策过程中应如何去做？

二、问答题

1. 程序化决策与非程序化决策有什么区别？

2. 什么是头脑风暴法？

3. 波士顿矩阵、政策指导矩阵的分析方法是什么？

4. 战略计划与战术计划的区别是什么？

5. 计划编制分哪几个步骤？

6. 目标管理的过程是什么？

7. 什么是滚动计划法？

8. 确定型决策、风险型决策、非确定型决策有何区别？

9. 何谓乐观准则、悲观准则、后悔准则？

10. 如何应用德菲尔法作决策？

11. 某轻工机械厂拟订一个有关企业经营发展的规划。据本企业的实际生产能力，本地区生产能力的布局以及市场近期和长期的需求趋势初步拟订三个可行方案：第一方案是扩建现有工厂，需投资100万元；第二方案是新建一个工厂，需投资200万元；第三方案是与小厂联合经营合同转包，需投资20万元，企业经营年限为10年。据市场预测和分析，三种方案在实施过程中均可能遇到以下四种情况，现将有关资料估算如下表：

损益值(万元) 状态概率 方案	销路好	销路一般	销路差	销路极差
	0.5	0.3	0.1	0.1
扩建	50	25	25	45
新建	70	30	40	80
合同转包	30	15	5	10

试作决策。

12. 某工厂为推销甲产品，预计单位产品售价为 1 200 元，单位产品可变成本为 700 元，每年需固定费用为 1 800 万元。

(1) 盈亏平衡时的产量是多少？

(2) 当企业现有生产能力为 5 000 台时，每年可获利多少？

第五章 组　织

若拿走我的财产，但留给我这个组织，五年之内，我就会卷土重来。

——小阿尔弗莱德·斯隆

若你被任命为一个毕业餐会的负责人，你将会如何安排你的工作呢？你派王丽负责饭店的选择，郭海负责礼物的购买，张为负责名单的确认和通知……假如你的战略任务发生了改变，你的组织会如何改变呢？或许你需要重新调整你的帮手的任务。需要说明的是，任务的完成情况依赖于你如何组织，组织情况依赖于你计划的逻辑性。

【案例 5-1】

CMP 出版公司组织结构的演变

戈里夫妇经营 CMP 出版公司。1971 年建立了该公司，所设立的组织结构将所有重大决策都集中在他们手中，公司运作得非常好。到 1987 年，公司出版的 10 种商业报纸和杂志都在各自的市场上占据了领先地位。他们所服务的计算机、通信技术、商务旅行和医疗保健市场也为公司成长提供了充分的机会。

1987 年情况发生了变化：想约见戈里的人早上 8:00 就要在办公室外等候。员工越来越难以得到对日常问题的答复。要求快速反应的决策常常被耽误。当初设计的组织结构对这个成长中的公司已经不适应了。认识这一问题后，他们立即对公司组织进行了重组。

(1) 将公司分解为可管理的单位——分部。每个分部配备一名经理，授予足够的权利。

(2) 设立出版委员会负责监管这些分部。他们夫妇和各分部经理都是该委员会的成员。分部经理向委员会汇报工作,委员会负责确保各分部按公司的总战略运作。组织结构变革的效果是:共出版了14种刊物,年销售额达到近2亿美元,公司收益按公司设定的30%的年增长率目标不断增加。

(请问:CMP出版公司的例子说明了什么呢?在组织演进过程中选择合适的结构是至关重要的。)

第一节　组织的基本工作

我们常见的组织类型有:经济组织,如企业、事业单位等;政治性组织,如政府、军队;文化、教育、科研组织,如大学、科学院、研究所等;群众组织,如中国共青团、工会等;宗教组织,如中国佛教协会等;慈善组织,如中国慈善总会、宋庆龄基金会等。

(请问:"组织"究竟是什么?)

一、组织的定义

对于组织一词不同的学者有着不同的定义,但总结起来我们可以从三种视角对组织进行定义。

(1) 从"系统论"角度对组织的定义

组织是开放的社会系统,具有许多相互影响共同工作的子系统,当一个子系统发生变化时,必然影响其他子系统和整个系统的工作,如我们今天看到的社会及其变化。

(2) 从"行为论"角度对组织的定义

组织是两人或两人以上有意识加以协调的活动或效力系统,如我们常说的公司。

(3) 从"结构论"角度对组织的定义

组织是为了达到某些特定的目标经由分工与合作及不同层次的权力和责任制度而构成的人的集合。它包含三层意思:目标,分工、合作和不同层次的权力、责任形成的系统结构,如我们企业的目标、部门的分工、职权的构建等。

我们通常所说的组织，有时是指它的名词形式，即组织就是由两个或两个以上的个人为了实现共同的目标而结合起来协调行动的有机整体；有时是指它的动词形式，即组织就是通过设计和维持组织内部的结构和相互之间的关系，使人们为实现组织的目标而有效地协调工作的过程。

总而言之，组织起到了形成整体力量和放大的效用。组织能够形成有效的分工和协作结构，并配备合适的工作人员，最终保证组织目标的实现。

二、组织环境及工作内容

任何组织都是在一定环境下生存发展的，不适应环境是组织失败的主要原因之一。组织环境包括许多要素，主要包括人力、物质、资金、气候、市场、文化、政府政策和法律等，其中最重要的是人力因素。

组织与其所处的环境不断地发生交换，相互支持，持续发展，如图 5-1 所示。

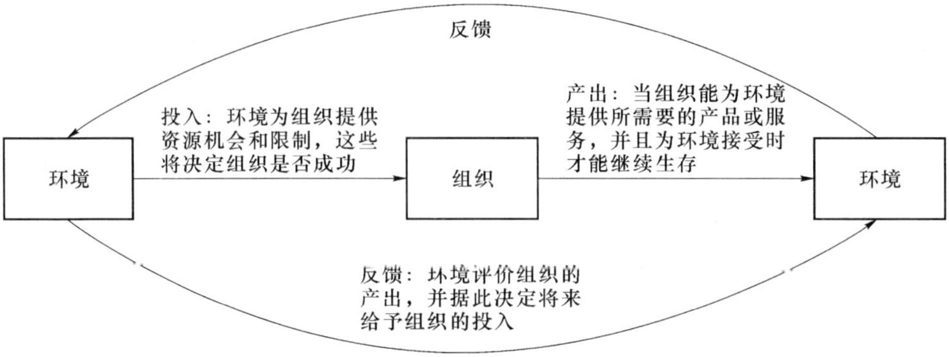

图 5-1　组织与所处环境的相互作用

为了保证组织与环境能够有效地作用，长久地生存与发展，组织必须完成工作的设计和协调。

(1) 组织设计即根据组织目标及工作的需要确定各个部门及其成员的职责范围，确定组织结构。

(2) 组织协调即确定组织内各个部门及其成员之间的关系，使之坚持分工合作，发挥各自的功能，激励全体成员为实现组织目标而努力。

(请问：为什么说人是组织环境中最重要的因素呢？)

三、管理幅度与组织的基本结构

1980 年底，当韦尔奇成为通用电气 CEO 后，他做的第一件事就是剥离不必要的组织层次。在他接管前，通用电气的业务经理要向小组经理汇报，小组经理向部门经理汇报，部门经理向首席执行官汇报。每个层次都有自己的参谋，包括财务、市场、计划和每个项目评估及重评估。韦尔奇解散小组和部门层次，因此，公司的指挥链变得扁平化。现在没人横在业务经理和首席执行官之间了。在消除了这两个层次之后，通用节省了 700 个参谋人员的薪水，改革后的通用电气变成一个扁平的精干型组织、一个更负责任的公司，改革成果反映在它的效益上。

1. 管理幅度与管理层次

管理幅度是直接向主管汇报的下属人数。管理层次是指组织中职位等级的数目。

从图 5-2 中可以看出，(a)的平均管理幅度是 8 人，管理层次为 5 层；(b)的平均管理幅度是 4 人，管理层次为 7 层。

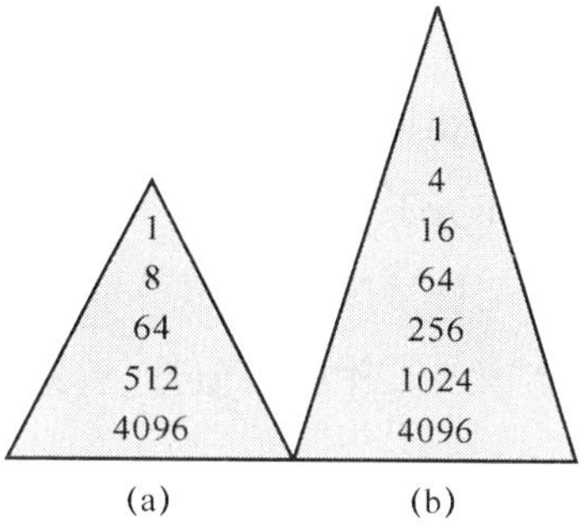

图 5-2　管理幅度与管理层次

法国学者格拉丘纳斯认为，当直接指挥的下级数目呈算术级数增长时，主管领导人需要协调的关系呈几何级数增长。公式为

$$N=n(2^{n-1}+n-1)$$

式中，N 为协调的关系数；n 为管理幅度。

表 5-1 给出了协调关系的计算实例。

表 5-1　协调关系的计算

n	N	n	N
1	1	5	100
2	6	6	222
3	18	7	490
4	44	8	1 080

2. 组织的基本结构

由于管理幅度的不同，出现了两种组织结构。

（1）扁平式组织结构

这种组织结构的优点在于：管理层级少，信息沟通快，失真度低，有利于下级发挥积极性。但是这种结构对下级监督和协调难度大。

（2）锥形组织结构

这种组织结构的优点在于：管理幅度少，指导比较具体；层级关系紧密，有利于关系的衔接；下级提升的机会多。但是这种结构信息传递慢，失真度增大，上下沟通成本加大。

对于组织来说应当采用哪种组织结构取决于以下几个因素。

① 能力，包括管理者能力和员工能力。

② 工作条件，包括助手的配备情况、信息技术手段、工作地点等。

③ 工作内容和性质，包括下属工作的相似性、管理层次、计划的完善程度和非管理性事务的多少。

④ 工作环境，如环境是否动态多变、环境的复杂程度等。

此外，管理幅度、管理层次与管理规模也有一定的关系。

① 管理幅度一定，管理层次与组织规模成正比。

② 组织规模一定，管理层次与管理幅度成反比。

③ 管理层次一定，管理幅度与组织规模成正比。

（请问：如果你是一家有 100 人的中型企业的总经理，你将如何选择企业的组织结构？）

四、组织分权

1. 职权的概念

“权力”通常被描述为组织中人与人之间的一种关系，特指处在某个管理岗位上的人对整个组织或所辖单位及人员的一种影响力，简称管理者影响别人的一种能力。

为什么有的人职权不大，权力不小？要回答这个问题，我们首先要来了解以下几个概念。

职权是指组织内部授予的指导下属活动及其行为的决定权。职权跟组织层级化设计中的职位紧密相关，跟个人特质无关。

管理中的职权来源于三个方面。

（1）在层级组织中居于某一特殊职位所拥有的命令指挥权。如公司的总裁拥有比副总裁更多的权利。

（2）由于个人具备某些核心专长或高级技术知识而拥有的技术能力职权。如某领域内公认的专家或专利所有者对其所掌握的技术拥有更多的权利。

（3）由于个人能够有效地激励、领导和影响他人而拥有的管理能力职权。如德高望重的人能够成为某些民间组织或非正式组织的领袖。

通常情况下，职权分为三种形式。

（1）直线职权：指管理者直接指导下属工作的职权。这种职权由组织的顶端开始，延伸向下至最基层，形成指挥链。在指挥链上，拥有直线职权的管理者有权领导和指挥其下属工作。如公司总经理就拥有直线职权。

（2）参谋职权：指管理者拥有某种特定的建议权或审核权，可以评价直线方面的活动情况，进而提出建议或提供服务。如公司的财务部经理、企划部经理就拥有参谋职权。

（3）职能职权：由直线管理者向自己辖属以外的个人或职能部门授权，允许他们按照一定的程序和制度，在一定职能范围内行使的某种职权。职能职权的设立主要是为了能发挥专家的核心作用，减轻直线主管的任务负荷，提高管理工作的效率。如公司总裁指示，人力资源部经理可以推荐组织各部门筛选测试的工作。

一旦组织赋予了职权,那么相应的责任就产生了。当个体在行使职权时,他还必须监督下属完成其职责。

(请问:职责与任务是否是同一概念?)

2. 组织中的集权

集权是指决策指挥权在组织层级系统中较高层次上的集中。众所周知,我国的封建社会实行的是中央集权的统治制度,也就是说国家的所有决策权、指挥权都由皇帝一人掌握。组织是否采用集权的形式与组织的历史、组织的个性、政策的统一性和行动的效率性有关。

过分的集权会使得组织降低决策的质量和速度,降低组织的适应能力,降低组织成员的工作热情,使高层管理者陷入日常管理事务中。但是它也并非一无是处,集权能够帮助组织确保政策统一,保证政策执行高效率。

对于组织来说集权是必要的,但一定不是过分的。

(请问:什么样的企业中最容易出现集权? 这种集权是否必要?)

3. 组织中的分权

分权是指决策指挥权在组织层级系统中较低管理层次上的分散。一个组织内部要实行专业化分工,就必须分权。例如,任命一个下属去承担设计新产品的责任,但却不给他雇人做更好设计的职权,是不合适的。

对组织来说,分权程度要遵循以下四个标准。

(1) 低层作出的管理决策数量多,分权大。

(2) 低层作出的管理决策重要性大,分权大。

(3) 低层担任的决策影响大,分权大。

(4) 低层作出的决策审核少,分权大。

通常情况下,分权可以通过两种方法来实现:改变组织设计中的权力分配(制度分权)和管理人员工作中的授权。科学合理授权要注意任务的分派、职权的授予、职责的明确、监控权的确认和信息反馈。

组织是否应当分权、能否分权受到多种因素的影响,如组织规模的大小、政策的统一性、员工的数量和基本素质、组织的可控性、组织所处的成长阶段、其他因素。

三国演义中反映出的“天下大事,分久必合,合久必分”是一个永恒的管理困境，对于组织来说也是如此。

（请问：对组织来说究竟是分权好还是集权好呢？）

此外，需要我们注意的是：权利能下放，但是责任不能下放。经理可以给下属分派任务，但是经理仍然对工作负最终责任并且要确保工作顺利完成。因为主管负有最终责任，因此向下属授权的主管总是担负责任。

当今，分权和授权交织在一起，授权是一个更广的概念。授权是指组织为了共享内部权力，促使员工努力工作，而将某些权力或职权授予下级。授权包括分派任务、授予权力或职权、明确责任等工作。

授权意味着批准和允许员工自己工作，一定的授权能够帮助组织共享信息和知识，进行有效地绩效奖励。但是授权必须遵循重要性、适度性、权责一致、级差授权等原则。

丰田装配线上的工人不是只有解决生产线上问题的权力。他们会接受培训，并得到管理者的支持，以使他们能解决更多的生产问题。通过这种方式，丰田的工人被授权持续不断地提高产品质量。

五、正式组织与非正式组织

正式组织中存在着非正式组织——因为有“社会人”的存在。

非正式组织是指自发的、无意识的，行动无规律，仅以感情、习惯、喜爱、相互依赖来满足个人不同的心理需要的群体。

非正式组织具有自发性、功利性（满足个人不同需要）、约束软化性、自然领袖性和内聚力比较强等特点。

对于正式组织来说，非正式组织必然存在，而且不止一个。非正式组织对组织目标的实现存在着积极和消极两方面的作用。

（1）积极作用：满足人们心理上的需求，相互交往，相互尊重，获得满足感；创造一种和谐的人际关系；提高员工的合作精神。例如，你和你的间接上级同样爱好游泳，而且你们一起参加总公司的比赛，共同努力获得了团体第一名，之后经常相约一起游泳。

（2）消极作用：当非正式组织与正式组织的目标发生冲突时，则可能对正式组织的工作产生极为不利的影响；非正式组织要求成员一致性的压力可能会束缚成员个人发展；非正式组织的压力还会影响正式组织的变革，造成组织创新的惰性，见案例 5-2。

对于企业来讲，应正视非正式组织存在的客观必然性和必要性，允许乃至鼓励非正式组织的存在，为非正式组织的形成提供条件，并努力使之与正式组织的目标及活动相吻合。通过建立、宣传正确的组织文化，来影响与改变非正式组织的行为规范，引导非正式组织作出积极的贡献。

【案例 5-2】（片段式案例）

某公司中存在一个非正式组织，其成员遍布公司的各个部门，甚至涉及机密部门的重要岗位。一次公司中层竞聘中，一个非正式组织的重要成员因竞聘失利找到人力资源部经理，希望公司能考虑他能够带给公司的重要作用，在遭到拒绝后，他决定带领非正式组织的大多数成员集体跳槽到竞争对手的公司。

（请问：如果你是该公司的负责人你会如何处理这次危机？）

六、直线权与参谋权

组织中管理者的职权分为两种：直线职权和参谋职权。总裁、生产经理、销售经理都是直线经理，负责基本的职能活动，他们得到授权向下属发布命令。而参谋经理，如人力资源经理、财务经理、企划经理等一般不能沿指挥链发布命令（除非在自己的部门内部），他们只能向直线经理提供帮助和建议。

直线关系是一种指挥和命令的关系，授予直线人员的是决策和行动的权力；而参谋关系则是一种服务和协助的关系，充分发挥参谋人员的是思考、筹划和建议的权力。直线机构是对组织目标的实现负有直接责任的部门。参谋机构是保证直线机构有效运作而设置的部门。

在实践中，直线机构与参谋机构的矛盾冲突时常发生，这也是造成组织缺乏效率的重要原因之一。两类机构的矛盾主要表现在以下方面。

（1）直线对参谋不满

① 削弱直线权力，使得办事效率有所下降。

② 参谋是有专业知识,但不了解实际情况,有时难以给出与实际倾向相符的建议。

③ 只提建议,不负责任。由于参谋部门的职权只是参谋,不负担实际的生产任务,因此他们基本不对自己的建议负责,生产部门的人员在采纳建议时也只能从参考的角度出发。

(2) 参谋对直线不满

① 得不到尊重,怀才不遇,英雄无用武之地。

② 直线保守,排斥新观念、新思想。

③ 不提供资料、经费等条件却要求苛刻。

【案例 5-3】(片段式案例)

某公司的产品经理想要在产品设计人员的选拔过程中使用一项特殊的人格测验,但是人力资源经理认为这个测验根本没有必要,他坚持按照原来的选拔方式来进行人员的筛选。

如果你是总经理,你会如何处理这个矛盾冲突?

对于直线机构和参谋机构,解决矛盾的最好方法如下。

① 明确关系,分清责任,相互配合,相互尊重,定好自己的位置。

② 授予必要的职权,提高积极性,发挥专家的权力。

③ 直线要为参谋提供获取信息的便利,以便参谋人员提供有价值的建议。

④ 要求一方面参谋人员经常提醒自己"不要越权"、"不要篡权";另一方面直线经理需尊重参谋人员的专业知识。

【案例 5-4】

格林利传媒公司的组织

路易斯·格林利一直面临一个困难的决定。他的格林利传媒公司最初成立于美国西部,是一家经营多种业务的传媒公司。公司拥有报纸、广播电台和电视台。但许多年来,平面媒体和电视媒体之间始终无法融合。

公司现有的组织架构是以行业来组织的,分为报纸事业部、广播电台事业部和电视台事业部。每个事业部都有自己的会计、销售、市场、运作和服务部门。公司对财务和会计进行统一管理。

在报纸事业部,新闻和财务之间有明显的隔阂。格林利总是担心在报纸上对本地居民做广告促销会影响报纸的新闻覆盖率,因为新闻编辑一定会删掉那些可能给本地广告商带来负面影响的好新闻。

格林利的得力助手、广播事业部的副总裁建议对组织结构进行调整,组织按地区重新划分事业部。允许地区事业部经理组建自己的销售力量,使用报纸、电台和电视台中的任何一种方式来销售广告。这个建议对格林利非常有吸引力。在格林利公司,显然有地域上的重叠——公司趋向于在同一个地区拥有重复的资产。而且公司能减少需要的人数,从而节约很多人力成本。

(请问:什么因素能促使格林利决定重新构建组织结构?如果推行新组织结构会遇到什么风险?假如你是格林利,你会作出何种选择?为什么?)

第二节　设计组织以应对变化

从GE这样的巨型跨国公司到一个不为人知的微小公司,都需要对公司的组织结构进行设计,与组织运作相匹配的组织结构能够帮助公司更好地适应当前快速变化的环境,并以此对变化进行管理。

一、组织结构

组织的基本架构是对完成组织目标的人员、工作、技术和信息所作的制度性安排。组织结构可以从三个方面度量:复杂性,即组织内部的分化程度;规范性,即组织靠规则、程序、标准化程度不同引导员工的程度;集权性,决策权力的分布与集中的程度。图5-3所示为组织系统示意图,该组织包括4个管理层级。

组织内各部分之间存在着不同的关系,不同的关系意味着不同的职权,如图5-4所示,该组织中存在产权关系、领导关系、指挥关系和横向协作关系。

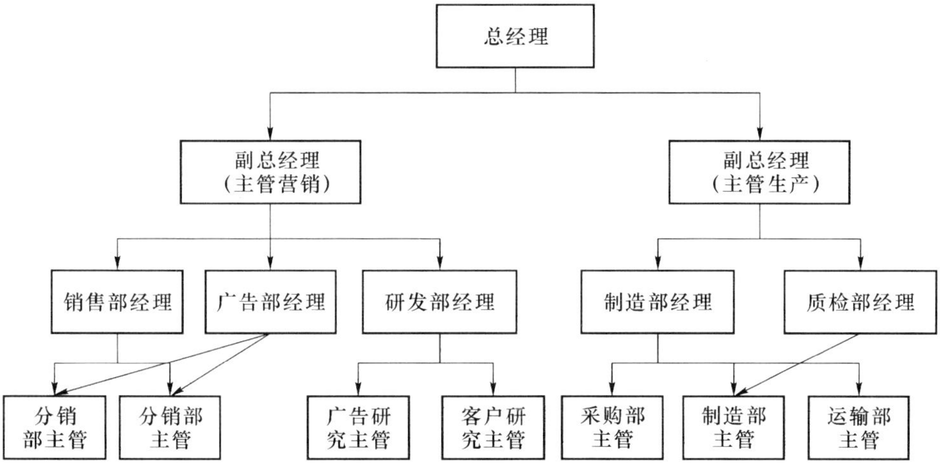

图 5-3　组织系统示意图

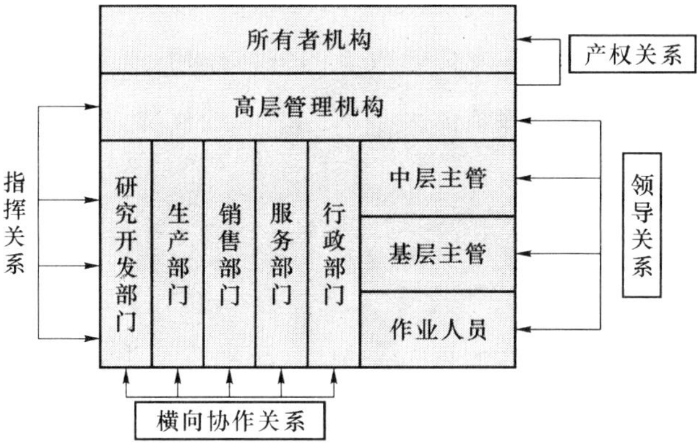

图 5-4　组织各部门关系示意图

二、组织设计的必要性

假如你拥有一家小型超市连锁店，你的家族经营这家连锁店很多年了，并且多年来因为周围的变化比较缓慢，所以传统组织结构的运作效果一直非常好。但是当你进入了一家商学院学习，你会清楚地意识到外部环境的变化开始加速。你知道沃尔玛甚至配备了非常高效的卫星定位配送系统，成本和价格下降了很多。突然之间，你的连锁店的门店经理们也会每天带着突发事件、抱怨和必须马上决策的事件来找你。这时，你想要使组织趋向合理化，就必须重新设计组织，快速地跟随环境的变化。

1. 组织设计的含义

组织设计就是对组织结构和活动进行规划、创新或再造，以便从组织的结构上确保组织目标的有效实现。

组织设计是个动态的过程，因为组织所处的环境是不断变化的。但组织结构也应保持相对的稳定性。

2. 组织设计的目的

创构柔性灵活的组织，动态地反映外在环境变化的要求，并且能够在组织演化成长的过程中，有效积聚新的组织资源要素，同时协调好组织中部门与部门之间、人员与任务之间的关系，使员工明确自己在组织中应有的权力和应担负的责任，有效地保证组织活动的开展，最终实现组织的目标。

组织设计的基本任务就是发挥管理者的群体作用，有效地管理复杂多变的对象。组织设计的目的就是发挥整体大于部分之和的优势，使有限的人力资源形成综合效果。

3. 组织设计的时机

组织设计的时机会出现在组织发生重大变动的时候，但是很多时候组织会为了适应环境的变化会进行局部的再造。例如：新建的企业需要进行组织结构的设计；原有的组织结构出现较大问题或企业的目标发生变化（例如企业经营机制转换后，原有企业组织结构需重新评价和设计）；组织结构需进行局部的调整和完善。

4. 组织设计的原则、任务和内容

（1）组织设计的传统原则

① 层级原则。组织中的每一个人都必须明确：自己的岗位、任务、职责和权限；自己在组织系统中处的位置，上级是谁，下级是谁，对谁负责；自己的工作程序和渠道，从何处取得情报和信息等。

② 统一指挥原则。上下级之间的指挥关系应明确、清楚，不应多头指挥。

③ 控制幅度原则（管理跨度）。一个管理者领导的下属应有一个控制限度。

④ 因事设职与因人设职相结合原则。

⑤ 权责对等原则。权力和责任必须对等。有权无责和有责无权都会导致滥用权力或无法行使责任。

⑥ 经济的原则。组织的经济性即效率性,要求组织以较低的成本运行。

⑦ 目标至上,职能领先原则。

⑧ 分工与协作原则。

⑨ 执行和监督分离原则。

⑩ 精简与效率原则。

(2) 组织设计的动态原则

传统的设计原则是长期以来在实践过程中总结得出的,而动态原则则是由于环境的变化和知识的更新而出现的,更能够代表现代化组织设计的特征。

① 职权和知识相结合的原则。

② 集权与分权相平衡的原则。

③ 柔性原则。组织柔性是指组织的弹性、灵活性,组织要能经得起环境的冲击。

④ 适当授权原则。

(3) 组织设计的基本理念

对于企业来说没有最好的组织结构,只有适合的组织结构。判断组织结构优劣的标准是能否促进企业的发展。在对组织进行架构设计时首先要确定判断组织结构有效性的基准;其次,要考虑是否模仿其他企业的组织设计,同时还要取得管理人员的认同(如权限的分配等);最后,对绩效的贡献、对竞争优势发挥的贡献进行衡量,因为贡献应当是组织设计的根本标准。

(4) 组织设计的步骤及内容

想要设计出合理的、如图 5-3 所示的组织架构,需要按部就班来完成。

步骤一:职能分析。对各种职能进行分析,以帮助企业研究确定主要职能结构,为管理组织提供客观依据。常见的职能分析角度如表 5-2 所示。进行职能分析后组织应当明晰以下内容:列出职能清单、明确各职能之间的关系、分清主要职能和辅助职能、落实各职能的职责。

表 5-2　组织职能功能

分类方法	组织功能
管理层次	高、中、低层职能
专业技术	生产、技术(设备、工具、工艺管理)、供销、劳动人事、财务职能
业务特点	专业性、综合性和服务性职能
制定和落实企业决策的作用	决策、执行和监督保证职能
对生产活动有无直接指挥关系	直线职能、参谋职能

步骤二:部门设计。将职能相近、活动相似或关系紧密的集中于一个单位内。将企业内各种职能加以分类后组成专业化下级单位,使得各部门能各司其职,任务也能完全分配。部门设计需要完成两项主要工作:确定企业应该设计哪些部门;规定这些部门间的相互联系。

步骤三:层级设计,确定组织的管理跨度。从组织目标出发,对组织内部进行纵向分工,决定组织的基本架构,即扁平式结构还是高耸的锥形结构。

步骤四:确定职权关系。确定职务、责任、权力、上下级关系、相互关系、直线与参谋关系。关系的确定标志着职权的分配、授权过程的完成。

职权是企业各部门、各职务在职责范围内决定和影响其他个人或集体行为的支配力。通常情况下,组织需要从纵向结构和横向结构两个方面进行职权设计。纵向职权关系确定了命令链的顺序。横向职权关系设计则是为解决专业化分工与协作间的矛盾,在分工的基础上达到企业整体功能的目的。

步骤五:组织运行中不断修改完善组织结构。

组织还应当对管理规范进行设计,以保证组织运作的规范化。管理规范是企业各种规章、条例、标准的总称,是用文字形式规定的管理活动的内容、程序和方法,是管理人员的行为规范和准则。它包含管理制度(如基本管理制度、专业管理制度、部门和岗位责任制度等)和企业标准(生产技术标准、生产技术规程、定额标准、管理标准等)。

(5) 影响组织设计的因素

管理学者西拉季认为,影响组织设计的因素有四个,即环境、战略、技术以及组织规模与生命周期。图 5-5 显示了这些要素之间的互动关系。

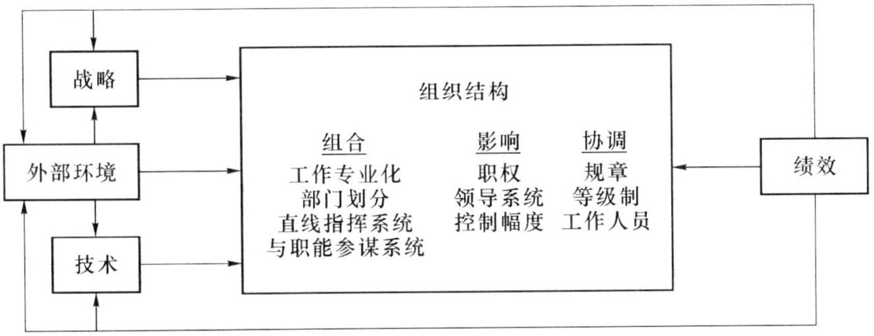

图 5-5　组织设计的权变要素影响

① 环境因素

环境可分为三类:高度确定的环境、比较确定的环境、很不确定的环境。研究发现,在高度确定的环境,机械式是成功的;在比较确定的环境,机械式是合适的,但需要调整;在很不确定的环境,应采用灵活的有机式结构。

为了提高组织对环境的适应力,组织设计应当以传统的职位和职能部门进行相应的调整。并根据外部环境的不确定程度设计不同类型的组织结构,根据组织的差别性、整合性程度设计不同的组织结构。通过加强计划和对环境的预测减少不确定性,使组织间合作尽量减小自身要素资源对环境的过度依赖性,增强信息处理能力。

② 战略因素

战略与组织结构的关系是:战略变化了,组织结构要相应调整。通常,战略与组织发展会经过四个阶段:数量扩大阶段、地区开拓阶段、纵向联合发展阶段、产品多样化阶段。研究发现,许多经营成功的公司,如保持在单一行业内发展,偏好采用集权职能结构,而那些实施多元化经营的公司一般采用分权事业部结构。

有的学者认为,战略类型决定了企业组织的设计,主要表现为四种类型:防御者型(机械式组织,高度分工,采用集权规范化管理)、探险者型(有机式组织,灵活调整,分权)、分析者型(二者相结合)、反应者型(二者相结合)。

③ 技术因素

伍德沃德认为成功的企业是那些能根据技术的要求而采取合适的结构安排的企业。他认为,采用单件小批量生产的企业适合有机式的方式;大批量生产的企业适合机械式;流程生产的企业适合有机式方式。伍德沃德还发现,随着技术复杂程度的提高，企业组织结构复杂程度也相应提高，管理层级数、管理人员同一般人员的比例以及高层管理者的控制幅度亦随之增加，如表 5-3 所示。

表 5-3　技术复杂度与管理复杂度匹配表

组织结构特征	单位小批生产技术	大批量生产技术	流程生产技术
纵向管理层级	3	4	6
高层管理人员的控制幅度	4	7	10
基层管理人员的控制幅度	23	48	15
管理人员与一般人员的比例	1∶23	1∶16	1∶8
技术人员的比例	高	低	高
规范化程度	低	高	低
集权化程度	低	高	低
复杂化程度	低	高	低
总体结构	有机	机械	有机

佩罗则从任务的多变性和问题可分析性方面对技术进行了考察。任务多变性是指成员在工作中遇到的例外数目。问题可分析性是指技术在工作过程中可分析的难易程度，如图 5-6 所示。该理论打破了只在制造业内研究技术与组织之间的局限性，把注意力从生产技术转向知识技术。

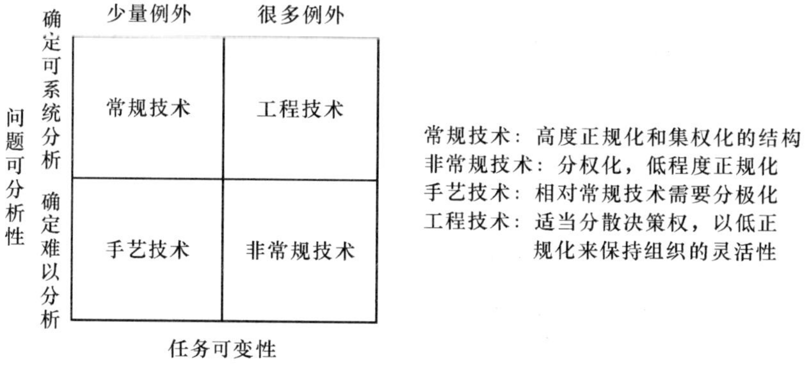

图 5-6　任务多边形与问题分析性矩阵

④ 组织规模与生命周期因素

组织规模是影响组织结构的重要因素，组织规模越大，组织的复杂性、专业化、规范性程度就越高。这是由于大型组织在规范化程度、集权化程度、复杂化程度和人员结构比率等方面均与小型组织存在着巨大的差别。另外，组织所处的生命周期阶段对组织的设计也会出现影响。

三、组织的部门化

每个企业都必须实施很多活动以完成它的目标。在一个公司里，这些活动可能包括生产、销售和会计等。在一个城市中可能包括消防、警察和公共卫生系统等。部门化是一个过程，组织通过这个过程把活动组合在一起并为每个组合指派管理者。那么，围绕这些活动你应该如何组建你的部门呢？这里介绍几种方法为你组建部门提供帮助。

1. 组织部门化的定义及原则

组织部门化就是按照职能相似性、任务活动相似性或关系紧密性的原则把组织中的专业技能人员分类集合在一个部门内，然后配以专职的管理人员来协调领导，统一指挥。

组织部门化需要遵循以下原则：(1)因事设职和因人设职相结合的原则；(2)分工与协作相结合的原则；(3)精简高效的部门设计原则。

2. 围绕职能组建部门

将具有专业化的同类活动集中于一个部门，是传统而基本的组织划分方法，如图5-7所示。服务性行业经常围绕业务职能建立部门，例如夏季旅行社围绕订航班表、预订酒店及城市观光等职能设立部门。银行设立营业部、监控部和信贷部等部门。

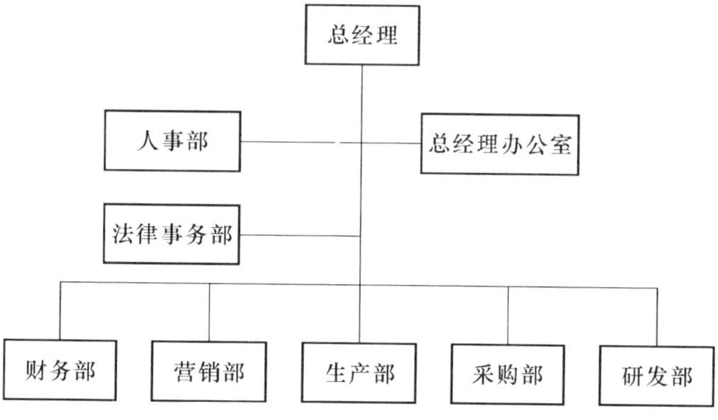

图 5-7　职能部门化组织结构图

围绕职能组建部门有多项优势：突出业务活动的重点，确保高层的权威性；符合专业化分工的要求，能有效地发挥员工才能，简化培训。缺点是不利于按市场需求进行组织；部门利益严重，协调困难；也不利于高层管理人员的全面发展。

3. 围绕产品组建部门

在按产品组建的部门里，部门领导要对产品或产品族、服务的开发创新以及市场的运作负责，如图 5-8 所示。例如在明星制药公司中，总经理会收到三份不同的产品报告：一份是关于药品和药剂的，一份是关于保健品的，一份是关于文具产品的。三种产品都有隶属自己的职能部门的员工，如生产和销售。

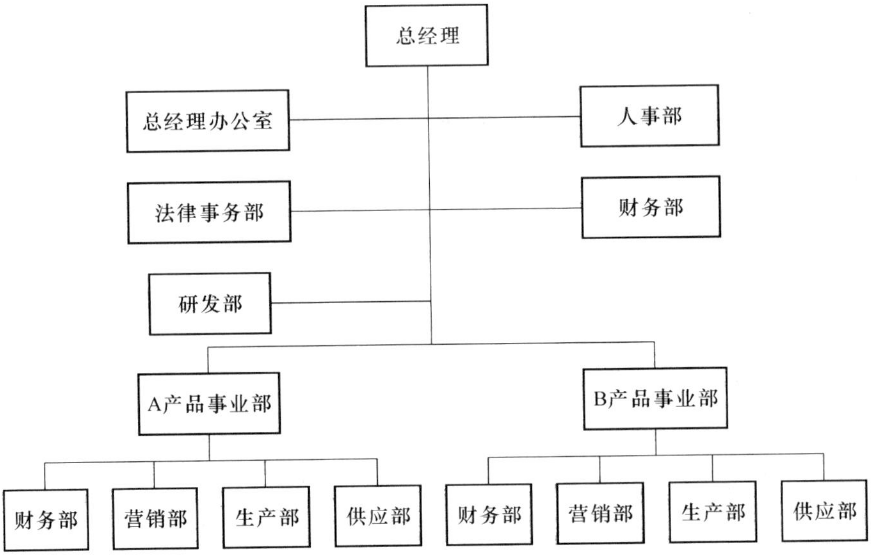

图 5-8　产品部门化组织结构图

按照产品或服务对企业活动进行分组，是一种典型的结果划分法。这种部门组建方式的优点在于：专业化经营，效率高；促进不同产品间的竞争，可以比较不同部门的贡献；对培养多面手提供很好的条件。其缺点是：部门本位主义，机构重叠，管理费用增加。

4. 围绕地域组建部门

如果你分别安排三个亲信负责不同的国家或城市，那你就是按照地域组建部门的。地理区域部门化是指按照地域的分散化程度划分企业的业务活动，设置管理部门，如图 5-9 所示。

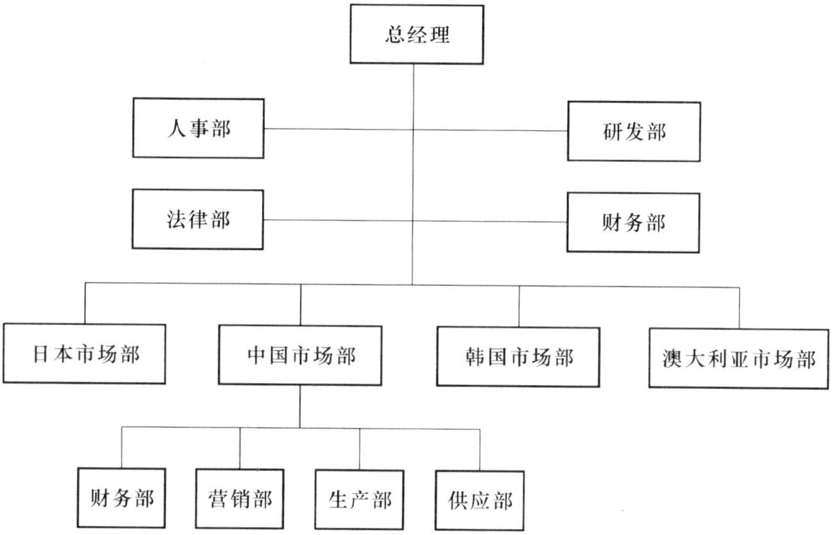

图 5-9　地域部门化组织结构图

其优点是：责任权力下放地方，管理者更贴近市场，可灵活决策；能有效地利用当地资源。缺点在于：机构重叠，难以控制，管理成本上升。

5. 围绕客户组建部门

客户部门化（如图 5-10 所示）与产品部门化很类似，不同的是客户部门化组织的目的是专门为适应具体客户的需要而非产品需要。例如，钢铁公司的客户部门化可能是金属和化学类客户部门、包装系统客户部门、航空和工业产品客户部门等。

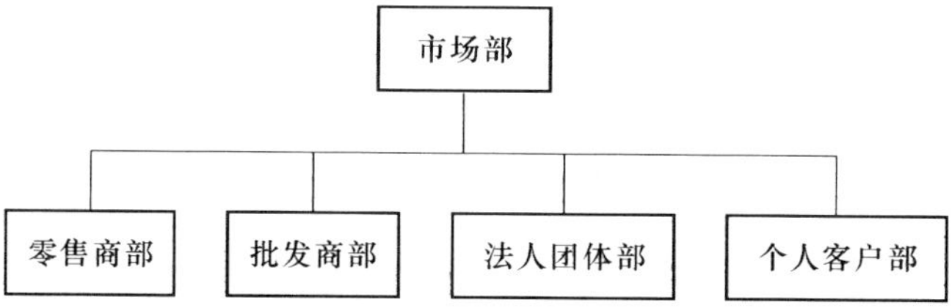

图 5-10　客户部门化组织结构图

客户部门化的优点是：组织能更好地发挥企业的核心专长，更贴近市场，更好地满足顾客需求。但是在对市场的调查了解和对顾客偏好了解上通常是难以把握的。

6. 围绕流程组建部门

如果是加工型或制造型的企业，按照工作或业务流程来组织业务活动可能对企业提高运作效率更加有效。

流程部门化(如图 5-11 所示)的优点在于：能够充分发挥技术优势，易于协调管理，对市场变化能快速反应，有明显的集合优势。但是部门间的协作往往会产生很多问题。

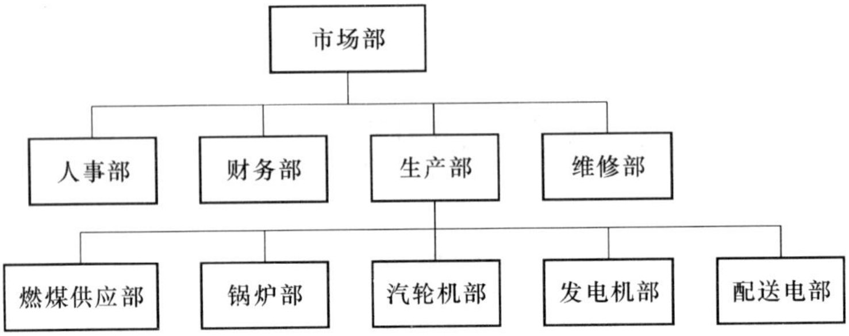

图 5-11　流程部门化组织结构图

实际上，大部分企业会按组织内部的不同需要采用多种形式的部门化，就像一个混血儿。例如，总公司可能建立包含产品、销售和财务的职能部门，接着在销售部内又按地域将销售部门划分成由 4 个销售经理领导的大区。在各大区中又按照客户建立了大客户部门、个人客户部门、代理商部门等。因此，几乎所有的组织都会是混合型的部门组建方式。

【案例 5-5】

网景公司互联网时代的组织部门设计

与许多刚起步的公司一样，网景公司开始也采用简单的职能型组织，按业务(如市场、开发、法律和财务)划分部门。然而，即使是在公司早期也面临着一个巨大挑战，即如何使公司保持旺盛的活力。于是开发部门被分成很多小团队，每个团队大约有 6 名工程师，都享有相当大的自主权。

网景公司甚至以互联网为平台建立了一个虚拟研发组织。例如,1994 年公司只有 115 名员工,所以没有足够的资源为它的新浏览器测试和纠错。因此网景公司在互联网上投放了一个试用版的 Navigator 浏览器,并让使用者扮演了虚拟的质量测试团队的角色。在不到一个月的时间里就有超过 1 500 万的用户试运行了 Navigator,并且给软件设计工程师提供了若干宝贵信息,包括程序中存在的问题及程序必须改进的缺陷。

随着公司的成长,职能型组织结构被围绕产品建立的组织结构所取代。随着产品部门规模的扩大,网景公司的高级经理们需要用一种更正规的方式来协调不同团队之间的职能活动。在 1998 年初,网景公司的组织结构进行了很大的调整,增加了更多令公司运作更规范的岗位。例如,设立"质量与顾客满意"岗位以及通过围绕周期为 36 个月的计划建立活动,公司开始注重以更系统、更长远的方式来考虑问题。

(请问:如果让你为网景公司设计一个完善的组织架构,你会如何组建部门?)

四、组织层级化

在过去几年中,全球化和技术进步带来越来越无法预测、竞争日益激烈的环境,经理们必须开始运用不同方法对快速变化的环境作出反应。许多公司采用精简员工的办法,精简意味着极大地减少公司员工的数量,这就要求更加合理的组织结构。组织层级化在组织结构调整中显示出越来越重要的作用。

1. 组织层级化的概念

组织层级化是指组织在纵向结构设计中需要确定层级数目和有效的管理幅度,需要根据组织集权化的程度,规定纵向各层级之间的权责关系,最终形成一个能够对内外环境要求作出动态反应的有效组织结构形式。在组织层级化设计中应当注意组织层级化与管理幅度、集权与分权以及结构有计划等问题的处理。

组织的层级化设计有两种结构形式。

(1) 机械式组织:这种结构有高度复杂化、规范化、集权化的特点。机械式组织具有严格的层级关系、固定的职责、高度正规化、正式的沟通渠道、集权式决策。实行机械式组织架构的企业就像一台高速、精确运转的大型机器。但是这种结构的应变能力较差，授权较少，对人才的培养难以实现。

(2) 有机组织：这种结构则是低规范、低复杂性、分权化的。这种组织是一个动态的系统，强调组织的合作性，需要不断调整职责，低度正规化，具有非正式沟通渠道，分权式决策。这种结构强调动态性，重视对人才的培养，授权在这种组织架构中非常普遍。

机械式组织和有机组织是组织层级化设计中的两种理想而又极端化的组织结构形式，在现实的组织中，很少采用完全意义上的机械或有机结构模式。

【案例 5-6】(片段式案例)

摩西的岳父乔叟看到摩西从早到晚坐在那里，以色列人在他面前排起了长队，耐心地等着见他，表达自己的愿望和倾诉心中的不满。乔叟对摩西说："你这样做不太好。你和那些等着见你的人都受不了，你们会累坏的。你不应该自己一个人做这件事。"然后乔叟建议摩西在每 1 000 人中选出一位代表，再在其中每 100 人选出一位代表，每 50 人及每 10 人选出一位代表。重大事项仍然由摩西自己来决定，但琐碎的事情就由那些选出的代表来作出裁决。摩西接受了建议。从那之后，他带领以色列人向迦南进发的任务就轻松了许多。

(资料来源：《圣经旧约》第二章"出埃及记"，这被称之为第一次有文献记载的管理层级制度。)

(请问：层级制度究竟能为组织带来什么？)

2. 常见的组织形式

在组织中有几种常见的组织结构形式：职能型结构、分部型结构、矩阵型结构、动态网络型结构等。

(1) 职能型结构

这是一种是以职能为导向的组织结构。大多数的企业都会采用职能型结构(如图 5-12 所示)。这种结构的优点是：适应大生产专业化分工，提高了专业化管理水平，减少了设备和职能人员的重复性，减少了高层的管理压力。其缺点在于：各部门只顾自己的利益，缺乏交流合作，增加了高层协调难度，各部门分隔，难以培养全面的管理人员。

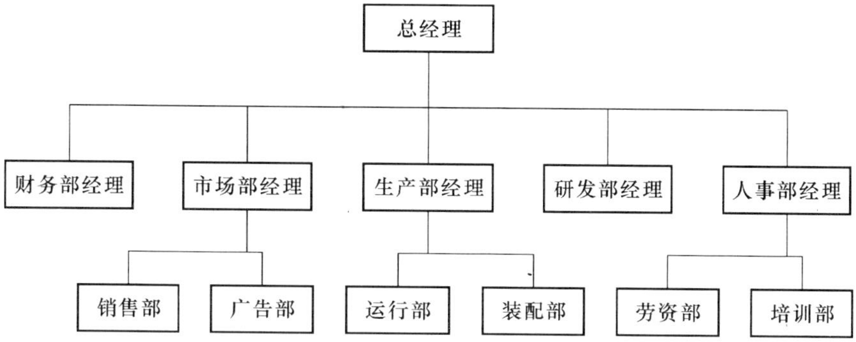

图 5-12　职能型结构示意图

（2）分部型结构

这种结构是按独立业务经营和分权管理思想设计的一种分权式结构，如图5-13所示。它包括战略事业单位和独立事业单位两种形式。大多数的跨国公司会采用分部型结构。

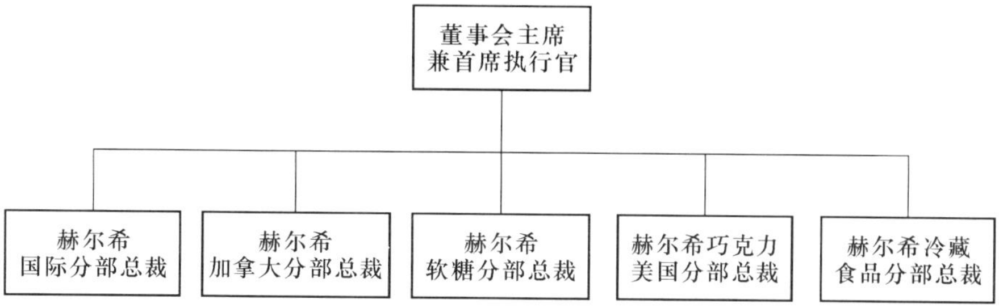

图 5-13　分部型结构示意图

战略事业单位是一种独立的产品或业务经营单位，有自己的使命和总体规划，有明确的竞争对象，能安排自己的资源。

独立事业单位是一种更为分权的分部结构，有独立的法人资格、独立的经营机构和经营自主权，与母公司以财产形式相联系。

这种结构的优点是：高层摆脱了日常事务，各事业部独立经营，有利于调动经营者的积极性，培养出全面的管理人才，也有利于企业增强对市场的灵活应变能力。缺点是：机构重复，管理成本上升，各事业部的相互支持比较困难，容易出现各自为政的倾向。

(3) 矩阵型结构

矩阵型结构是由纵横两个管理系统组成的组织结构，如图 5-14 所示。这种结构将具有不同背景、技能、专业的人员组成一个特定的项目组，既有分工又有协作。其具有易于不同部门的交流、项目组成灵活、有利于调动员工的积极性等优点。但是，项目经理与职能经理也可能产生冲突，员工接受双重领导，可能产生许多矛盾。目前许多的软件设计公司常会采用这种结构。

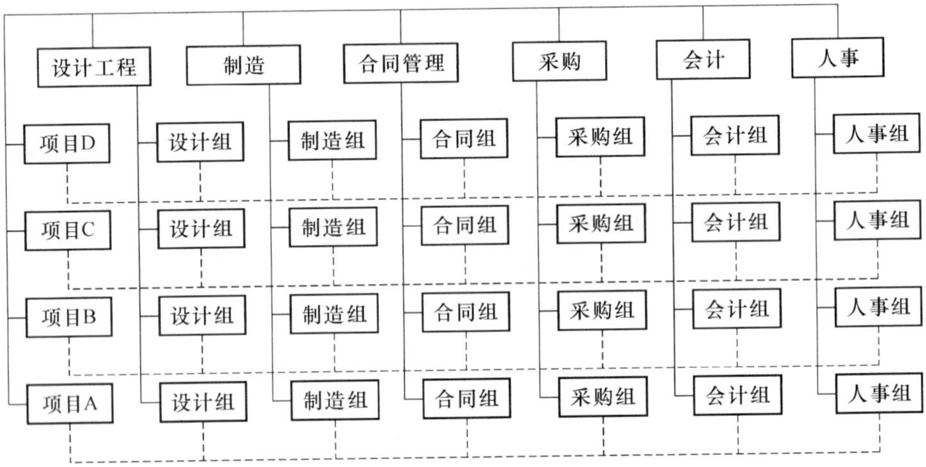

图 5-14 矩阵型结构示意图

【案例 5-7】

IBM 矩阵式的组织结构

近些年来，IBM、HP 等著名的外国企业都采用矩阵式的组织结构。尽管我在管理学的教科书上看到过对矩阵组织优劣的探讨，但很难有切身的感受。这次听叶成辉先生谈起自己经历着的 IBM 公司的矩阵组织，感到获益不浅。

1987 年，加州伯克利大学电子工程专业出身的叶成辉在美国加入 IBM 旧金山公司，成为一名程序员。因为不喜欢编程等技术类的工作，梦想着做生意、当经理(比较喜欢跟人沟通)，他便主动请缨到销售部门去工作，经过了差不多 5 年时间的努力，获得提升，成为一线的经理。随后，叶先生回到 IBM 香港公司，做产品经理。由于个人“斗志旺盛”，业绩不错，而且“官运亨通”，差不多每两年他都能够蹦一个台阶。如今，叶成辉已经是 IBM 大中华区服务器系统事业部 AS/400 产品的总经理。

从旧金山到香港再到北京，从普通员工到一线经理再提升到现在三线经理，从一般的产品营销到逐步专注于服务器产品再到 AS/400 产品经理，10 多年来，叶成辉一直在 IBM 的“巨型多维矩阵”中不断移动、不断提升。他认为，IBM 的矩阵组织是一个很特别的环境，“在这个矩阵环境中，我学到了很多东西。”IBM 是一个巨大的公司，很自然地要划分部门。单一地按照区域地域、业务职能、客户群落、产品或产品系列等来划分部门，在企业里是非常普遍的现象，从前的 IBM 也不例外。“近七八年以来，IBM 才真正做到了矩阵组织。”这也就是说，IBM 公司把多种划分部门的方式有机地结合起来，其组织结构形成了“活着的”立体网络——多维矩阵。IBM 既按地域分区，如亚太区、中国区、华南区等，又按产品体系划分事业部，如 PC、服务器、软件等事业部；既按照银行、电信、中小企业等行业划分，也有销售、渠道、支持等不同的职能划分。所有这些纵横交错的部门划分有机地结合成为一体。对于这个矩阵中的某一位员工，比如叶成辉经理而言，他就既是 IBM 大中华区的一员，又是 IBM 公司 AS/400 产品体系中的一员，当然还可以按照另外的标准把他划分在其他的部门里……

IBM 公司这种矩阵式组织结构带来的好处是什么呢？叶成辉先生认为，非常明显的一点就是，矩阵组织能够弥补对企业进行单一划分带来的不足，把各种企业划分的好处充分发挥出来。显然，如果不对企业进行地域上的细分，比如说只有大中华而没有华南、华东、香港、台湾，就无法针对各地区市场的特点把工作深入下去。而如果只进行地域上的划分，对某一种产品比如 AS/400 而言，就不会有一个人能够非常了解这个产品在各地表现出来的特点，因为每个地区都会只看重该地区整盘的生意。再比如按照行业划分，就会专门有人来研究各个行业客户对 IBM 产品的需求，从而更加有效地把握住各种产品的重点市场。

“如果没有这样的矩阵结构，我们要想在某个特定市场推广产品，就会变得非常困难。”叶成辉说，“比如说在中国市场推广 AS/400 这个产品吧，由于矩阵式组织结构的存在，我们有华南、华东等各大区的队伍，有金融、电信、中小企业等行业队伍，有市场推广、技术支持等各职能部门的队伍，以及专门的 AS/400 产品的队伍，大家相互协调、配合，就很容易打开局面。”

“首先，我作为 AS/400 产品经理，会比较清楚该产品在当地的策略是什么。在中国，AS/400 的客户主要在银行业、保险业，而不像美国主要是在零售业和流通业；在亚太区，AS/400 的产品还需要朝低端走，不能只走高端；中国市场上需要 AS/400

的价位、配置以及每个月需要的数量等，只有产品经理，才能做到门清。从产品这条线来看，我需要跟美国工厂订货，保证货源供应。从产品销售的角度看，AS/400 的产品部门需要各相关地区的职能部门协助，做好促销的活动；然后需要各大区、各行业销售力量把产品销售出去。比如，我需要在媒体上做一些访问，就要当地负责媒体公关的部门协助。再如，我认为'莲花宝箱'(为中国市场量身定制的 AS/400)除了主打银行外，还要大力推向中小企业市场，那么就需要跟中国区负责中小企业的行业总经理达成共识。当然，'莲花宝箱'往低端走，还需要分销渠道介入，这时就需要负责渠道管理的职能部门进行协调。从某种意义上讲，我们之间也互为'客户'关系，我会创造更好的条件让各区、各行业更努力推广 AS/400。"叶成辉说。

任何事情都有它的"两面性"。矩阵组织在增强企业产品或项目推广能力、市场渗透能力的同时，也存在它固有的弊端。显然，在矩阵组织当中，每个人都有不止一个老板，上上下下需要更多的沟通协调。"IBM 的经理开会的时间、沟通的时间肯定比许多小企业要长，也可能使得决策的过程放慢。"叶成辉进一步强调，"其实，这也不成为问题，因为大多数情况下还是好的，IBM 的经理们都知道一个好的决定应该是怎样的。"另外，每一位员工都由不同的老板来评估他的业绩，不再是哪一个人说了算，评估的结果也会更加全面，"每个人都会更加用心去做工作，而不是花心思去讨好老板。"同时运用不同的标准划分企业部门，就会形成矩阵式组织。显然，在这样的组织结构内部，考核员工业绩的办法也无法简单。在特定客户看来，IBM 公司只有"唯一客户出口"，所有种类的产品都是一个销售员销售的；产品部门、行业部门花大气力进行产品、客户推广，但是，对于每一笔交易而言，往往又是由其所在区域的 IBM 员工最后完成。问题是，最后的业绩怎么计算？产品部门算多少贡献，区域、行业部门又分别算多少呢？叶成辉说："其实，IBM 经过多年的探索，早已经解决这个问题了。现在，我们有三层销售——产品、行业和区域，同时，我们也采取三层评估，比如说经过各方共同努力，华南区卖给某银行 10 套 AS/400，那么这个销售额给华南区、AS/400 产品部门以及金融行业部门都记上一笔。"当然，无论从哪一个层面来看，其总和都是一致的。比如从大中华区周伟锟的立场来看，下面各分区业绩的总和、大中华区全部行业销售总额或者大中华区全部产品(服务)销售总额三个数字是一样的，都可以说明他的业绩。

在外界看来，IBM 这架巨大的战车是稳步前进的，变化非常缓慢。叶成辉认为，这其实是一种误会。对于基层的员工，对于比较高层的经理，这两头的变化相对比较小，比较稳定。比如说一名普通员工进入IBM做AS/400的销售，差不多四五年时间都不会变化，然后可能有机会升任一线经理。再比如亚太区的总经理也可能好多年不变，因为熟悉这么大区域的业务，建立起很好的客户关系，也不太容易。所以，外界就觉得IBM变化缓慢。“但是，在IBM矩阵内部的变化还是很快的。中间层的经理人员差不多一两年就要变化工作，或者变化老板，变化下属，这样就促使整个组织不断地创新，不断地向前发展。”叶成辉说，“我在IBM公司10多年，换了10多位老板。每一位老板都有不同的长处，从他们那里我学到了很多。其实，IBM的每一位员工都会有这样的幸运。”矩阵组织结构是有机的，既能够保证稳定地发展，又能保证组织内部的变化和创新。所以，IBM公司常常流传着一句话：换了谁也无所谓。

（4）动态网络型结构

动态网络型结构是一种以项目为中心，通过与其他组织建立研发、生产制造、营销等业务合同网，有效地发挥核心业务专长的协作型组织（如图5-15所示）。这种结构的优点在于：更大的灵活性，能更好地适应市场；组织结构简单、精练，扁平化，效率更高。缺点是：可控性较差，合同管理风险较大。这是一种比较灵活的组织结构方式，能够适应当前快速变化的特征，具有较高的管理效率。

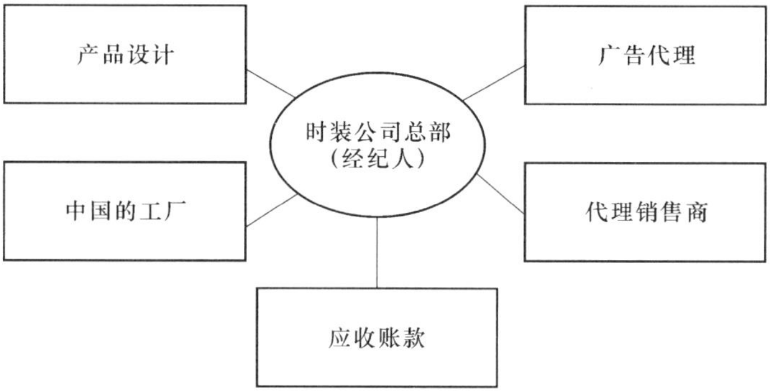

图5-15　动态网络型结构示意图

除了上述几种比较典型的组织形式外，有的企业还会组建任务小组或委员会来完成临时性或长期性的任务，如方正国际公司就设置了技术委员会，专注于新技术的研究。

任务小组是一种为完成某特定任务而组成的组织结构形式。这种形式多出现在完成临时性任务时，可能从多个部门抽出人员组成任务小组，一旦任务完成便各回各家，任务小组也随之解散。

委员会结构是由具有丰富经验和组织背景的专家跨部门组成的一种组织结构。这种形式主要是为了解决企业遇到的难以克服的困难，或是对企业下一步的发展进行预测时常出现的。目前许多公司将委员会作为企业的一个常设部门，而其中的人员却是属于不同部门的专家。

【案例 5-8】

持续的变化决定组织结构

戈尔公司是一家生产防水帆布的企业，它多次成为《财务》杂志评价的前 100 家最好的公司之一。其在全球 45 个国家开展业务，却仅仅雇佣了 6 100 名员工。

戈尔公司是一家传统的低技术含量的行业市场中的高科技公司。作为一家高科技公司，戈尔公司需要时刻准备随市场的变化而变化。为了达到这一目标，戈尔公司的组织机构和流程的设计有三个独特之处：合伙人比老板重要、“网格”组织、“吃水线”原则。

戈尔公司把组织形式和工作视同一件事情，它反对官僚主义，并认为等级关系是变革的敌人。戈尔公司雇佣合伙人（不是雇员）从事综合性工作。员工被雇用时，并没有固定的具体工作或职位。在公司负责人的帮助下，员工选择适合其技能和兴趣的项目。负责人的重要工作之一就是协助合伙人选择能够胜任并且能对公司作出最大贡献的位置。戈尔公司并不任命管理者。公司认为领导者应该是具有众多追随者的人。如果公司放手让组织发展，通过展示自己的性格、知识和技能，吸引追随者，领导者自然会产生。在戈尔公司，如果想成为领导者，你必须以一种吸引追随者的方式行事。

这种自我选择的过程会产生戈尔公司所称的网格组织。在网格组织中，不存在指挥链，决策的制定由应该制定决策的人进行。它假设雇员会充分考虑组织利益，代表公司的利益制定好的决策。戈尔公司的网格组织没有预先规定的沟通渠道。新成员会被搭档们指导着直接与人交流。员工在跨部门的团队中工作，相互负责。这种创新的组织结构的目的是释放每个员工的创造力，从而使戈尔公司成为真正的创新性组织。

最后一个特征——“吃水线”原则，许多人认为这是戈尔公司成功的关键因素之一。如果将公司视为一艘轮船,吃水线以上的窟窿是不被人注意的,或者说虽然令人不安却不是致命的,但吃水线以下的窟窿会使轮船沉没。如果你是戈尔的员工,并且发现某一行为或事件能够导致戈尔公司丧命,那么你应该立即采取行动,即使这并非你的职责范围之内。如果没有能够对吃水线事件作出反应,你将被其他同事斥责。毕竟,保护公司的利益是每一位员工的职责。通过恰当地严格执行这些原则,戈尔公司能够具有非常大的灵活性、及时的变化以适应现在和未来客户需求。

戈尔公司的组织结构和流程所带来的影响是深刻的。公司创始人比尔·戈尔先生清晰地阐明了公司独特的组织结构和文化。对于戈尔公司而言,只有创造一个有利于变革和提高劳动生产率的环境,公司才有可能成功。戈尔预想员工按照4个原则做事:公平地与人交往;鼓励、帮助和承认其他员工在知识、技能及承担责任方面的进步;作出承诺,坚持承诺;当自己的行为可能对公司声誉产生影响而导致公司失败时,与其他同事进行协商。

(请问:戈尔公司的网格型组织结构与本节中提到的哪种组织结构相类似?戈尔公司的网格型组织结构在哪些方面比较好地适应了环境的变化?戈尔公司声称其组织结构更加具有创新性,请问,一个传统结构的组织是否能像戈尔公司那样具有创新性?如何具有?戈尔公司的组织原则应用到其他公司会遇到什么样的困难?)

第三节 组织的人员配备

能适应组织和不断更新知识技能的员工

确定有能力的人员

甄选

解聘

招聘

人力资源规划

闻名全球的美国麦当劳快餐创始人雷·克雷克为企业制订了这样一道算式:

企业成果＝原材料×设备×人力

人力＝人数×能力×劳动态度

美国惠普公司的休莱特认为，惠普的成功主要得益于他的"管理公式。"

公式之一：人才＝资本＋知识＋财富

公式之二：博士＋汽车库＝公司

在本章的前两节我们看到了各种类型的组织结构图，图中的方框标着"财务部"、"采购部"、"人力部"等部门，但是并没有告诉你这些部门的员工实际上应该做什么，也没有告诉你应该雇用什么样的人来完成这些工作。本节我们将讨论这些问题。

人员配备、人事和今天广为人知的人力资源管理都是旨在完成培训组织员工，然后对他们进行考评并支付报酬的管理职能。一旦一家公司已经组织到位并且配备好了人员，它的员工就需要获得激励和领导。从某种意义上来说，所有的管理者都是人事经理，因为他们都要参与招募、面试、甄选和培训等活动。

人员的配备是组织设计的逻辑延续。人力资源规划是管理者为了确保在适当的时候，为适当的职位配备适当数量和类型的工作人员，并使他们能够有效地完成、促进组织实现总体目标的任务这样的过程。通过人力资源规划可以将组织的目标转换为需要哪些人员来实现这些目标。

人力资源计划经历人员选拔、甄选、培训、评估和职业规划几个过程。

合理用人、用好人才是组织生存和发展的重要环节之一，也是衡量人力资源计划是否有效的一个重要标准，因此在编制和实施人力资源计划过程中必须坚持以下几个重要的人员配备原则：因事择人原则、因材适用原则、用人所长原则、人事动态平衡原则。

一、员工招聘

在弄清了组织中存在哪些空缺职位后，以吸引大量合格的职位候选人为目的的招募工作就十分重要了。如果有两个空缺职位，你只拥有两个候选人，那么你别无选择，只能雇用他们两个。但是你如果拥有很多候选人，你就可能使用诸如面试和测试等方法来挑选出最好的员工。

员工的招聘是指组织及时寻找、吸引并鼓励符合要求的申请者到本组织任职和工作的过程。

对于管理者的招聘所需要的条件除了具有普通员工的各种能力外，还应当具有更高的要求，例如管理的愿望、良好的品德、勇于创新的精神、较高的决策能力等。组织应当结合高、中、基层管理岗位的所需的技能制定相应的招聘标准。

GE 公司人才标准

对于21世纪的领导人，GE提出了“A级人才标准”，并向各个业务部门和全球推广。这种领导人需要具有4E品质，即充沛的精力(Energy)、激发别人的能力(Energizer)、敢于提出强硬要求——要有棱角(Edge)、执行的能力(Execution)——不断将远见变为实绩的能力。

1. 招聘的来源及方法

一般来讲，组织可以通过以下几种渠道来获取必要的人力资源。

(1) 广告应聘者。这种方法使用比较普遍，能以较少的成本获得较大规模的应聘者，但是广告应聘者的素质良莠不齐，需要组织花费较大的力气去甄选合适的员工。

(2) 员工或关联人员推荐。这种方法是目前许多高科技公司常用的方法，通过员工推荐的方式能够帮助企业招募素质较高的应聘者，这些应聘者往往是有丰富的工作经验，尤其是同行业的工作经验，能够迅速地进入工作状态。但是这种方法成本较高，而且容易在组织内部形成非正式组织。

(3) 职业介绍机构推荐。这种方法招聘到的人员分为两个等级，等级较低的职业介绍机构只能帮助企业推荐胜任职位较低的人员，如文员、秘书等。等级较高的职业介绍机构，如猎头公司，可以为企业推荐和联系职业经理人。这种方法能够解决企业亟需人才时的困难，但是对人才绩效的评估可能会让企业花费一些力气，尤其是对职业经理人的选择、评估和更换，企业需要付出较多时间和成本。

(4) 从外单位挖人才。这种方法能够帮助企业迅速地获得合适的人才，但实施起来比较困难，而且属于一种非道德的方法，建议企业尽可能少地使用。

(5) 其他来源，如人才引进、接受网上投递简历、退伍军人转业等。

2. 组织招聘制度

组织的招聘制度包括外部招聘和内部招聘。

(1) 外部招聘

根据组织制定的标准和程序从组织外部选拔符合要求的员工。

其优点是：有外部竞争优势"鲶鱼效应"，有利于缓和内部竞争者的紧张关系，为组织提供新鲜血液。

其缺点是：对组织缺乏了解，开展工作慢，组织对外聘者缺乏深入了解，外聘可能对内部员工的积极性造成打击。

(2) 内部招聘

组织内部人员的能力得到认可后，被委以更高的职位、更大的责任。

其优点是：有利于鼓舞士气，提高工作热情，调动积极性，还能形成模范作用；有利于吸引外部人才；有利于对选聘者比较了解，选聘工作把握性比较好，保证选聘工作的正确性；有利于被聘任者迅速开展工作。

其缺点是：可能导致组织的近亲繁殖现象，可能会引起同事间的矛盾，企业亟需短缺人才难以满足需求。

通常情况下，企业在招聘人才时应采取外部招聘与内部招聘相结合的方式，先在企业内部进行筛选，同时在企业外部进行招聘，将两类候选人比较后作出最终的选择。这样既不会打击内部员工的积极性，同时也不会失去吸收新鲜血液的机会。

【案例 5-9】

素野福次郎：租借人才

20 世纪 20 年代后半期，日本东京电器化学工业公司以刚出现的电视机热为跳板，实现了企业的高速发展，因此来不及培养人才。到了60年代，该公司进一步痛感由于缺少人才带来的种种弊端，特别是经营管理部门，成为最缺人才的地方。面对这种情况，素野福次郎想来想去，终于想出一种独特的租借人才的高招，即把别的公司花长时间培养出的人才租过来。素野福次郎认为，日本兴业银行人才很多，而且个个都很有才能，于是请求租借。日本兴业银行答应了他的要求，借给该公司一名叫神谷的专务。神谷专务由于长期从事银行方面的事务，因此具有银行家式的机敏性，并很自然地在行动上表现出来。神谷专务来到东京电器化学工业公司后，使经营管理发生了很大的变化。经营部的员工们都很年轻，精力充沛，在神谷专务的带动下，几乎个个都成了工作狂。神谷专务的朋友较多，随之而来的是公司的海外活动也渐渐多了起来，公司的产品也更多地打入了国际市场，使公司获得了较快的发展。

（请问：这种租借人才的方式是否在现实中真能实现呢？）

3. 员工招聘的程序和方法

员工招聘需要按部就班地进行，经过多种方法的测试，才算完成招聘过程。

（1）制定并落实招聘计划。

（2）对应聘者进行初选。

（3）对初选合格者进行知识与能力的考核，如智力与知识测试、竞聘演讲与答辩、案例分析与候选人实际能力考核。

（4）选定录用员工。

（5）评价和反馈招聘效果。

为了适应快速变化的环境，企业对员工的要求从过去的重学历变为重能力，而且出现了多种多样考察应聘人员的方法，这些方法已经不是简单的考察应聘人员的知识水平，更多的是从心理学、相关专业知识等方面设计的方法。这些方法的应用虽然能够帮助企业判断应聘人员较深层次的能力，但是对应聘人员也造成了比较大的压力。因此，企业招聘员工的方法应当从更加人性化和更适应企业需求的角度出发，不能一味地追求最完美的员工。

招聘过程中，招聘人员需要保证招聘的有效性，即员工选聘时所选用的各种凭证，诸如招聘表、测验、面谈或背景考察，必须有效，并且这些凭证和员工实际绩效之间要有某种相关性。

二、员工培训

当员工通过了公司针对空缺职位进行的招募、初步筛选和甄选后，他们就需要为投入工作做好准备，这就需要企业对员工进行详细的培训。

【案例 5-10】

星巴克公司的员工培训

星巴克公司每年在培训员工上投入大量精力。“冲一杯完美的咖啡”是星巴克的新“伙伴”们在进入公司的前 6 周之内必须完成的 5 门课程之一。他们要学些什么呢？牛奶至少要煮到标准的温度；要高声的喊出订单；热咖啡放在盘子上的时间不能超过 20 分钟等。如果精心挑选出来的员工得不到良好的培训，公司对组织和工作说明书的设计都将是徒劳。

（请问：如果你是一个体育用品公司的人力资源主管，你将会对你的新员工进行哪些培训？）

培训是指组织通过对员工有计划、有针对性的教育和训练，使其能够改进目前知识和能力的一项连续而有效的工作。培训可以帮助组织充实后备管理干部队伍；使员工能够辨识个人发展潜力，增强对组织的忠诚。

1. 培训的目标

培训的具体目标应当包括以下几个方面。

（1）补充新知识，提炼新技能。

（2）全面发展能力，提高竞争力。

（3）转变观念，提高素质。

（4）交流信息，加强协作。

2. 培训方法

一些培训方法已经开展了好多年，你也许亲身经历过，比如告诉你应当如何获得你的信件、餐卡、办公用品等。常见的培训方法有以下几种。

(1) 新来员工的培训。就是向新员工提供一些公司内部的基本信息,如工作标准和休假政策等。很多公司会给新员工发一本包含这些信息的手册。新员工培训就是让员工熟悉自己的公司和同事,提供关于工作条件的信息,向他们解释如何获得身份认证卡、薪水单、工作日安排。这样会减少新员工进入新工作时的紧张感。

(2) 在职培训。当员工进入某一部门后,为了使员工更加熟悉部门设置,管理者往往会对员工进行岗位实习或轮换。

(3) 脱产培训。通过课堂讲座、录像、案例分析、角色扮演、小组互动会议等方法长期地、不定时地对员工进行培训,这些培训大多数情况下是在员工休息或脱产的情况下进行的。

依据培训的目标和内容不同,培训又可分为以下几种形式:专业知识与技能培训、职务轮换培训、提升培训、设置助理职务培训和设置临时职务培训。

【案例 5-11】

惠普公司的培训进修政策

惠普公司的两位创始人之一——第一任总经理威廉·休立特在员工培训进修方面制定了一条政策:“若员工自愿业余进修深造,无论攻读什么专业和什么学位,需要多长时间,公司一律全额资助;而且学成后去留自便,不必负担任何偿还或强制留任年限之类的义务。”在回答人们探寻此政策的依据是什么,为什么不怕“赔了夫人又折兵”的损失时,休立特是这样回答的:“此政策制定的逻辑有三:一是认为员工要想充实提高自己,实现个人的成长,是一个人不容剥夺的天赋权力,本公司有义务对员工的这个要求予以满足。二是此独特政策不同于我们对手之处不在于资助员工深造,这点不少企业也有同样政策。不同处在于学成后不受任何约束,而人们总是喜欢不受约束的,所以它(此政策)是我们争取天下英才的有力手段。三则是员工想走,强留无益,而要走的原因是由于我们管理不善,吸引力不足,责在自身,何必设置障碍进行阻拦?”这种豁达开明的管理哲学显然是惠普公司得以出类拔萃的重要原因。

（请问：这种培训政策是否也适用于我国的大多数企业？为什么？）

三、员工绩效评估

当员工工作了一段时间以后，就应该对他们的绩效进行评估或评价。绩效评估是指组织定期对个人或群体小组的工作行为及业绩进行考察、评估和测度的一种正式制度。用过去制定的标准来比较员工的工作绩效记录并及时将绩效评估结果反馈给员工，可以起到有效的检测及控制作用。

1. 绩效评估的作用

对于企业来说绩效评估的作用体现在以下几个方面。

（1）绩效评估为最佳决策提供了重要的参考依据。

（2）列出企业人力资源清单，了解管理队伍现状，为组织发展提供重要的支持。

（3）绩效评估为员工提供了一面有益的“镜子”，促进内部学习，同时也增进内部沟通。

（4）绩效评估为确定员工的工作报酬提供依据。

（5）绩效评估为员工潜能评价以及相关人事调整提供了依据。

（6）为培训工作的设计方向提供依据。

2. 绩效评估的程序与方法

绩效评估可以分为以下几个步骤。

（1）确定特定的绩效评估目标。

（2）确定考评责任者。

（3）评价业绩。

（4）公布考评结果，交流考评意见，辨析误差。

（5）考评结果反馈，将绩效评估结论备案。

通常情况下，企业会在绩效考核表（如图 5-16 所示）中反映出绩效评估的各步骤，并以此作为考核反映结果备案。

组织经常采用的绩效评估方法包括：个人自我评价法、小组评议法、工作标准法、业绩表评估法、排列评估法、平行对比评估法等。现代绩效评估更多采用目标管理方法和关键绩效指标法。

目标管理是管理大师德鲁克于1954年提出的一种管理方法，是指以目标为导向、以人为中心、以成果为标准，而使组织和个人取得最佳业绩的现代管理方法。目标管理亦称“成果管理”，是指在企业个体职工的积极参与下，自上而下地确定工作目标，并在工作中实行“自我控制”，自下而上地保证目标实现的一种管理方法。

【案例5-12】

目标管理的寓言故事

唐太宗贞观年间，有一头马和一头驴子，它们是好朋友。贞观三年，这匹马被玄奘选中，前往印度取经。

17年后，这匹马驮着佛经回到长安，便到磨房会见它的朋友驴子。老马谈起这次旅途的经历：浩瀚无边的沙漠、高耸入云的山峰、炽热的火山、奇幻的波澜……神话般的境界，让驴子听了大为惊异。

驴子感叹道：“你有多么丰富的见闻呀！那么遥远的路途，我连想都不敢想。”

老马说：“其实，我们跨过的距离大体是相同的，当我向印度前进的时候，你也一刻没有停步。不同的是，我同玄奘大师有一个遥远的目标，按照始终如一的方向前行，所以我们走进了一个广阔的世界。而你被蒙住了眼睛，一直围着磨盘打转，所以永远也走不出狭隘的天地……”

马和驴子最大的差别就在于目标的不同，最终导致了不同的结果。这则寓言启示我们：企业或团队有目标不等于有好目标。好目标一定要结合企业的长远发展和员工的特点来制定。彼得·杜拉克说：“目标并非命运，而是方向。目标并非命令，而是承诺。目标并不决定未来，而是动员企业的资源与能源以便塑造未来的那种手段。”

员工工作绩效考核表

<table>
<tr><td colspan="4">处级及以上管理干部绩效考核(模式一)A 岗位职责×40% + B 工作目标×40% +C 行为表现×20%
一般职员绩效考核　(模式二)A 岗位职责×80% + C 行为表现×20%
或　(模式三)B 工作目标×80% + C 行为表现×20%
注:考核内容的确定由直接主管提议,部门经理审核确定,报人力资源部备案,更改亦同。</td><td colspan="2">评分说明:
自我评分与审核评分按权重对应的整数分值减去相应扣分,如权重为 20%,换算为 100×20%=20 分;
无扣分要求的考核项按评分标准进行评分,具体参照《员工绩效管理手册》。</td></tr>
<tr><td>员工姓名</td><td></td><td>工号</td><td></td><td>直接上级姓名</td><td></td></tr>
<tr><td>部门/处</td><td></td><td>岗位/职务</td><td></td><td>职务</td><td></td></tr>
<tr><td>填表日期</td><td></td><td></td><td></td><td></td><td></td></tr>
</table>

第一部分:岗位职责

A. 关键考核要项	考核标准	权重	自我评分	审核评分	备注
1.					
2.					
3.					
4.					

A. 岗位职责评分= ∑审核评分*设定比例(　　)=(　　)

第二部分:工作目标

B. 工作目标	起止时间	预期效果/考核标准	完成情况	权重	自我评分	审核评分	备注
1.							
2.							
3.							

B. 工作目标评分=∑审核评分 * 设定比例(　　)=(　　)

第三部分:行为表现——参照《员工行为表现考核参考标准》

C. 考核项	权重	具体行为标准	自我评分	上级评分	备注
1. 客户满意	20%	考核内外客户满意度;职能部门主要考核内部客户满意度。具体行为描述参照《员工行为表现考核参考标准》。			
2. 执行力	20%	考核对应的流程、制度的合理性和执行力情况,包括 ISO、鼓励对流程改进以提高工作效率和质量的行为。参照同上。			
3. 学习成长	20%	考核自我成长和团队建设,主要考虑技能成长。参照同上。			
4. 主人翁精神	20%	考核员工的主人翁精神,主要依据各部门和岗位的具体行为进行考核。参照同上。			
5. 团队合作	20%	重点考核管理干部、员工团队精神,主要依据各部门和岗位的具体行为进行考核。参照同上。			

C. 行为表现评分＝∑审核评分 ＊ 20%＝(　　)

绩效考核总分 ＝ ∑审核评分(A ＋ B ＋ C)＝(　　)——未选择的考核内容计为 0。

附:员工绩效改进/发展计划(此栏由考核者与被考核员工在进行绩效面谈时共同讨论后制定)

改进或发展领域	具体行动计划/建议学习课程	期望结果
1.		
2.		
3.		

被考核员工签名:　　　　日期:

考核者签名:　　　　日期:

说明:

图 5-16　绩效考核表

四、职业生涯计划及发展

职业生涯计划是指员工根据自己的能力和兴趣，通过规划职业目标以及实现目标的手段，使自己在人生的各个不同阶段得到不同的发展。

职业生涯发展是指组织在发展过程中要根据内外环境变化的要求对员工进行动态调整，以使每个员工的能力和志趣能与组织需要相吻合。

企业对员工的职业生涯进行规划可以起到吸引人才、保留人才，使组织中的成员都有成长和发展的机会，降低员工的不平衡感和挫折感等作用。

一个人的职业生涯是一个漫长的过程。也许一生只从事一种职业，也许一生中从事多种职业，但每个人都希望找到一个相对稳定、适合自己的职业。如何选择和规划自己的职业生涯往往受学识、爱好、机遇、工作环境等主客观条件的制约。

美国职业指导专家萨帕把人的职业发展过程分为五个阶段：①成长阶段（出生～14 岁），以幻想、兴趣为中心，对自己所理解的职业进行选择与评价；②探索阶段（15～24 岁），逐步对自身的兴趣、能力以及对职业的社会价值、就业机会进行考虑，开始进入劳动力市场或开始从事某种职业；③确立阶段（25～44 岁），对选定的职业进行尝试，变换工作，到逐步稳定；④维持阶段（45～64 岁），劳动者在工作中已经取得了一定的成绩，维持现状，提升自己的社会地位；⑤衰退阶段（60 岁以后），职业生涯接近尾声或退出工作领域。我国也有专家提出与之相似的划分方法，即萌发期、继承期、创造期、成熟期和老年期。

成功的职业生涯规划应当从以下几个方面入手（如图 5-17 所示）。

（1）慎重选择第一项职务。

（2）努力掌握工作中的平衡。

（3）适时表现自我。

（4）要善于同上级处理好关系。

（5）保持一定的流动性。

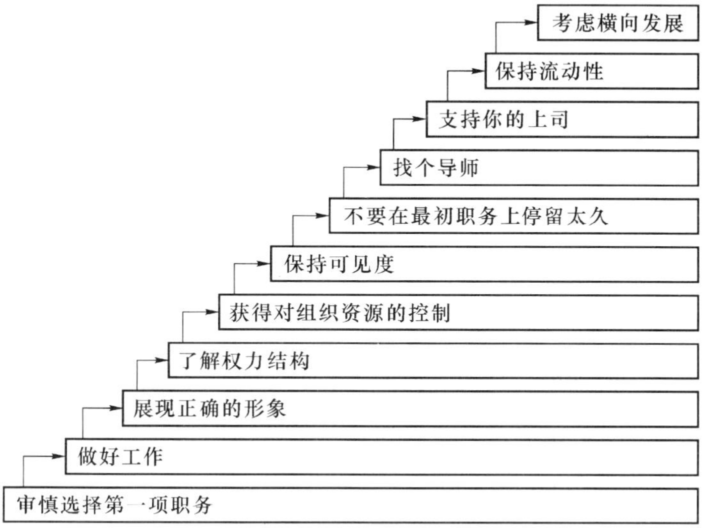

图 5-17　管理者职业发展管理成功诀窍

第四节　组织变革与组织文化

柯达的变化

在美国，几乎人手一部柯达相机，但是到了 20 世纪 90 年代后期，柯达的销售变得很不景气，年收入下降了 25%。面对现在难以克服的成本压力，公司的首席执行官乔治·费雪不得不进行裁员。他更换了客户产品部的经理，解雇了 200 多名高级管理者，并下达了消减其他将近 20 000 个工作职位的计划。很快，利润就上升了，而且柯达最近又与美国在线服务公司合作，推出了一项名为“你已收到图片”的基于互联网的新型服务，通过互联网让客户共享图片。至此，费雪希望把柯达从一个行动迟缓的巨人转变为一个精简的、面向互联网的战斗机的方案已经成型，这一过程虽然缓慢但却非常安全。接下来他把权力交给了另一位首席执行官。

当我们谈到“组织变革”时，究竟一个管理者能改变的是什么？答案是公司的战略、文化、结构、任务和技术，以及公司员工的态度和技能。

一、组织变革

1. 组织变革的一般规律

组织变革就是组织根据内外环境的变化，及时对组织中的要素进行结构性变革，以适应未来组织发展的要求。

引起组织变革的动因包括内、外部环境两个方面。

(1) 外部环境因素包括整个宏观社会经济环境的变化、科技进步的影响、资源变化的影响和竞争观念的改变。

(2) 内部环境因素包括组织机构适时调整的要求、保障信息畅通的要求、克服组织低效率的要求、快速决策的要求和提高组织整体管理水平的要求。

在内、外部环境因素的影响下，组织可能在多个方面发生变革，这些变革为企业带来了新的任务和新的目标。

2. 组织变革的类型及目标

按照组织变革的不同侧重点可以将变革分为以下四种类型。

(1) 战略性变革：是指有关公司战略、使命或意愿的转变。战略性变革可能导致其他的组织变革，例如在公司技术、结构和文化各方面的变革。当几年前史蒂夫·乔布斯担任苹果计算机公司的临时代理首席执行官时，他的最初战略性变革之一就是使苹果公司专注于更窄的产品系列并强调重新推出 iMAC 计算机。

(2) 结构性变革：组织需要根据环境的变化适时对组织的结构进行变革，并重新在组织中进行权力和责任的分配，使组织变得更为柔性灵活、易于合作。

国内大型家电企业长虹公司为了挽救公司日益下降的市场份额，对企业的组织架构进行了结构性变革。长虹公司将所有的机构分成三类：总部职能机构、各产业公司群和服务平台。

(3) 流程主导性变革：指组织紧密围绕其关键目标和核心能力，充分应用现代信息技术对业务流程进行重新构造。流程主导性变革就是我们常见的使用 BPR、6∑、

LM 等方法对企业的业务流程进行再造。

(4) 以人为中心的变革:是指组织必须通过对员工的培训、教育等引导,使他们能够在观念、态度和行为方面与组织保持一致。这种变革主要指的是企业文化层面的变革。

组织变革能够使组织更具环境适应性,使管理者更具环境适应性,使员工更具环境适应性。

3. 管理组织变革

(1) 组织变革的过程

心理学家科特・雷文提出了一个著名的模型,总结了以最小的阻力实施变革的基本步骤。雷文认为,组织中所有的行为都是两种力量的产物:努力维持现状的力量和推动变革的力量。所以实施变革不仅要减小维持现状的力量,也要建立推动变革的力量。雷文的过程由三个步骤组成:解冻、变革、再冻结。

解冻是指削弱那些努力保持现状的力量,通常的做法是提出激发性的问题或者事件,促使人们认识到变革的需要,去探求新的解决方法。

变革是迁移或改变要实施变革的部门或组织中人的态度和行为。变革意味着发展新的行为、价值观和态度。变革有时通过组织结构变革实现,有时则是通过各种组织变革和技术发展来实现。

如果新的工作方式不能得到继续强大,组织就很容易恢复到旧的方式中去。这种强化是通过再冻结使组织达到新的平衡状态来实现的。新的体系和程序来支持和维持已经发生的变革是必要的。例如,郭士纳在 IBM 制定了新的薪酬和激励计划来强调工作表现的重要性高于资历。

组织变革的程序简单来说可以包括四个过程:通过组织诊断,发现变革征兆;分析变革因素,制定改革方案;选择正确方案,实施变革计划;评价变革效果,及时进行反馈。

(2) 变革的阻力及管理对策

组织变革最难的部分往往是克服变革中的阻力。16 世纪意大利观察家尼可洛・马基雅维利曾说:“没有什么比实施变革更难的了。因为支持变革的总是少数,而反对变革的是大多数,而且他们热衷于反对变革。”

组织变革的阻力主要来自于个人阻力(包括利益的影响、精神的影响、心理的影响）和团体阻力（包括组织结构变动的影响、人际关系调整的影响等）。

而对企业来说并没有太多必定能够成功的消除阻力的方法，但是大多数会采取一些消除组织变革阻力的管理对策。例如，客观分析变革推力和阻力的强弱；创新组织文化；创新策略方法和手段。

（3）组织变革的压力及管理

压力是在动态的环境条件下，个人面对种种机遇、规定及追求的不确定性所造成的一种心理负担。通常情况下，影响个人压力感受的因素包括来自组织的压力（如规章制度、组织内成员的行为等）和个人因素（如个人的能力水平、个人的心理素质、个人的经验等）。

组织变革带来的压力可能表现在生理方面，例如由于加班而消瘦、精神不济；心理方面，例如对未来未知状况的忧虑、憧憬等；行为方面，例如开始频繁地加班，在使用新设备时手忙脚乱等。

组织应当重视变革带来压力的调节，通过确定员工的压力承受力，采用合适的沟通方式，帮助员工缓解压力。建立规范的绩效考核方法，使员工能够清晰地了解自己的工作目标和工作任务。重新设计工作内容，以适应组织的变化。建设组织文化，营造良好的工作氛围。还可以通过一些减轻压力技术使员工的疑虑或抑郁得到排解。

（4）组织冲突及其管理

冲突是指组织内部成员间、部门间、个人与部门间由于在工作方式、利益、性格、文化价值等方面的不一致性而导致的彼此相互抵触、争执等行为。

组织变革必然会出现大量的组织冲突，这些冲突可能存在于正式组织与非正式组织之间，也可能存在于直线机构与参谋机构之间，还可能是委员会成员之间的冲突。冲突主要包括两种，一种是能够对企业建设起促进作用的，称为建设性冲突；另一种则是破坏性冲突。

建设性冲突可能使变革后的组织更加团结，营造轻松的内部气氛，强化部门间、人员间的协作，最终使成员感到前所未有的满足。而破坏性冲突可能带来大量的偏见、内部争执，加深集权化，使得员工自信心受到打击，更有甚者会带来企业的失败。因此，组织在进行变革时应当采取一些措施来管理可能会发生的冲突。

① 强调组织整体目标的一致性,使直线机构与参谋机构、正式组织与非正式组织、企业与个人之间的目标趋于一致性,这不仅仅要求工作目标的一致,更多的是权利的下放和多方利益的一致性。

② 加强团体之间的沟通联系。沟通通常是解决矛盾或不同意见时最常用、也是最有效的方法。

③ 注意信息反馈。建立通畅的信息反馈体系和信息反馈制度是组织变革过程中最为重要的工作内容,因此信息的反馈不仅有利于解决冲突,更多的是能够使管理人员了解变革的推进程度,也使员工能及时获得变革的进展情况和取得的成果,达到鼓舞人心的目的。

【案例 5-13】

IBM CREDIT **公司的流程再造**

IBM CREDIT 公司一直以来都采用复杂的贷款批准流程(如图 5-18 所示),这种流程审批时间长、内耗大、客户满意度低。于是公司对流程进行了再造。

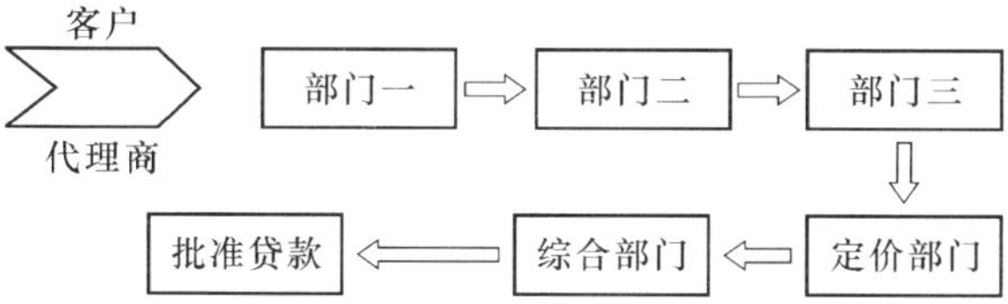

图 5-18　再造前的流程

再造后的流程(如图 5-19 所示)不仅解决了之前的问题,而且形成的综合处理专家系统更是成为了公司超越竞争对手的一大创新,成为公司新的收入来源。

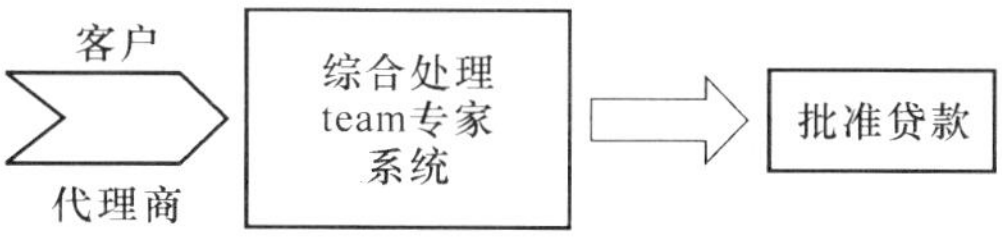

图 5-19　再造后的流程

(请问:IBM CREDIT 实现流程再造的基础是什么?)

二、组织文化

组织文化的变革通常不会自发地发生，而是由一些问题或机遇引起，然后由像史蒂夫·乔布斯这样的领导者推动的。

1. 组织文化的概念

组织文化是组织在长期的实践活动中所形成的、并且为组织成员普遍认可和遵循的、具有本组织特色的价值观念、团体意识、工作作风、行为规范和思维方式的总和。

组织文化具有超个体的独特性、相对稳定性、融合继承性和发展性等特点。我们在仔细分析组织文化时，至少应当想到三个方面。

首先是显现层的组织文化载体，它又称物质层，是指凝聚着组织文化抽象内容的物质体的外在显现。它既包括了组织整个物质的和精神的活动过程、组织行为、组织体产出等外在表现形式，也包括了组织实体性的文化设备、设施等，如带有本组织色彩的工作环境、员工制服、图书馆、俱乐部等。

其次是表层的制度系统，它又称制度层，指体现某个具体组织的文化特色的各种规章制度、道德规范和员工行为准则的总和，也包括组织体内的分工协作关系的组织结构。它是组织文化核心层（内隐部分）与显现层的中间层，是由虚体文化（意识形态）向实体文化转化的中介。

最后是潜层次的精神，这是指组织文化中的核心和主体，是广大员工共同而潜在的意识形态，包括管理哲学、企业宗旨、人本主义的价值观念、道德观念等。

2. 组织文化的内容

组织文化对企业伦理建设非常重要，企业文化反映了企业的价值观，而这些价值观反过来又影响和规范着每一位员工的行为。以西尔斯公司为例，企业管理者们在决策过程中，只重视了销量提升方面，却忽视了其他方面，诸如“销售中必须讲求商业道德”、“为顾客提供真正需要的高品质服务乃头等大事”的价值观没有在公司范围内加以灌输，从而导致了公司的失败。因此企业需要对组织文化的内容进行详细的了解。组织文化应当包括四方面的内容。

(1) 组织的价值观：组织内部管理层全体员工对组织的生产、经营、服务等活动的一般看法或基本观点。

(2) 组织精神:组织经过共同努力和长期培养所形成的认识事物的共同心理趋势、价值取向和主导意识,它是组织文化的核心。

(3) 伦理规范:从道德意义考虑的、由社会向人们提出并应遵守的行为准则。

(4) 组织素养:包括组织中各层级员工的基本思想素养、科技和文化教育水平、工作能力、精力和身体状态等。

3. 组织文化的功能和塑造途径

对企业来说组织文化不仅仅是写在员工手册、贴在公司大堂的几个字、几句话。它需要员工理解、认可和执行。良好的组织文化具有多种功能。

(1) 整合功能。组织文化能够对企业的部门、人员进行有效地整合,这种整合将体现在目标、任务、结构等企业运营的方方面面。

(2) 适应功能。组织文化将使新进入的员工能够很快地理解企业,认可企业,从而快速地适应企业的环境。此外,组织文化还可以通过与外界环境的交换而提高企业对外界环境的适应能力。

(3) 导向功能。组织文化是企业的发展愿景,是组织和组织成员的发展方向,因此它对组织中的每个人都起到了导向的作用。

(4) 发展功能。组织的发展不仅要依靠丰厚的利润,同时也要依靠良好的文化,如果说利润是企业发展的硬性指标,那么企业文化就是企业发展的基础指标。正如西尔斯公司那样,没有良好的企业文化,那么必定会反映在其运营的成果上。

(5) 持续功能。组织是一个长期存续发展的系统,有组织就必定需要文化的支撑,因此组织文化也是持续地支持组织生存发展的原动力。

组织文化的形成是需要不断演进的过程,在这一过程中不仅需要管理者的参与,更需要员工的参与和经营。组织文化的塑造首先需要选择合适的组织价值观标准,采用各种方法强化员工的认同感,同时通过提炼定格总结最为精炼的词语或短句来表达组织文化的内涵,之后的工作就是巩固落实和完善发展。

良好的企业文化的形成不是一朝一夕的事情,往往需要组织花费大量时间和成本才能完成。但这些时间和成本的投入在企业发展的长河中其实只是沧海一粟。

让我们跟随著名的民族企业海尔来看看他们的企业文化，作为我们的本章的结束。

海尔的企业文化

◆ 海尔理念——海尔只有创业没有守业。

◆ 海尔精神——敬业报国，追求卓越。

◆ 海尔作风——迅速反应，马上行动。

◆ 海尔管理模式——日事日毕，日清日高。

◆ 海尔人才观念——人人是人才，赛马不相马。

◆ 海尔用工制度——三工并存，动态转换。

◆ 海尔市场观念——市场唯一不变的法则就是永远在变；

——只有淡季的思想，没有淡季的市场；

——卖信誉不是卖产品；

——否定自我，创造市场。

◆ 海尔名牌战略——要么不干，要干就要争第一；国门之内无名牌。

◆ 海尔质量观念——高标准，精细化，零缺陷；优秀的产品是优秀的人干出来的。

◆ 海尔售后服务理念——用户永远是对的。

◆ 海尔资本运营理念——东方亮了再亮西方。

◆ 海尔国际市场战略——先难后易。

◆ 海尔发展方向——创中国的世界名牌。

思考题

1. 组织设计的基本原则是什么？

2. 影响组织设计的基本因素是什么？

3. 管理层次与管理幅度有什么关系？影响管理幅度的因素有哪些？

4. 集权与分权的含义是什么?

5. 机械式组织与有机式组织的特性是什么?

6. 人力资源计划的过程是什么?

7. 内聘制和外升制的优点和缺点是什么?

8. 员工招聘的程序如何?

9. 人员培训的方法是什么?

10. 职业生涯发展阶段及特点是什么?

11. 组织变革的动因是什么?组织变革的过程是什么?组织变革的阻力是什么?

12. 什么是冲突?它有哪些类型?

13. 组织文化的含义和特征是什么?组织文化的内容是什么?

第六章 领　导

每个士兵都有权抗拒命令。

——朱叶利斯·恺撒

媒介大亨——泰德·特纳

泰德·特纳,美国媒介大亨,他的座右铭是:“要么领导,要么服从,别无它图。”

1963年,特纳24岁,他中止大学学业,开始经营濒临倒闭的广告牌企业。在企业取得转机后,购买了亚特兰大一家独立的小型电视台,取名“超级电视台”。一年后又买下了亚特兰大屡战屡败的勇敢者棒球队,获得成功。

1981年,特纳认定24小时新闻直播必有市场,尽管当时没有一个人赞成他的想法,他还是倾全部财力创立了有线电视新闻网(Cable News Network, CNN),获得了令人难以置信的经济效益。此外,由于对1991年海湾战争的报道,他赢得了无数赞誉。

1986年,他买下了联合艺术家电影图书馆。特纳的CNN因为上演经典影片而获得了巨大成功。

(启示:发现别人看不到的机遇和大胆追求成功的能力使特纳明显区别于一般的企业经理。)

第一节　领导的内涵

（思考：所有的管理者都是领导者吗？）

一、领导与领导者的定义

领导就是指挥或带领、引导或鼓励其他人为实现组织的目标而努力的过程。

这一含义包含了三个要素：首先，领导者必须有部下或追随者。第二，领导者有影响追随者的能力，既包括由组织赋予领导者的职位和权力，也包括领导者个人所具有的影响力。第三，领导的目的是通过影响部下来实现组织目标。

德鲁克认为，"领导的唯一定义就是其后面有追随者"。在领导工作中，领导是行为的主体，但不能把领导者与被领导者对立起来。实际上，两者是相互依存的，既不存在没有被领导者的领导者，也不存在没有领导者的被领导者。

二、领导与管理

关于领导者和管理者

据说，史蒂芬·柯维曾说过，"管理者就像一个砍开一条路径穿越森林的人，而领导者就像爬到森林中最高的树上去的人，也许是在一个错误的森林里。"

注：史蒂芬·柯维的《高效人士的七个习惯》一书广为人知，他更被《时代》周刊列为25位最有影响力的美国人之一。

领导和管理密切相关，但又有明显区别。管理是建立在组织系统规范的、强制性权力基础上实现组织目标的行为。而领导尽管也需要组织系统规范的、强制性的权力基础，但更多是建立在个人影响力基础上。一个人可能既是管理者也是领导者，但一个人是领导者并不一定是管理者，一个人是管理者并不一定是领导者。

领导和管理的相同点在于：两者都存在于组织中，为实现组织目标，都依靠他人完成。

领导和管理的存在着密切联系：管理中存在着领导活动，领导贯穿了管理的全过程；对于组织发展来说二者缺一不可；管理与领导经常是互相结合的；管理与领导的不同组合可以产生不同的效果。

同时，两者也存在明显区别，如表 6-1 所示。

表 6-1　领导和管理的区别

比较的角度	领导	管理
从目的、结果上看	引起变革	主要是维持秩序，使系统高效运转
从对象上看	只能是人	主要是人，但也包括物等其他因素
从逻辑上看	归纳的过程	演绎的过程
从基础上看	职位权力和个人权力	职位权力
从核心职能来看	确定组织方向，以实现变革	通过控制使工作能按计划进行

【案例 6-1】

将与帅：领导者与管理者

汉高祖曾与韩信谈论带兵之事。刘邦问韩信："像我这样的人能带多少兵？"韩信回答："陛下顶多能带十万。"刘邦又问："那么你能带多少？"韩信答："臣多多益善。"刘邦笑道："多多益善，何为我擒？"韩信说："陛下不能将兵，而善将将，此信所以为陛下所擒也。"

（启示：刘邦与韩信的角色区别即是领导者与管理者的区别，刘邦善帅（领导），而韩信善将（管理）。）

既然领导不等于管理，显然不同的职位预示了对于领导者和管理者素质的不同要求。好的领导者和管理者应该具备什么样的基本素养和能力呢？表 6-2 可作为你做出选择的一个参考。

表 6-2 领导者和管理者需要的素质

领导者	管理者
(1) 善于思考,长于想事	(1) 善于理解,专于办事
(2) 想别人不敢想的事	(2) 干别人想好的事
(3) 创新与战略是优势	(3) 贯彻与执行是优势
(4) 重视并信任员工	(4) 控制员工并信任组织
(5) 有长远眼光,不为现实所动,向现实挑战	(5) 急功近利,处处以现实为依据,向现实低头
(6) 重沟通与说服	(6) 重发号施令
(7) 长于发现问题、提出问题	(7) 长于解决问题、找出答案
(8) 做正确的事	(8) 正确地做事

三、领导权威

1. 权力

"权力"一词源于拉丁文"autorias",意思是指权力主体凭手中拥有的权力,从而使权力客体服从于自己的一种社会力量。领导者的权力是领导者为实现既定的组织目标,在实施领导的过程中,对被领导者所实施的具有强制性的影响力、约束力或控制力。其实质是领导者为实现组织的目标所必需的一种工作条件,是领导者在领导活动中,对被领导者施加影响和控制的主要手段。

(1) 权力的构成

领导是一种影响力,影响力来源于权力。权力在组织中分为两大类。

① 职位权力

职位权力是在组织中担任一定的职务而获得的权力,主要有四种:合法权、奖赏权、强制权和惩罚权。

合法权指一个人占据了组织等级中正式职位而拥有的权力,它代表一个人通过组织中正式层级结构中的职位所获得的权力。

奖赏权就是领导者决定提供还是取消奖赏的权力。奖赏权是与强制权相反的一种权力。人们服从于一个人的愿望或指示是因为这种服从能给他们带来益处。

强制权是通过威胁或惩罚迫使人们服从的权力。强制权是建立在惧怕基础上的。

惩罚权是指通过精神、感情或物资上的威胁，强迫下属服从的一种权力。

② 非职位权力

非职位权力是指与组织的职位无关的权力，主要有专长权、个人魅力权、背景权和感情权等。

专长权源于专长、技能和知识，人们往往会听从某一领域专家的忠告，接受他们的影响。知识与专长实际上就是一种权力。谁掌握了知识和专长，谁就拥有了影响他人的专长权。

个人魅力权是一种无形的、很难用语言来描述或概括的权力。它是建立在对个人素质的认同及其人格的赞赏这一基础之上的。领导者个人的魅力构成了他的权力，激起了追随者的忠诚和热忱。

背景权是指那些由于辉煌的经历或特殊的人际关系背景、血缘关系背景而获得的权力。

感情权是指一个人由于和被影响者感情融洽而获得的一种影响力。

(2) 权力的待征

① 法定性

法定性是指领导权力是通过法律、法令的程序，接受任命后才有效力的一种法律上的认定，并受法律的约束和保护。权力的法定性赋予了领导者一定的权力，也明确了领导者的相应责任。

② 强制性

强制性是指被领导者对所不愿接受的事物所表现的对领导者权力的被动和服从。主要体现在由领导者职位权力而产生的权威上，它往往表现出对下属的要求、命令的强迫性和不可抗拒性。

③ 普遍性

普遍性是指权力是人类社会的一种普遍现象，领导权力几乎是无所不在地渗透到社会生活的每一个方面、每一个角落。

④ 层次性

层次性是指一个组织系统按纵向划分为若干个层次，每一个层次都有相应的领导权力。

⑤ 阶级性

阶级性是指在阶级社会中，权力受统治阶级的政治思想、法律制度以及道德、哲学等意识形态的支配，它体现着统治阶级的利益和意志，为统治阶级的利益服务。阶级性是权力的根本特征。

2. 权威

权威的基础是权力。"权威"含有尊严、权力和力量的意思。权威是一种特殊的社会关系，即领导和服从关系。领导权威就是管理者在领导过程中所拥有的权力与威信，是职务权力与个人权力的总和。

由于权威是一种以职位性权力为基础或以个人拥有的特殊资源（如出生、业绩、品德、名望等）为基础而形成的一种影响力，因此我们也可将权威分为职位性权威和人格性权威。

职位性权威是指依靠职权所奠定起来的权威，作为信息和权力资源的职位为领导者提供了许多优选。这一权威类型又可以分为两种类型：一积极职位权威。所谓积极职位权威，是指人们对领导者的职权有一种合法化的认可，故领导者的行为就可以起到积极的效果。在这种权威类型中，人们实现了内在化认可与外在化服从的统一。二消极职位权威。所谓消极职位权威，是人们对领导者的职权没有一种合法化的认可，故领导者只能应用强制手段去支配下属，其结果必然是消极的、被动的，在这种权威类型中，被领导者只能被动服从。

所谓人格性权威是建立在个人魅力、知识、才能、资历等要素之上的。它带动的是被领导者自觉服从和主动追随。

职务权力是一种法定权力，是由管理者在组织中所处的地位赋予的，并由法律、制度明文规定，领导者必须用权得当，才能得到下属的理解和支持。下属对职务权力的服从是领导者建立权威的前提。个人权力是一种自然影响力，是由于领导者个人的品德、才能和成绩而带来的对他人的心理和行为的影响力，在相当程度上属威信范畴。一个领导者，如果在品德、作风上有缺陷，往往会产生负面影响。因此，要建立有效的领导权威，构成权威的两种权力都不能忽视。

领导权威对于一个集体或组织来说是组织功能体现出的影响力，对于个人而言是领导者的职位及其威望所形成的影响力。一位领导者有没有领导权威，直接关系到其领导行为是否科学和富有成效，直接关系到事业的兴衰成败。

树立领导权威，必须高度重视内因——领导成员素质的提高。从一定意义上说，领导成员素质的高低决定了领导权威的大小。力求博学多才、见多识广，克服盲目性和片面性，创造性地开展工作，而且要有一定的专业特长，掌握领导工作范围内的专业知识，成为本职工作的内行。卡尔·雅斯贝尔斯说：权威并不是有意而为之的事情，他只能从传承的深度去发现和更新自己的形象，只能从当下的本原中去重新认识其不断变化的内容。所以，领导权威从侧面反映着领导者的人格魅力，他可以给人以亲切感，也可以给人以幽默感，可以表现出很高的从容度，也可以流露出作为个体的独特性。

3. 权威的来源

(1) 权力的来源

领导者要进行有效的领导，必须拥有权力。那么权力从何而来？这是每一位领导者必须搞清楚的问题。对于权力来源的代表性的观点有以下几种。

① 约翰·P·科特认为权力有四个方面的来源。他在《权力与影响力》中认为：权力的第一个来源是知识，"知识就是权力"。第二个来源是良好的工作关系，即领导者与下属建立在相互尊敬、羡慕、了解、义务和友谊基础上的良好工作关系。第三个来源是良好的业绩和较高的威望。第四个来源是应用上述三种权力来源的技能，包括认识能力、人际交往能力，同时还有各种各样的施加影响的技能以及与特定部门和特定业务相关的技术能力。

② 费伦奇和雷文的权力基础论。费伦奇和雷文认为，权力的基础包括：一合法权，具有法律和有关规章所给予的权力，或者需要相应的组织和个人根据一定的程序才能授权；二领导者能够控制被领导者的奖惩，并且具备采取惩罚措施迫使被领导者就范的能力；三领导者在某一方面具有特别的专长。

③ 伯恩斯的主张。伯恩斯认为权力的来源主要有两个方面：资源与动机，即对资源的占有以及对资源安排与使用的技能。

关于权力的来源，在人类历史发展的不同社会生产力水平和领导体制下产生不同的主张，除了以上的代表观点外，历史上还有以下观点。

① 神权论：这是关于权力来源的愚昧主张，认为权力来源于上帝，进而创造出

“神权论”或“君权神权论”，为封建专制统治辩护并服务。

② 德仁说：这一学说主张权力是一种来自道德教化的影响力。中国古代孔子的“德治”、孟子的“仁政”等思想都属于此类学说。

③ 智慧说：古希腊思想家苏格拉底、柏拉图提出了权力应该来源于知识的“哲学王”学说；近代英国思想家培根提出的“知识就是力量”及现代学者提出的“科技治国论”等主张都属于此类学说。

④ 暴力论：这一观点主张权力应以法律、军队等暴力工具为依托。中国古代的韩非、西方中世际末思想家马基雅维里是该主张的重要代表。

⑤ 契约论：这一观点的主要代表者为卢梭与孟德斯鸠等人。他们认为，国家是人类根据自己的需要，通过契约建立起来的。国家的权力来自人民，而人民的权力则是天赋的。人民主权学说进而成为资产阶级民主共和国制度的理论基础。

⑥ 资源说：这一学说把权力的来源归结为对组织资源的拥有与控制。这里的资源包括金钱、信息、武力、社会地位、立法权、投票权等。人们只要掌握了一定的资源，便具有了影响他人的力量。

⑦ 接受论：这一观点是由巴纳德第一次系统地阐述的，他认为“应从组织成员是否接受一项命令、指示或建议的角度来考察权力”。此外，在西蒙的权威论中也有接受论的主张。

以上关于权力来源的学说除了“神权论”外，其他主张都有一定程度上的合理性，说明权力起源是多种因素的作用与影响。

（2）权力的获取

① 要尽可能地展现自己的能力。

“领导是成长起来的，而不是创造出来的。”将你自己的能力展示在组织和众人面前，赢得人们的信赖和支持，才会成为领导者的人选和被追随者。

② 同有权势的人形成联盟。

通常的优势联盟有三种：与上层领导者形成的联盟、与其他重要部门的领导者形成的联盟以及与离权力中心很近看似并无实权的人（如领导者的秘书、至亲好友）结成的联盟。获得他们的支持，就具有了巨大信息与资源优势。

③ 争取最关键的工作。

在从事关键工作的过程中，应尽量施展自己的才华，将工作做得尽可能圆满。

这不仅可以在上层领导者心中增加你的砝码，而且是赢得他人的尊重和佩服的绝佳机会。

④ 建立良好的人际关系。

良好的人际关系可以获得更多的帮助和支持，更有利于收集信息、分析情况、发现机会并作出准确决策。

四、领导的作用

领导的作用主要体现在实现组织目标和在满足组织需要的同时尽可能地满足组织成员的需要。具体表现在以下几方面。

1. 指挥引导

领导者是领导活动的主体，对领导活动的成败起着决定性的作用。领导活动启动的标志是领导目标的确定，而领导目标及其实施方案主要是领导者提出和指导下制定的。领导者作为领导活动的组织者和指挥者，在领导活动启动后，要把领导目标和方案变成现实，必须通过被领导者的实践活动，充分发挥人的能动性和首创精神，这就需要领导者进行组织和指挥，统一思想和行动，形成一股强大的合力，才能顺利实现领导目标。

2. 协调作用

领导协调是指领导者为实现领导目标，采取一定的措施和办法，使其所领导的组织同环境、组织内外人员等协同一致，相互配合，高效率地完成工作任务的行为过程。简单地说，领导协调是实现领导活动中的人与人、人与事、事与事之间协调配合，发挥最佳整体效能的活动。其本质在于解决各方面的矛盾，使整个组织和谐一致，使每个部门、单位和组织成员的工作与既定的领导目标保持一致。

领导协调一般由四个要素构成，即领导者、协调对象、协调手段和协调目标。通过协调可以减少内耗、增加效益，实现组织巩固、人员团结，同时也能有效地调动员工的积极性。

3. 激励作用

领导激励是指领导者通过科学的方法来激发人的动机，开发人的能力，充分调动人的积极性和创造性，使被领导者焕发出旺盛工作热情的活动过程。

首先，激励是调动人的积极性的重要方法。美国哈佛大学的心理学家威廉·姆士在对员工激励的研究中揭示，按时计酬的职工仅能发挥其能力的 20%～30%，如果受到充分激励的职工其能力可发挥至 80%～90%，其中 50%～60%的差距是激励的作用所致。其次，激励是提升人的价值的有效措施，从心理学的一般理论来讲，人的需要和动机是有层次的，一般是由低层次向高层次发展的。领导者的任务就是通过有效的激励，提升人们的价值观，实现人的价值的最大化。最后，激励是增强组织凝聚力的根本途径。领导者运用正确的激励，可以培养组织成员的集体荣誉感，增强组织的向心力、凝聚力。

领导激励的过程包括满足需要、激发动机、鼓励行为、引导目标四个方面。

当然，作为领导者在发挥领导的作用时，首先必须坚持原则，如对人文领域中的公正、服务、平等、正义、诚实、完美和信任等不可违背的规律的遵循。

五、领导者素质

领导者素质

自古以来，对领导素质的要求就不是单一的，而是综合的。比如，《孙子兵法》提到作为领导人的将才须具备五方面的素质。“将者，智、信、仁、勇、严也。”《十一家注孙子·五哲》解释说：“智者，先见而不惑，能谋虑，通权变也；信者，号令一也；仁者，惠抚恻隐，得人心也；勇者，徇义不惧，能果毅也；严者，以威严肃众心也。五者相须，阙一不可。故曹公曰将宣五德备也。”

为了发挥领导的有效作用，领导者应具备以下素质。

1. 政治素质

领导者的政治素质是指领导者在政治上应当具备的基本素质。领导者必须具备较高的政治思想素质，准确把握组织发展的方向，确保组织发展的方向与国家和政府指引和鼓励的方向一致。同时领导者较高的政治思想素质也是对组织员工进行政治思想教育的基础。

政治素质包括：正确的世界观、价值观与人生观；强烈的事业心、高度的责任感、正直的品质和民主的作风；实事求是，勇于创新；现代化的管理思想。

2. 知识素质

现代组织的生命力是创新,培养创新能力是领导者的基本职能,创新的基础是知识,因此一个成功的领导者必须具备相应的知识文化素养与领导技能素养,这是培养创新能力的基础。而且现代组织正在向知识型组织转换,知识型员工将成为组织的主力员工,这对现代组织的领导者产生了更高的知识要求。具体要求如下。

(1) 业务素质:掌握市场经济理论;懂得组织管理基本原理、方法和各项专业管理的基本知识;懂得思想工作、心理学、人才学、行为科学等方面的知识,以便做好政治思想工作,激发职工士气,充分调动人的积极性。

(2) 业务技能:较强的分析、判断和概括能力;决策能力;组织、指挥和控制的能力;沟通、协调组织内外各种关系的能力;不断探索和创新的能力。

3. 心理素质

心理素质是指人的动机、兴趣、态度、情绪、个性、气质等方面内在因素的总和。领导者在领导活动中展示出来的心理现象的总和,就是领导者的心理素质。

心理素质包括:成就动机,积极、乐观的个性,充分的自信与顽强的意志,丰富的想像力和创造性思维。

4. 身体素质

身体素质是个体道德与智慧的载体,是个体成功的物质基础,没有了身体一切就变得毫无意义。领导者必须有强健的体魄、充沛的精力。

【案例 6-2】

领导权力与能力的挑战

弗瑞德今年 40 岁,获得过工商管理硕士学位,他为名列《幸福》杂志前 500 家大公司中的一家著名公司工作。他为这家公司工作了 3 年,特别喜爱自己的工作,并对自己前途充满信心。

弗瑞德硕士毕业后,曾为一家管理咨询公司工作过 5 年,回顾这段时期——弗瑞德自称为“分析家”的日子,他说自己在技术工作方面从未遇到过任何困难,而面临的真正挑战是与人打交道和处理人际关系,即如何有效地在项目小组内工作,如何与代理人打交道，如何在那些掌握着工作任务的合伙人那里树立信誉，以及最终学会如何自己管理好项目小组。在这方面遇到的问题比想象的要多得多。在回顾这段日子时，他觉得自己离开学校时还太天真。

在咨询公司任职期间，弗瑞德工作相当出色，并且为自己以后的发展奠定了基础。后来一家代理公司请他担任制造事业部市场分部的主任，这个市场分部的年营业额高达1千万美元，这对他来说太有吸引力了，他难以拒绝。换到这家公司后，弗瑞德没有花多大力气，但仍然一帆风顺。最初来到公司时，人们对他这位"飞黄腾达又有工商管理硕士学位的咨询人员"的敌视态度是显而易见的。他发现市场部40名职员中，有很多人未能很好地完成本职工作。但不像在咨询公司，他不能轻易地撤换这些人。在这项工作中，他不得不与工程部、制造分厂、销售部的人员打交道，而每个部门几乎都像一个独立王国。同样，不同于以前的咨询公司，他现在的上级与上级的上级的背景与他的背景相差甚远，这些差异常常导致他们的观点大相径庭，而要说服上级接受他的看法又十分困难，有时甚至令人恼火。

弗瑞德认识到，处理人们之间复杂的关系——与上级、下级、同事以及外界人士的关系——是他全部管理工作的核心。同时他也知道，毕业后自己在这方面已学到了不少知识。他有时也感到精疲力竭，常常希望对自己负责的工作及人员有更多的控制权与自主权。

（思考：弗瑞德在新的公司获取权力方面遇到了什么困难？你有何建议？弗瑞德在领导能力方面有哪些不足？）

第二节　领导的类型

领导方式是一个回答怎样领导的问题。心理学家勒温对领导作风进行了研究，认为存在三种极端的领导作风，如表6-3所示。

（1）专制型领导：以力服人，领导者个人决定一切，布置下属执行。这种领导者要求下属绝对服从，并认为决策是自己一个人的事情，主要依靠行政命令、纪律约束、训斥和惩罚，很少参加群体活动，与下级保持相当的心理距离。

(2) 民主型领导:以理服人,领导者发动下属讨论,共同商量,集思广益,然后决策,要求上下融洽,合作一致地工作,主要运用个人权力和威信,积极参加社会活动。

(3) 放任型领导:工作无计划、无控制,领导者撒手不管,下属愿意怎样做就怎样做,完全自由,他的职责仅仅是为下属提供信息并与企业外部进行联系,以利于下属的工作。

勒温发现:在专制型领导的团体中,各团员攻击性言论很多,而在民主型团体中则彼此比较友好;在专制型领导的团体中,团员对领导者服从,但表现自我或引人注目的行为多;在民主型领导的团体中,则彼此以工作为中心的接触多;专制型团体中的成员多以"我"为中心,而民主型领导的团体中"我"字使用频率较低且具有我们的感觉;当试验导入"挫折"时,专制型团体彼此推卸责任或人身攻击,民主型团体则团结一致,试图解决问题,在领导者不在场时,专制型团体工作动机大为降低,也无人出来组织作业,民主型团体则像领导在场一样继续工作;专制型团体对团体活动没有满足感,民主型团体的成员则对团体活动有较高的满足感。

勒温根据试验认为,放任型领导工作作风工作效率最低,只达到社交目标,而完不成工作目标。专制型领导工作作风虽然通过严格管理达到了工作目标,但群体成员没有责任感,情绪消极,士气低落,争吵较多。民主型领导作风工作效率最高,不但能完成工作目标,而且群体成员关系融洽,工作主动积极,有创造性。

表 6-3 领导风格与员工"三性"(基于勒温理论)

	工作效率	任务目标	员工"三性"
放任型	最低	完不成	发挥一般
专制型	高	能完成	发挥不好
民主型	最高	能完成	发挥好

注:员工"三性"是主动性、积极性、创造性。

【案例 6-3】

哪种领导类型最有效?

ABC公司是一家中等规模的汽车配件生产集团。最近,对该公司的三个重要部门经理进行了一次有关领导类型的调查。

1. 李某

李某对他本部门的产出感到自豪。他总是强调对生产过程、出产量控制的必要性，坚持下属人员必须很好地理解生产指令以得到迅速、完整、准确的反馈。当遇到小问题时，李某会放手交给下级去处理，当问题很严重时，他则委派几个有能力的下属人员去解决问题。通常情况下，他只是大致规定下属人员的工作方针、完成怎样的报告及完成期限。李某认为只有这样才能带来更好的合作，避免重复工作。

李某认为对下属人员采取敬而远之的态度对一个经理来说是最好的行为方式，所谓的"亲密无间"会松懈纪律。他不主张公开谴责或表扬某个员工，相信他的每一个下属人员都有自知之明。

据李某说，在管理中的最大问题是下级不愿意接受责任。他讲到，他的下属可以有机会做许多事情，但他们并不是很努力地去做。

他表示不能理解以前他的下属人员如何能与一个毫无能力的前任经理相处，他说，他的上司对他们现在的工作运转情况非常满意。

2. 张某

张某认为每个员工都有人权，他偏重于管理者有义务和责任去满足员工需要的学说。他说，他常为他的员工做一些小事，如给员工两张下月在该城举行的艺术展览的入场券。他认为，每张门票才 100 元，但对员工和他的妻子来说却远远超过 100 元。这种方式也是对员工过去几个月工作的肯定。

张某说，他每天都要到工厂去一趟，与至少 25％的员工交谈；他已经意识到在管理中有不利因素，但大都是由于生产压力造成的。他的想法是以一个友好、粗线条的管理方式对待员工。他承认尽管在生产率上不如其他单位，但他相信他的雇员有高度的忠诚与士气，并坚信他们会因他的开明领导而努力工作。

3. 赵某

赵某说，他面临的基本问题是与其他部门的职责分工不清。他认为不论是否属于他们的任务都安排在他的部门，似乎上级并不清楚这些工作应该谁做。

赵某承认他没有提出异议，他说这样做会使其他部门的经理产生反感。他们把赵某看成是朋友，而赵某却不这样认为。

赵某说过去在不平等的分工会议上，他感到很窘迫，但现在适应了，其他部门的领导也不以为然了。

赵某认为纪律就是使每个员工不停地工作，预测各种问题的发生。他认为作为一个好的管理者，没有时间像张某那样握紧每一个员工的手，告诉他们正在从事一项伟大的工作。他相信如果一个经理声称为了决定将来的提薪与晋职而对员工的工作进行考核，那么员工则会更多地考虑他们自己，由此而产生很多问题。

他主张，一旦给一个员工分配了工作，就让他以自己的方式去做，取消工作检查。他相信大多数员工知道自己把工作做得怎么样。

（思考：你认为这三个部门经理各采取什么领导方式？这些模式都是建立在什么假设的基础上的？试预测这些模式各将产生什么结果？是否每一种领导方式在特定的环境下都有效？为什么？）

第三节　领导理论

一、领导理论发展的三个阶段

领导理论是把领导活动纳入到科学的研究程式中，通过一些实证式的研究和逻辑化的推理，得出一些普遍性的结论，是西方领导理论的重要特色。在领导理论的形成和发展中有以下三种对领导的不同理解：第一，从领导特性的角度去理解领导。以领导者为中心，探讨领导者不同于其他人的特性，成为人们理解领导的历史起点和理论起点。第二，从人际关系、感情因素的角度去观察领导。持这种观点的人认为，领导是对组织内群体或成员施加影响的活动过程，是一门促使下级满怀信心地完成其任务的艺术，是一种说服他人热心于一定目标的努力。第三，从组织所处的环境这一角度去观察领导。持这种观点的人认为，领导是如何使行政组织有效地适应外在环境以维持存续和发展的一项活动。

由于对领导的理解不同，形成了领导学理论研究的三种类型，即“特性论”、“行为论”和“情景论”。

1. 领导特性理论

早期的领导素质理论假设不管在什么样的情境下，所有的领导者都具有相同的素质，所以有效领导者有一定数量的相同素质与特性在很大程度上是先天的、与生俱来的，不具备天生领导者素质的人是不能当领导的，我们把这个时期的领导素质理论称为“天才论”或“伟人论”。

特性论继承了20世纪初出现的“天才论”的许多传统，但它在研究方法上因为得到了心理学的支持，从而超越了天才论。特性论对领导者先天具有和后天养成的独特性给予了充分的研究，以此探讨领导的有效程度。特性论抓住了领导现象中最为基本的要素——领导者，因此特性论的研究几乎贯穿领导学发展过程的始终。

2. 领导行为理论

领导行为理论是研究领导者的领导行为及其结构、组成要素与领导有效性的关系的理论。

行为论主要体现在美国的密执安大学和俄亥俄州立大学的研究成果之中。其大致观点是，有效的领导者应该是那些适应性强的人，就是那些能考虑到自己的能力、下属的能力和需要完成的任务，而能将权力有效下放的人。

3. 领导情景理论

20世纪60年代之后，领导理论研究进入“情景论”阶段。最早提出这一理论的菲德勒认为，无论领导者的人格特质或行为风格如何，只有领导者使自己的个人特点与领导情境因素相“匹配”，他才能成为一个优秀的领导者。情景论把客观情况与领导行为的相互作用视为领导活动能够成功的关键所在。

对于领导活动来说，并不存在一种永恒的、永远处于决定性地位的要素。领导既是一门科学，又是一门艺术。领导活动的成败取决于多重要素在特定状态下的有机组合。

二、领导特性论

（思考：领导者的特性是与生俱来的，还是后天形成的？）

早期的领导理论将研究重点放在了领导者个人性格或特性上，即早期特性理论。早期的特性理论认为领导的特性是天生的,是由遗传决定的。现在很少有人赞同这一观点,现代特性理论认为,领导者的特质是在实践中形成的,是可以通过教育训练培养的。

【案例 6-4】

天生伟人?

一群观光客造访一个风景如画的乡村。他们走过坐在篱笆边的一位老者时,一名观光客以傲慢的口吻问道:“这个村庄出生过什么伟人吗?”老者回答:“没有,只有婴儿。”

(思考:有何启示?)

早期领导特性理论也称“天才论”或“伟人论”,是研究领导者的心理特质与其影响力及领导效能关系的理论。早期特性理论假定特性的存在,并且假定领导者是天生的,而不是后天形成的。到 20 世纪 90 年代,领导特性理论认为某些领导的个性特点——许多不是天生的而是能够通过努力得到的——能够将有效的领导者与其他人区别开来。

巴纳德认为,环境和组织对领导者影响极大,但领导者的个人品质毕竟是第一位的、决定性的。他提出作为领导者应该具备的基本品质是:活力和忍耐力、当机立断、循循善诱、责任心、智力。

(1) 活力和忍耐力

这是领导者应具备的基本品质。活力和忍耐力不应同身体健康混为一谈,许多人身体健康,但缺少活力——充沛的精力、机警的头脑、能动精神或忍耐力。反之,有的人健康不佳,甚至疾病缠身,却有惊人的活力和忍耐力。活力和忍耐力之所以成为领导者必备的重要品质,其理由是显而易见的:第一,这种品质有助于获得难能可贵的经验和知识。第二,活力是产生个人魅力不可或缺的因素。墨索里尼致法西斯敬礼时表现的巨大热情、希特勒富有煽动性的演说、西奥多·罗斯福总统的艰苦奋斗精神以及富兰克林·罗斯福总统在竞选活动中所表现出的巨大毅力，都曾对公众产生极大的吸引力和影响。第三，领导人有时需要长时间地连续工作，经历紧张的时刻。缺少活力和忍耐力将意味着领导的中断。

(2) 当机立断

作出决定的能力是领导的重要因素。决断有时被看做是不恰当地使用权威，甚至与滥用权威相提并论，这是错误的。领导需要及时作出正确的决断。犹豫不决，丧失时机，一环失灵，会影响更重要的决策过程，使整个组织的行动归于失败。

(3) 循循善诱

要说服人首先要有了解人的本事。这包括理解别人的思想观点，设身处地考虑别人的利益和有关情况。作为领导，如果缺乏这种素质，他身上的其他优点和特点也就很难得到充分的发挥。

(4) 责任心

责任心是领导者应具有的基本的、重要的品质。领导者是否具有强烈的责任心，对被领导者的影响极大。马马虎虎、反复无常、不负责任的人很少能取得成功。

(5) 智力

巴纳德有意识地把智力放在领导诸因素中的第五位，即列在活力、决断、循循善诱和责任心之后，这是因为许多重要品质如精力充沛、当机立断的能力、强烈的责任感和使命感都属于非智力和下意识的范畴。领导者对自己是否具有这些品质也不很清楚，正如一个人听不见自己说话的声音、看不见自己脸部的表情一样。但是，作为好的领导人，对于自己身上的这种品质又必须要有强烈的自我意识，这样才能充分地发挥这些优点和特点。

但是，这绝不是说智能不重要。当一个人已经具备担任领导的其他条件时，他的智能高低就显得重要了，特别是在现代技术条件下。可以预见，未来的领导者必须是在智能上胜任的人。

另外，美国普林斯顿大学的 W. J. Baumol 教授经研究归纳提出，卓越的企业家有下列 10 条特征：①合作精神；②决策才能；③组织能力；④精于授权；⑤勇于负责；⑥善于应变；⑦敢于求新；⑧敢担风险；⑨尊重他人；⑩品德超人。

（思考：公认的领导者是什么样的?）

领导者有六项特性不同于非领导者，即努力进取、领导愿望、正直与诚实、自信、智慧和工作相关知识。

(1) 努力进取包括对成功的强烈渴望，不断地努力提高，精力充沛，对自己所从事的活动坚持不懈，具有高度的主动精神。

(2) 他们有强烈的权力欲望，喜欢领导别人，而不是被别人所领导。强烈的权力欲望驱使他们试图去影响别人，并在领导过程中获得利益和满足。

(3) 正直与诚实，言行一致。据此与下属之间建立起相互信任的关系。

(4) 自信能让领导者克服困难，在不确定的情况下善于作出决策，并能逐渐将自信传给别人。

(5) 领导者必须有足够的才智来搜集、整理和解释大量的信息；高的学历在职业生涯中是重要的，但最终还是有关组织的业务专长更重要。

(6) 一个有效的领导者对其公司、行业和技术问题有清楚的了解，广博的知识能使他们作出富有远见的决策，并能理解这种决策的意义。

实际上，完全以特性为基础的解释忽略了情境因素。具备恰当的特性，只能使个体更有可能成为有效的领导者，但他还需要采取适合情境的正确行动。而且，在一种情境下正确的活动，在另一种情境下未必正确。

三、领导行为论

领导行为理论的研究是从领导者的风格和领导者的作用入手，把领导者的行为划分为不同类型，然后分析各类领导行为的优缺点，进行相互比较，从而归纳出各种不同的领导方式和领导方法。

1. 密执安大学的研究

密执安大学的研究是由 R. 利克特及其同事在 1947 年进行的。他们试图比较群体效率如何随领导行为的变化而变化，发现了两种不同的领导方式。

(1) 工作导向型的领导行为：关心工作的过程和结果，并用密切监督和施加压力的办法来获得良好绩效、满意的工作期限和结果评估。对这种领导而言，下属是实现目标和任务的工具。

(2) 员工导向型领导行为：关心员工，并有意识地培养与高绩效工作群体相关的人文因素，即重视人际关系。

研究发现，员工导向的领导者与高的群体生产率和高满意度成正相关，而生产导向的领导者则与低的群体生产率和低满意度相关。

2. 俄亥俄州大学的领导四分图

领导四分图理论也叫二元理论，由美国俄亥俄州大学研究小组于 1945 年在大量调查研究的基础上提出。他们在研究过程中，将 1 000 多种描述领导行为的因素最终归结为对人的关心（体谅）和对组织效率的关心（主动状态）两大类。领导的体谅行为主要表现为尊重下属意见，重视下属的感情和需要，强调建立相互信任的气氛。领导的主动状态行为主要表现为重视组织设计，明确职责关系，确定工作目标和任务。这两类行为的不同组合，就构成了四种不同的领导方式，如图 6-1 所示。

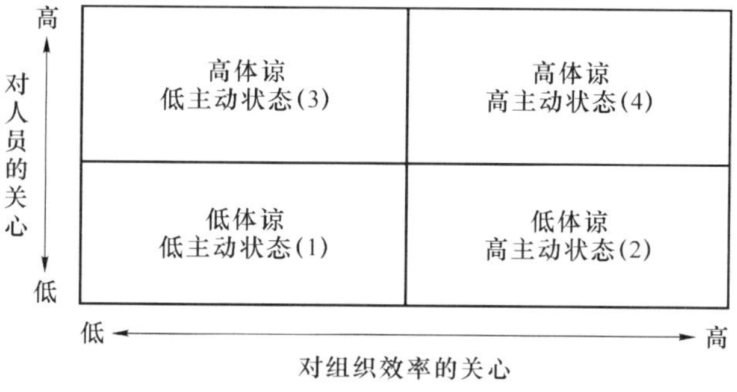

图 6-1　领导四分图

从图 6-1 中可以看出，(1)型领导既不关心人，又不重视组织效率，是最无能的领导方式。(2)型领导对组织的效率、工作任务和目标的完成都非常重视，但忽视人的情感和需要，是以工作任务为中心的领导方式。(3)型领导对人十分关切，对组织效率却缺乏关心，是以人为中心的领导方式。(4)型领导把对人的关心和对组织效率的关心放在同等重要的地位，既能保证任务的完成，又能充分满足人的需要，是最为理想的领导方式。“四分图理论”的提出者认为，一位两方面都高的领导人，其工作效率与领导的有效性必然较高。

3. “领导方式连续流”理论

“领导方式连续流”理论是美国学者坦南鲍姆和施密特于 1958 年提出的一种领导方式理论。他们认为，权威式的领导和放任式的领导只是两个极端，在这两者之间存在着各式各样的若干种领导方式，根据领导把权力授予下属的大小程度不同而形成一系列不同风格的领导方式，也就是说从专制到放任之间的领导方式构成了连续流。一个成功的领导者不一定是最专制的，也不一定是放任自流的，而应该是在一定的条件下善于考虑各种因素，采取最恰当的领导方式。坦南鲍姆和施米特认为领导者主要应考虑三个方面的因素：本人的因素（经历、知识、经验、个性等）、被领导者的因素（基本素质、对参与管理的愿望和需求、对组织目标的认识和理解程度）、环境方面的因素。在综合考虑这三方面的因素以后，领导者才可以选择最恰当的领导方式。图 6-2 所示为领导连续统一体模型。

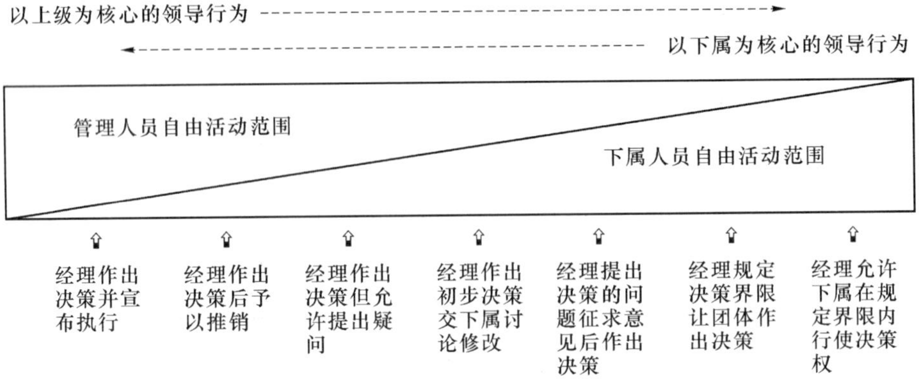

图 6-2　领导连续统一体模型

4. “领导方格”理论

“领导方式连续流”理论是从人的因素这一个维度来研究最佳领导方式的。后来，有的学者从企业管理的实践出发，在生产因素和人的因素这两个维度的情况下研究最佳领导方式。

行为科学家、心理学教授布兰克和莫顿在 1964 年出版了《管理方格》一书，在这本书里提出了领导方格理论，这是一种分析领导行为的两维方法。他们把两维平面坐标的纵轴作为“对人员的关心度”，把横轴作为“对生产（事业）的关心度”，并且将纵、横轴各分为 9 个标度，这样的坐标系就成了类似于我国古代数学中的“九宫格”(如图 6-3 所示)。

他们从这 81 种管理方式中取出最有代表性的 5 种,其坐标分别为(1,1)、(9,1)、(1,9)、(9,9)和(5,5),然后加以分析。

(1,1)型领导方式称为贫乏型领导方式,这种方式对生产和人都漠不关心,以维持组织现状和人际关系为目标。实施这种方式的可以称为无为型的领导者。

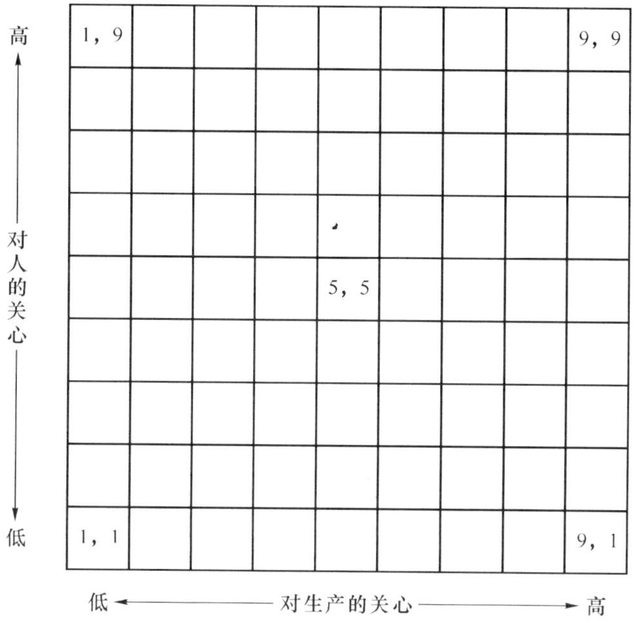

图 6-3　管理者方格

(9,1)型领导方式是一种权威—服从式的领导方式,这种方式基于对生产的高度关心,把人性因素的干扰减到最低程度。实施这种方式的被称为任务型的领导者。

(1,9)型领导方式称为乡村俱乐部领导方式,这种方式基于对人的高度关心,努力营造良好的人际关系,以求达到较高的工作业绩。实施这种方式的是好人型的领导者。

(5,5)型领导方式称为中庸型领导。在这种方式下对生产和人都只给予适度的关心,在保证完成工作任务的同时,注意将士气保持在适当水平,也就是非常注意二者之间的平衡,这样做的结果是可以达到较高的组织绩效。

(9,9)型领导也称为团队型领导,这种领导方式对人和生产都极度关心,领导者使他的员工都能明确组织的目标，组织内部的成员之间建立起互相信任和相互尊重的人际关系，从而使整个组织的积极性充分发挥出来。所以，这是一种最有效的领导方式。

除了"领导方格"理论以外，还有不少学者从另外的两个维度对领导方式进行研究。例如，从实现组织目标(P)和保持组织稳定(M)两个维度进行研究（卡特莱特的PM领导类型理论）。

四、领导情景论

领导情景论认为，领导行为的好坏不仅取决于领导者本身的素质和行为，而是受很多因素的影响，如果用数学公式来表示就是：

$$领导 = f(领导者, 被领导者, 领导环境)$$

从领导学视角看来，情景论就是指领导者应该根据情境因素选择有效的领导方式。这种理论认为，没有一种"最好"的领导行为，一切要以时间、地点和其他环境条件为转移。领导方式的正确与否、领导效能的有无和高低并不仅取决于领导者及其行为，而与被领导者和领导环境有很大关系。

领导权变理论的两大贡献在于：第一，它使领导具有更强的艺术化色彩；第二，它使对领导的判断不再局限于道德标准。

1. 菲德勒权变理论

菲德勒模型指出，有效的群体绩效取决于以下两个因素的合理匹配：与下属相互作用的领导者的风格；领导环境给领导者各提供的控制和影响结果的程度。

影响领导效果好坏的环境包括三方面。

(1) 领导者与被领导者的关系。这主要是指领导者对其下属的信任、依赖和尊重的程度，以及下属对其领导者的信任、喜爱、忠诚和愿意追随的程度和领导者对下属的吸引力。

(2) 任务结构，即对任务明确规定的程度或规范化程度。

(3) 职位权力，即领导者职权的强弱。这是与领导者相关联的职权，取决于领导者从上级和整个组织各方面所获得支持的程度。职权是由领导者对其下属的实有权力所决定的(包括聘用、解雇、指导、晋升、加薪等)。

领导环境与领导方式的匹配如图 6-4 所示。菲德勒设计了一种问卷来测定领导者的领导方式。该问卷的主要内容是询问领导者对最不喜欢的同事(LPC)的评价。如果领导者对这种同事的评价大多用敌意的词语,则该领导趋向于工作任务型的领导方式(低 LPC 型);如果评价大多用善意的词语,则该领导趋向于人际关系型的领导方式(高 LPC 型)。

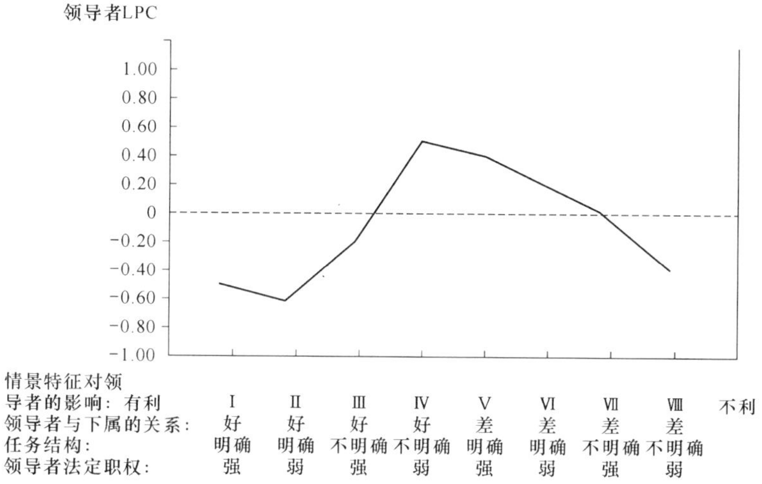

图 6-4　领导环境与领导方式匹配表

菲德勒模型认为,领导者的风格是不能改变的,一旦领导风格与情景发生冲突,可以采取的措施是:更换领导者;改变情景以适应该领导者。

2. 目标—路径理论

目标—路径理论是在期望理论基础上,由马丁·埃文斯首先提出,并经罗伯特·豪斯及其他人进一步发展而开发的一种领导权变模型。该理论以期望理论和管理四分图理论为依据,基本观点是:领导者不仅要阐明对下属工作任务的要求,还要帮助下属排除实现目标的障碍,使其能够顺利达到目标,在工作过程中给予职工多种满足需要的机会。

豪斯的"路径—目标理论"(1971 年)认为,领导者的效率是以能够激励下属达成组织目标,并在其工作中使下属得到满足的能力来衡量的,所以应根据不同的情景选择不同的领导方式。对于不同的情景他提出了四种领导方式:①指导型领导方式;②支持型领导方式;③参与型领导方式;④成就导向型领导方式。豪斯认为领导者的风格应该是灵活的，同一领导者可以根据不同的情景选择不同的领导风格。

目标—路径理论认为，领导者的工作是利用结构、支持和报酬，建立有助于实现组织目标的工作环境。其内容包括五个方面，即领导过程、目标设置、路径改善、领导风格（四种，即指令型、支持型、成就指向型、参与型）和权变因素。

3. 领导生命周期理论（适应性领导理论）

生命周期理论的背景是取自二维模式中的"四分图"，同时吸取了阿吉里斯的成熟—不成熟理论。阿吉里斯认为，大型企业的管理常常无视雇员的社会和自我需求，而雇员之间又不可能互相激励。这样雇员的个人生活就可能表现出许多不成熟的特点，因此，帮助雇员从不成熟转向成熟可以更好地为组织服务。而生命周期理论则认为，领导的风格要与下属的成熟度相适应，在下属逐渐成熟的过程中，领导的风格应当逐渐调整。总体要求是：对于不同成熟度的下属要采取不同的领导方式；对同一下属，在不同的成熟时期，采用不同的领导方式；对同一下属在同一时期，针对不同的工作采用不同的领导方式。

领导生命周期图如图 6-5 所示。

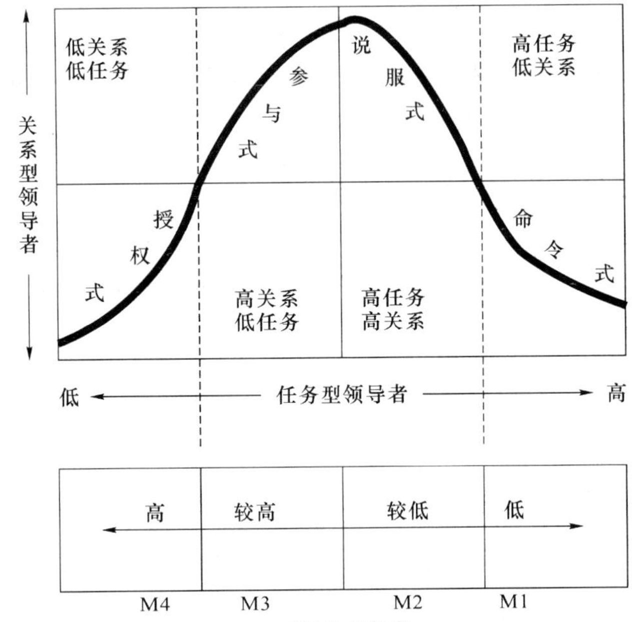

图 6-5　领导生命周期图

第四节　领导艺术

作为领导者，其有效性本质不是“把事做对”的能力，而是“做对的事”的能力。

（1）有效利用自己的时间

① 记录时间。许多有效的管理者经常保持一个时间记录簿，并且定期拿出来看看，进行研究和调整。

② 管理时间。时间浪费有两个常见的原因：其一是时间管理不当，或不论事情性质都躬亲处理；其二是组织缺陷。

对于时间浪费的第一类原因，管理者在进行活动之前，必须决定最需要自己处理的事情。

对于时间浪费的第二类原因，管理者要检查以下方面。

a. 组织工作缺乏系统观点或缺乏远见。其症状往往是反复出现同样的危机，预示着工作安排或制度安排有问题。

b. 组织员工过多或管理幅度过大。

c. 组织机制有毛病。其症状往往是会议太多或上级主管忙于协调的时间太多。

d. 信息功能不灵。其往往表现为信息内容不能准确地表达管理决策的目的，信息表达方式不易于管理者理解。

③ 集中时间。管理者应尽可能地集中时间，以处理重要的事务，产生更大的效益。

（2）致力于为组织成果作贡献

有效的管理者应经常自问：“组织需要我贡献什么？我贡献什么能对组织目标产生重要的贡献？”

另外，管理者必须随职务的改变而改变自己的工作思路。

（3）发挥自己、上级、同事、下级以及周围环境的长处

组织本身就是一种工具，用来发挥成员的长处，中和成员的短处，并使其短处尽可能不发挥作用。

所以，有效的管理者不是看重成员不能干什么，而是重视成员能干什么，不是看重成员的短处，而是看重成员的优势，并通过自己的协调、指挥，将成员的各自优

势发挥出来。

(4) 有效地发挥下级的长处

有效地发挥下级的长处，必须考虑以下原则：一是不设计常人不能承担的职位；二是职位要求要严，而内涵要广；三是用人时先看他能做什么，而不是先看职位的要求是什么；四是在用人之长的同时，还应容人之短。

(5) 能作出有效的决策

① 管理者必须认清问题的性质。一般来说，决策所要解决的问题可分为四类：常见的问题；表面上看是一件特殊事件，实质是一个普通的常见问题；一般性问题的首次出现；真正的例外及特殊事件。

事实上，除了第四类真正的特殊事件以外，所有问题都只需具有普遍意义的解决办法，即一条规则、一项政策，一旦建立了真正的原则，所有同类问题都可得到解决。

② 管理者必须明确所要解决问题的具体"规范"。决策的目标是什么？它必须达到的最低限度的目标是什么？它应满足的条件是什么？

③ 管理者必须先认真思考解决问题的方法，然后再考虑必要的妥协、让步、改动等一系列事项，以期决策能被接受。

④ 在执行决策过程中，管理者应及时收集执行情况的信息，一方面反馈给执行者，另一方面用以检验决策的正确性及有效性。

【案例 6-5】

超越美国式领导力：向堂吉诃德学习

哈佛商学院院长杰伊·莱特谈到源自美国的金融风暴时说："谁对 2008 年的崩溃负责呢？这是一个集体失败，不只是金融监管和金融机构的失败，而是在多个层面上的领导力的失败。对于公司高管来说是如此，对于政府来说是如此，对于商学院来说也是如此。"莱特没有清楚看到的是，这不仅是领导力的失败，更是美国式领导力的失败。如果没有看清症状，也就很难开准药方。

领导力的难题是人生的难题。斯坦福大学教授、组织领域的学术大师詹姆斯·马奇说，"领导力的基本难题——成为、担任、对抗和评价领导者所涉及的种种复杂情形——并非领导力所独有。它们是更普遍意义上人生的关键难题的回响。"

管理大师彼得·圣吉也喜欢引用这样一句话:“要成为一个领导者,你首先要成为一个人。”他说是出自孔子,听南怀瑾讲的。我对圣吉说不记得孔子说过这样的原话,但是孔子不会不同意。

文化的一个定义,就是解决问题的不同方式。跟人生的难题一样,在不同的文化中,人们解决领导力难题的方式也各不相同。然而多年以来,领导力无论是作为研究领域,还是培训产业,一直是“美国制造”的天下。这容易带来一种美国式的傲慢与偏见:认为美国模式放之四海而皆准的傲慢,只看见美国、看不见天下的偏见。

举个例子,领导力这个领域的“带头大哥”、被称为“领导力大师们的院长”的沃伦·本尼斯做过一项研究。他和合作者研究了两组美国领导者,一组生于1970年之后,一组生于1925年之前,一共43人。他们归纳出这两组领导者共有的四种品质——是哪四种跟本文主题关系不大——然后宣称:“我们现在深信这四种品质是所有榜样领导者的标志,不分年龄、年代、性别、民族和种族。”

本尼斯的自信自有其道理。领导活动跟其他许多人类活动一样,有超越文化的共性,跨越时空的真理。“东方有圣人,西方有圣人,此心同,此理同。盖不同,即非圣人。”这句中国古话说的就是这个道理。因为这个原因,许多领导力学者孜孜不倦地追求对共性的概括,我也是其中之一,在《领导力沉思录》一书中总结了“领导力的八项修炼”。

然而,跟其他许多人类活动一样,领导力有其文化属性。领导者、追随者、愿景与环境——这些领导力要素都可能各有其复杂的文化内涵。即使本尼斯发现的四种品质,或者我提炼的八项修炼是放之四海而皆准的,它们在不同的文化中,其优先次序、实施方式以及意义阐释也都会有所不同。以吉尔特·霍夫斯塔德、冯·特龙皮纳斯、查尔斯·汉普顿·特纳为代表的跨文化管理学者,通过其研究成果,已经雄辩地论证了世界上没有唯一的最佳管理方式。耐人寻味的是,这些学者都是欧洲人。

领导力的文化属性带给我们三个挑战。第一是找到最适合自己文化的管理和领导方式,而非盲目移植所谓最佳实践。管理大师彼得·德鲁克曾经写道:“因为管理所涉及的是把人们整合到一个共同的事业之中,它深深地植根于文化之中。经理人在德国、在英国、在美国、在日本,或者在巴西,做的都是完全相同的事情。他们怎么做也许大相径庭。因此,发展中国家的经理人面临的一个基本挑战就是从他们自己的传统、历史和文化中,找出并界定那些可以用做管理的砖瓦的部分。”

第二是在跨文化的环境中领导。发达国家的跨国公司面对这个难题很多年了。现在，这将成为中国经理人所要面对的重要考验。5月24日的美国《财富》杂志报道了海尔美国工厂遭遇的一些跨文化难题。一个事例是：一个中国经理人对犯错误的员工当众羞辱，激起了员工公愤，人力资源总监（美国人）不得不请南卡罗莱纳州（海尔美国工厂所在地）驻上海代表（一个华人）飞回美国跟这个经理人谈话。现在，在海尔美国工厂，没有一个中国经理人。在“世界是平的”大背景下，中国经理人必须学会跨文化领导。

第三个挑战则是文化整合。中国经理人可以从其他文化中汲取领导力智慧，并和自己的传统融合，创造一种新的领导力模式。而现在尤其需要从其他文化中学习的是美国的领导者。就拿源自华尔街的金融风暴来说，这是成就导向的美国文化走偏了的结果。成就导向是优点，激励了不同出身和背景的人们努力奋斗去追求“美国梦”。但是这也是缺点，使得领导者过于注重结果，却忽视了适当性。他们行事的逻辑是遵循“我能得到什么”，而非“我怎么做是适当的”。

马奇发现，“我说话的听众，几乎在所有时候，都完全信奉一种结果主义的世界观，也就是说，一个人做某些事，是因为期待与之相随的某些结果。”因此，他建议美国的领导者向堂吉诃德学习，因为他以身份的逻辑替代了结果的逻辑。堂吉诃德认为自己是一个骑士，因此他说：“在这种情形下，一个骑士会怎么做？那么我就那么做。”而身份的逻辑，正好与东方文化中的归属导向的特点密切相关。这两种行事逻辑，或者说两种文化导向，是可以互相学习、互相融合的。

（资料来源：http://www.sina.com.cn，2010年06月08日00:48，21世纪经济报道。）

（思考：联系相关领导理论，谈谈你对领导方式的见解。）

思考题

1. 如何理解领导的概念、原理和作用？

2. 如何认识领导与管理的区别与联系？

3. 什么是权力？如何正确运用权力？

4. 领导者应该具备哪些素质？

5. 结合相关领导理论，联系实际分析你所钦佩的一位领导者的特质和领导风格。

6. 请谈谈领导方式连续流理论。

7. 简述管理方格的构成及五种典型的领导风格。

8. 简述菲德勒权变理论。

9. 简述目标—途径领导理论。

10. 简述领导生命周期理论。

第七章

控　　制

第一节　控制与控制过程

［问题的提出］木桶原理

一个由许多块长短不同的木板箍成的木桶，决定其容量大小的并非其中最长的那块木板，而是其中最短的那块木板。同样，在一个企业的营销过程中，必然存在着许多相关的环节，只有找出制约企业经济效益提高的某一关键环节，把这个矛盾解决了，其他矛盾才可以迎刃而解。

今天的企业再也不能像过去那样通过层级系统预算和其他传统的控制方法将企业团结在一起……将企业凝聚在一起的将是意识形态。

——柯林斯·鲍罗斯

【案例 7-1】

哈勃望远镜的研制

经过长达 15 年的精心准备，耗资超过 15 亿美元的哈勃(Hubble)太空望远镜最后在 1990 年 4 月发射升空。但是，美国国家航天管理局(NASA)仍然发现望远镜的主镜片存在缺陷。由于直径达 94.5 英寸的主镜片的中心过于平坦，导致成像模糊。因此望远镜对遥远的星体无法像预期的那样清晰地聚焦，结果造成一半以上的实验和许多观察项目无法进行。

更让人觉得可悲的是，如果有一点更好的控制，这些是完全可以避免的。镜片的生产商是Perkings-Elmer公司，使用了一个有缺陷的光学模板来生产如此精密的镜片。

具体原因是，在镜片生产过程中，进行检验的一种无反射校正装置没有设置好。校正装置上1.3毫米的误差导致镜片研磨、抛光成了错误的形状。但是没有人发现这个错误。

具有讽刺意义的是，与许多NASA项目所不同的是，这次并没有时间上的压力，而是有足够充足的时间来发现望远镜上的错误。实际上，镜片的粗磨在1978年就开始了，直到1981年才抛光完毕，此后，由于“挑战者号”航天飞机的失事，完工后的望远镜又在地上待了两年。

美国国家航天管理局(NASA)中负责哈勃项目的官员对望远镜制造过程中的细节根本就不关心。事后航天管理局中一个由6人组成的调查委员会的负责人说:“至少有3次有明显的证据说明问题的存在，但这3次机会都失去了。”

组织、领导与控制是保证计划目标的实现所不可缺少的。从某种意义上说，它们同属于管理的“维持职能”，其任务是保证系统按预定的方向和规则运行。但是，管理是在动态环境中生存的社会经济系统，仅有维持是不够的，还必须不断调整系统活动的内容和目标，以适应环境变化的要求。

控制是管理工作的最重要职能之一。它是保证企业计划与实际作业动态相适应的管理职能。

一、控制活动

1. 控制的必要性

由于理想的状态是不可能成为企业管理的现实的。无论计划制订得如何周密，由于各种各样的原因，人们在执行计划的活动中总是会或多或少地出现与计划不一致的现象。管理控制的必要性主要是由下述原因决定的：(1)环境的变化；(2)管理权力的分散；(3)工作能力的差异。

2. 控制的定义

控制是指按照计划标准，衡量计划的完成情况和纠正计划执行中的偏差，以确保计划目标的实现；或者适当修正计划使计划更加适合于实际的情况，即“纠正”和“调适”。

3. 控制与计划的关系

控制与计划是一个事物的两个方面，它们之间的关系如下。

(1) 有效的控制方法首先是计划方法。

(2) 控制是为了实现目标的计划。

(3) 控制职能使管理工作成为一个闭路系统，成为一个连续的过程。

4. 控制的构成要素

(1) 控制首先建立在标准的基础上，标准是控制工作的前提，是检查的依据和衡量的尺度。

(2) 要有偏差信息，偏差信息是通过比较标准得到的。

(3) 要有纠正措施。

5. 管理控制的特点

(1) 明确的目的性。控制系统都是针对具体任务，并按实际情况由控制者与受控对象共同设计出来的。因此，控制系统均有明确的目的性。控制的目的是使组织实际活动与计划活动相一致，保证完成组织在计划中提出的任务和目标。

(2) 信息的准确性。有效的控制系统依赖于准确的数据和可靠的信息；反之，不准确或不可靠的信息则会导致管理者在采取行动时出现偏差。

(3) 反馈的及时性。一个有效的控制系统必须能够提供及时的反馈信息，以迅速引起管理者的注意，防止因未及时解决问题而给组织或个人造成损失。

(4) 经济性。即控制系统产生的效益与其成本进行比较，应是效益大于成本，不论是经济效益，还是社会效益。

(5) 灵活性。控制系统应具有足够的灵活性以适应各种变化，或控制应善于利用各种机会，控制要随时间和条件的变化调整其控制方式。

(6) 适用性。有效控制系统应是合理、适用的。如检查方式、方法要能真实发现问题，且被护理人员接受和理解。

(7) 标准合理性。控制的标准必须是先进、合理且能达到的。如标准太高或不合理，将起不到激励作用。

(8) 战略高度。管理层应该控制那些对组织行为有战略性影响的因素，包括组织中关键性的活动和问题。控制的重点应放在容易出现偏差的地方或放在偏差造成的危害很大的地方。

（9）强调例外。管理层不可能控制所有的活动，因此控制手段应顾及到例外情况的发生。

（10）多重标准。多重标准能够更准确地衡量实际工作，如危重病人的护理质量不能用单一生活护理标准来衡量，还应包括专科疾病护理等多重标准来衡量。

（11）纠正措施。有效控制系统不仅可以指出一个显著偏差的发生，而且还可以建议如何纠正这种偏差。

6. 控制类型

控制类型如图 7-1 所示。

（1）前馈控制：又称预先控制，事前控制。前馈控制是在企业生产经营活动开始之前进行的控制，其目的是防止问题的发生而不是当问题出现时再补救。即有一个“提前量”。重点是防止资源在质和量上发生偏差。目的是保证某项活动有明确的绩效目标，保证各种资源要素的合理投入。

其优点是：可防患于未然；适用于一切领域的所有工作；它不容易与所控制对象发生正面冲突。“丑话说在前面”。

其缺点是：前馈控制所需的准确的信息往往难以保证，“未卜先知”在实际中很难做到。

（2）同期控制：又称现场控制、过程控制、同步控制。同期控制是指企业经营过程开始以后，在偏差刚刚发生或发生不久时对活动中的人和事进行指导和监督，以保证活动按规定的方法和程序进行，是“面对面”。

其优点是：有助于提高员工的工作能力和自我控制能力。

其缺点是：管理者受时间、精力和业务水平的限制，一般都是基层管理者所采用的；要面对面的指导，因此需要相当高的技术技能，不能也不可能时时事事进行控制，不可能做到面面俱到；应用范围较窄；容易产生对立情绪，因为有的人，特别是男性，不愿意现场被管，宁愿事后被罚。

（3）反馈控制：又称事后控制、成果控制。反馈控制是指在一个时期的生产经营活动结束以后，对本期的资源利用状况及其结果进行总结，采取措施，对今后的活动进行纠正。

目的是总结经验与教训，为未来计划活动安排提供借鉴，“亡羊补牢”，不使类似情况再次发生。

其缺点是：控制实施以前，偏差已经产生，或损失已经产生。

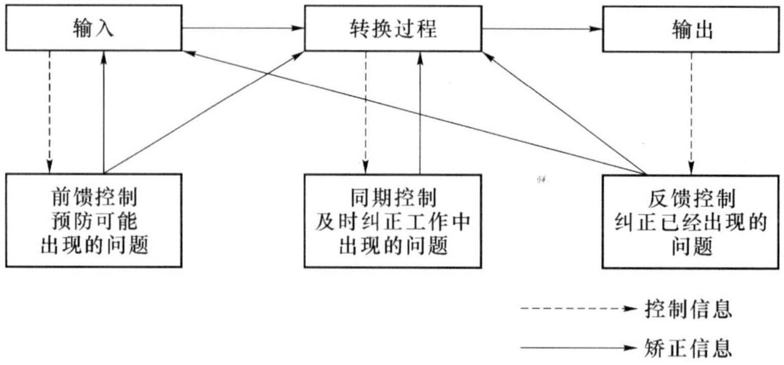

图 7-1　控制类型示意图

二、控制过程

控制过程如图 7-2 所示。

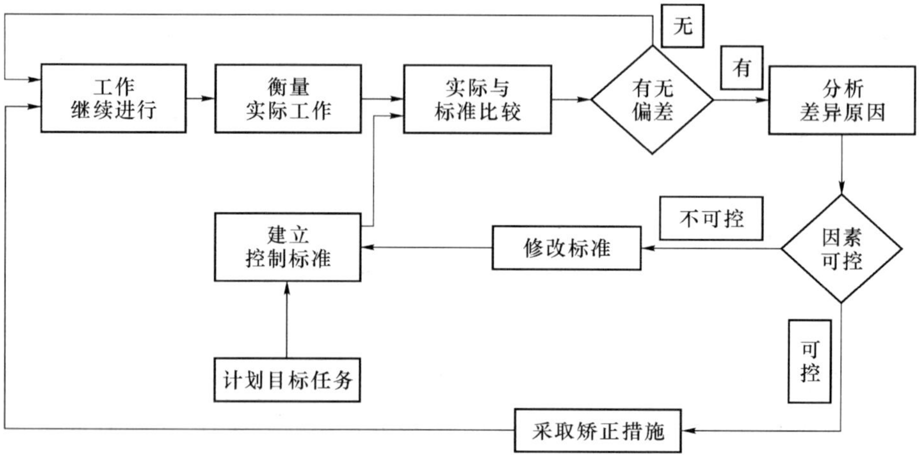

图 7-2　控制过程示意图

1. 制定控制标准

不能完全用计划目标代替控制标准，需制定专门的控制标准。

(1) 确立控制对象

控制的重点对象是组织活动的成果，控制影响组织目标实现的重要因素。

控制的基本功能是保证组织有效地取得预期的活动成果，在成果取得以前，对影响成果形成的各种要素进行分析，并把这些要素作为控制的目标。

主要因素有：环境的特点及其发展趋势、资源投入、组织活动。

(2) 选择控制重点

从影响经营成果的众多因素中选择关键环节作为重点控制对象。

① 该点是否影响整个工作的运行。

例如，矿泉水的生产选择“水源”作为关键控制点是正确的，该点最能反应产品质量的稳定性和一致性。而“中华鳖精”选择“天然鳖”作为生产的控制点是不正确的，因为“天然鳖”资源是极其有限的。

② 该点容易显示出偏差。

例如，为什么选择成绩作为考试结果的依据，招聘时以文凭来区分应聘者，因为选择它们作为控制点，容易显示出偏差。

又如统计数字的运用也是因为通过数字比较，能显示出偏差。

③ 合适的控制点数量足以反映全局。

企业重视利润增长率，政府关注 GDP 增长率的多少，因为它们是可以反映出企业、地区全局问题的数字。

(3) 控制标准的要求

① 简明性。即保证标准明确、不含糊，对标准的量值、单位、可允许的偏差范围等要明确说明，对标准的表述要通俗易懂，便于理解和接受。含糊的、解释起来主观随意性大的控制标准是不利于控制的。利用考试来选拔，分数作为标准是很简明的。

② 一致性。管理控制工作覆盖着组织活动的各个方面，制定出来的各项控制标准不可相互冲突，应该彼此协调一致。

③ 可行性。即标准的确定要客观，不能过高，也不能过低，要使绝大多数人通过努力都可以达到。因为建立标准的目的是用它来衡量实际工作，并希望工作达到标准的要求。所以，控制标准的建立必须考虑到工作人员的实际情况。如果标准过高，人们将因根本无法实现而放弃努力；如果标准过低，人们的潜力又会得不

到充分发挥,降低工作效率。

④ 可操作性。实际中为何许多考核是财务指标,就是因为可操作性强。

⑤ 相对稳定性。即标准要有一定程度的稳定性,要能用于一段较长的时间,即使有弹性,也是在一定的原则范围内变化。否则,标准经常变化,会使标准缺乏权威性,并加大控制工作的难度。但这种稳定不是绝对的,控制标准也要随组织活动的发展进行必要的调整。在一般情况下,随着组织的发展和组织效率的提高,控制标准应不断提高。

⑥ 前瞻性。建立的标准既要符合现时的需求,又要考虑到将来的发展对控制指标的要求。该标准能体现该企业、行为发展的趋势。

(4) 制定标准的方法

制定控制标准常用的方法有以下三种。

① 统计分析法

统计分析法是根据企业的历史数据资料以及同类企业的水平,运用统计学方法来确定企业经营各方面工作的标准。用统计计算法制定的标准,称为统计标准。

统计分析法的优点是简便易行。但它也存在局限性:一是对历史统计数据的完整性和准确性要求高,否则制定的标准没有任何意义;二是统计数据分析方法选择不当会严重影响标准的科学性;三是统计资料只反映历史的情况而不反映现实条件的变化对标准的影响;四是利用本企业的历史性统计资料为某项工作的确定标准,可能低于同行业的先进水平,甚至是平均水平。

② 经验估计法

经验估计法是根据管理人员和工作人员的实际工作经验,并参考有关技术文件或实物,评估计划期内条件的变化等因素,制定标准的方法。经验估计法适用于缺乏技术资料、统计资料的情况。其优点是简单易行,工作量小,但受主观因素影响大,准确性差。

③ 工程标准法

工程标准法是指在对工作情况进行客观的分析,并以准确的技术参数和实测的数据为基础,通过科学计算确定标准的方法。它是以精确的技术参数和实测数据为基础,又称为时间研究和动作研究。通过对二者的研究制定生产定额,为基层管理人员更恰当地安排工作,更合理地评估员工绩效,以及预先估计所需的人工和费用，建立客观的标准。

2. 衡量实际工作

目的是为管理者提供有用的信息，为纠正偏差提供依据。用标准去衡量活动的成效，揭示偏差，为纠正偏差提出要求，指明方向。

最满意的控制方式应是必要的纠偏行为能在偏差产生以后迅速采取，要求管理者及时掌握能够反映偏差是否产生并能判定其严重程度的信息。

管理者在衡量实际工作中应注意以下几点。

(1) 通过衡量成绩，检验标准的客观性和有效性。

利用预先制定的标准去检查各部门、各阶段和每个人工作的过程，同时也是对标准的客观性和有效性进行检验的过程。

衡量过程中的检验就是要辨别并提出那些不能为有效控制提高必须的信息、容易产生误导作用的不适宜的标准，找出控制对象的本质特征，从而制定出科学的控制标准。

(2) 确定适宜的衡量额度。

适宜的衡量额度取决于被控制活动的性质、控制活动的要求。控制对象可能发生重大变化的时间间隔，是确定适宜的衡量频度所需要考虑的主要因素。对那些长期的较高水平的标准，适用于年度控制。而对产量、出勤率等短期、基础性的标准，则需要比较频繁的控制。

(3) 立足于如何获得信息上，主要是信息，正是及时、完整的信息用来判断偏差到底有多大。

① 信息的要求。

- 及时性：事过境迁后，不能追忆、不能回忆且不能再现的重要信息要及时记录。
- 信息加工、检索、传递要快。
- 可靠性。
- 来源要正确，可靠性与完整性是成正比的。不能“盲人摸象”。
- 适用性：所提供的信息要简便、适用。不能受到信息污染的影响。

② 如何获得信息。

- 亲自观察，得来的信息真实全面。例如沃尔玛公司推行“走动式”管理，意在获取第一手信息。

- 利用报表和大量的统计资料，了解工作情况。
- 召开会议，让各部门管理者汇报各自工作近况及遇到的问题。
- 抽样调查。

3. 纠正偏差并采取矫正措施

(1) 找出偏差产生的原因。实际上并非所有的偏差都可能影响企业的最终成果。判别偏差的严重程度，对组织活动可能的影响，寻找产生偏差的主要原因。

(2) 确定纠偏措施的实施对象：组织活动还是原计划或标准。

(3) 选择纠偏措施。

针对产生偏差的主要原因，在纠偏上采取的方法主要有：第一，对于由工作失误而造成的问题，控制工作主要是加强管理、监督，确保工作与目标的接近或吻合；第二，计划或目标不切合实际，控制工作主要是按实际情况修改计划成目标；第三，若组织的运行环境发生重大变化，使计划失去客观的依据，控制工作主要是启动备用计划或重新制订新的计划。

纠偏措施的选择和实施要注意以下几点。

① 使纠偏方案双重优化。使纠偏方案双重优化的第一重优化是指考虑纠偏工作的经济性问题。若要纠偏，应使纠偏的成本小于偏差可能带来的损失。第二重优化是在此基础上，通过对各种纠偏方案的比较，选择最好的方案来组织实施。

② 充分考虑原先计划实施的影响，类似于“追踪决策”。

③ 注意消除组织成员对纠偏措施的疑虑。

常见的纠正偏差的方法有调整原计划、改进生产技术、改进组织工作、改进激励工作。

补充资料：美国通用电气公司关于关键绩效领域的选择

对企业经营成败起决定作用的八个方面如下：

(1) 获利能力；

(2) 市场地位；

(3) 生产率；

(4) 产品领导地位；

(5) 人员发展；

(6) 员工态度；

(7) 公共责任；

(8) 短期目标与长期目标的平衡。

三、有效控制

1. 适时控制

图 7-3 中，纵轴表示反映产品某个质量特征或某项工作质量完善程度的数值，横轴表示取值(即进行控制)的时间，中心线 CL 表示反映质量特征的标准状况，UCL 和 LCL 分别表示上、下警戒线。反映质量特征的数据如果始终分布在 CL 周围，则表示质量“在控制中”，而一旦越过 UCL 和 LCL，则表示出现了质量问题。

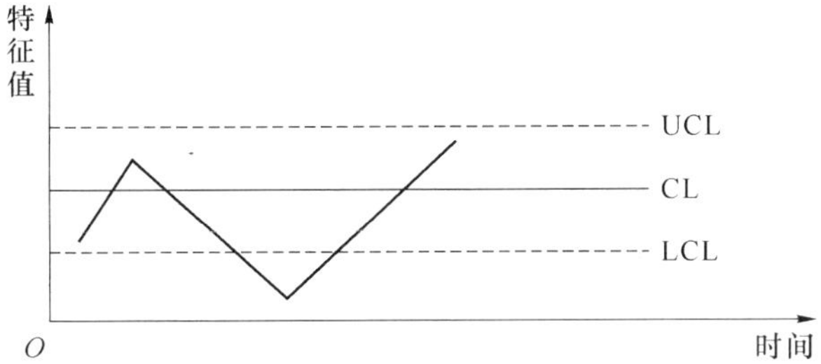

图 7-3 适时控制

2. 适度控制

适度控制是指控制的范围、程度和频度要恰到好处。适度控制应注意以下几点。

(1) 防止控制过多或控制不足。

(2) 处理好全面控制与重点控制的关系。

(3) 使花费一定费用的控制得到足够的控制收益。

3. 客观控制

没有客观的标准、态度和准确的检测手段，人们对企业实际工作就不易有一个正确的认识，从而难以制定出正确的措施，进行客观的控制。

4. 弹性控制

弹性控制通常与控制的标准有关。弹性控制有时也与控制系统的设计有关。通常组织的目标并不是单一的，而是多重目标的组合。

第二节　控制方法

[问题提出]破窗理论

美国斯坦福大学心理学家詹巴斗曾做过这样一项试验：他找来两辆一模一样的汽车，一辆停在比较杂乱的街区，一辆停在中产阶级社区。他把停在杂乱街区的那一辆的车牌摘掉，顶棚打开，结果一天之内就被人偷走了。而摆在中产阶级社区的那一辆过了一个星期也安然无恙。后来，詹巴斗用锤子把这辆车的玻璃敲了个大洞，结果，仅仅过了几个小时，它就不见了。

后来，政治学家威尔逊和犯罪学家凯琳依托这项试验，提出了一个"破窗理论"。这一理论认为：如果有人打坏了一个建筑物的窗户玻璃，而这扇窗户又未得到及时维修，别人就可能受到暗示性的纵容去打烂更多的窗户玻璃。久而久之，这些破窗户就给人造成一种无序的感觉。那么在这种公众麻木不仁的氛围中，犯罪就会滋生、蔓延。

1. 预算控制

预算，就是用数字、特别是用财务数字的形式来描述企业未来的活动计划，它预估了企业在未来时期的经营收入和现金流量，同时也为各部门或各项活动规定了在资金、劳动、材料、能源等方面的支出额度。

(1) 预算的种类

不同企业，由于生产活动的特点不同，预算表中的项目会有所不同，但一般来说，预算内容要涉及以下几个方面。

① 收入预算。

② 支出预算。

③ 现金预算。

④ 资金支出预算。

⑤ 资产负债预算。

(2) 预算的作用及缺点

① 预算的作用

编制预算是为企业的各项活动确立财务标准,用数量形式的预算标准来对照企业活动的实际效果大大方便了控制过程中的绩效衡量工作,也使之更加客观可靠;在此基础上,很容易测量出实际活动对预期效果的偏离程度,从而为采取纠正措施奠定了基础。

② 预算的缺点

- 它只能帮助企业控制那些可以计量的活动,而不能促使企业对那些不能计量的企业文化、企业形象、企业活力的改善予以足够的重视。
- 编制预算时通常参照上期的预算项目和标准,从而会忽视本期活动的实际需要。
- 企业活动的外部环境是在不断变化的,从而使预算变得不合时宜。

2. 生产控制

(1) 对供应商的控制

① 目前比较流行的做法是在全球范围内选择供应商。

② 改变与供应商之间的竞争关系。传统的做法是在十余家、甚至数十家供应商中进行选择,鼓励他们互相竞争,从中选取能够提供低价格、高质量产品的供应商。

③ 还有一种控制供货商的方法是持有供货商一部分或全部股份,或由本企业系统内部的某个子企业供货。

(2) 库存控制

对库存的控制主要是为了减少库存,降低各种占用,提高经济效益。管理人员使用经济订购批量模型(Economic Order Quantity,简称 EOQ)计算最优订购批量,使所有费用达到最小,如图 7-4 所示。

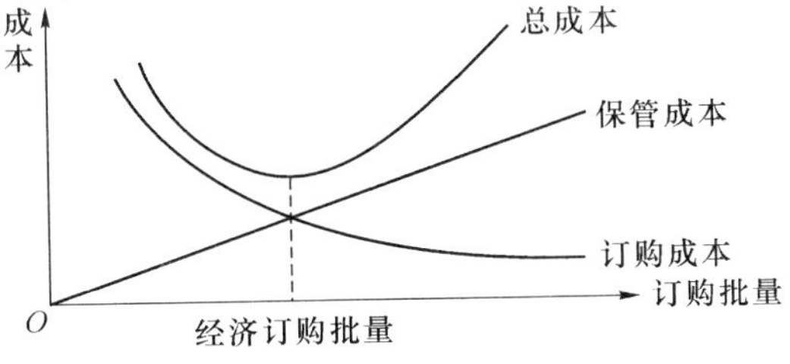

图 7-4　经济订购批量

假定企业在一定期间内总需求量为 D，每次订购所需的费用为 O，库存物品单价为 P，保管成本与全部库存物品价值之比为 C，则最优订购批量为

$$\mathrm{EOQ}=\sqrt{\frac{2DO}{PC}}$$

例如，某企业一年对某种材料的总需求量为 5 000 件，每件价格为 20 元，每次订购所需的费用为 250 元，保管成本与全部库存物品价值之比为 12.5%，则最优订购批量为

$$\mathrm{EOQ}=\sqrt{\frac{2DO}{PC}}=\sqrt{\frac{2\times 5\,000\times 250}{20\times 0.125}}\text{件}=1\,000\text{ 件}$$

因此，一年最优订购批量为 5 次，每次 1 000 件，订购成本为 1 250 元，保管成本为 1 250 元。

一般说来，企业除了最优订购批量外，为了预防万一会保留一个额外的储存量，这个储存量被称为安全库存。

补充资料：

日本企业发明了一种准时制库存系统(Just-In-Time inventory systems，简称 JIT，又称适时管理)，其目标是实现零库存。

JIT 的基本思路是企业不储备原材料库存，一旦需要时，立即向供应商提出，由供应商保质保量按时送到，生产继续进行下去。

JIT 的具体做法如下：企业收到供应商送来的装有原材料的集装箱，其中的原材料准备用于生产装配，同时把箱中的“看板”(Kanban，日语中卡片或标牌的含义)交回给供应商；供应商接到“看板”后立即进行生产，并将新生产出来的原材料再送来。如果双方衔接得好的话，这时上次的原材料刚好用完。

(3) 质量控制

狭义的质量指产品的质量；而广义的质量除了涵盖产品质量外，还包括工作质量。产品质量主要指产品的使用价值，即满足消费者需要的功能和性质。这些功能和性质可以具体化为五个方面：性能、寿命、安全性、可靠性和经济性。工作质量主要指在生产过程中，围绕保障产品质量而进行的质量管理工作的水平。

迄今为止，质量管理和控制已经经历了三个阶段，即质量检验阶段、统计质量

管理阶段和全面质量管理(Total Quality Management,TQC)阶段。

3. 其他控制方法

(1) 比率分析

① 财务比率

财务比率及其分析可以帮助我们了解企业的偿债能力和赢利能力等财务状况。

衡量财务比率的指标主要有:流动比率、速动比率、负债比率、赢利比率。

流动比率=(流动资产,包括货币资金、短期投资、应收账款、应收票据、坏账准备、预付货款、其他应收款、存货、待处理流动资产净损失、一年内到期的长期债券和其他流动资产企业的流动资产)/流动负债。它反映了企业偿还需要付现的流动债务的能力。一般生产企业合理的最低流动比率是2。

速动比率=(货币资金+短期投资+应收票据+一年内应收账款)/流动负债。通常认为正常的速动比率为1,低于1的速动比率被认为短期偿债能力偏低。

负债比率=(流动负债+长期负债)/资产总计。该指标一般在50%左右为宜。

赢利比率是企业利润与销售额或全部资金等相关因素的比例关系。常用的比率有销售利润率和资金利润率。

② 经营比率

常用的经营比率有三种:库存周转率、固定资产周转率、销售收入与销售费用的比率。

(2) 审计

审计是对反映企业资金运动过程及其结果的会计记录及财务报表进行审核、鉴定,以判断其真实性和可靠性,从而为控制和决策提供依据。

根据审查主体和内容的不同,可将审计划分为三种主要类型。

① 由外部审计机构的审计人员进行的外部审计。

② 由内部专职人员对企业财务控制系统进行全面评估的内部审计。

③ 由外部或内部的审计人员对管理政策及其绩效进行评估的管理审计。

4. 其他方法

(1) 亲自观察

最简单常常也是最有成效的控制方法是亲自观察,即主管人员到车间或办公室进行实地观察。这种方法有利于主管人员获得来自第一线的信息，而不是被文山会海所淹没。

(2) 文化控制

文化控制是利用企业的愿景、共同的价值观和行为规范实施控制的企业管理模式。文化控制通过在组织中形成共同的价值观念，从而发挥管理和控制作用，弥补正式的官僚行政控制手段的不足，使母子公司在经营理念、战略意图、行为方式等方面保持一致，降低上下级间的沟通成本，提高企业的响应速度。文化控制与企业文化建设有显著差异，尤其适合企业外部环境动荡的时候。实施文化控制的最终目的是实现协同。

思考题

1. 什么是控制？控制与计划的关系是什么？
2. 控制分哪几种类型？
3. 控制的过程是什么？
4. 如何进行有效的控制？
5. 控制的方法有哪些？
6. 控制的消极行为反应是什么？如何诱发对控制的积极行为？

第八章

变革与创新

前面讲到过，企业没有普适的管理方法：某一种管理方法对一个企业行之有效，而对另一个企业则行不通；在某一个时间段企业的管理是有效的，而随着时间的推移，企业会出现很多问题。因为企业千差万别，企业所处的环境在不断发生变化，企业具体的管理方式也应该因时而变，这就是管理学要把握的一个重要原则"权变"。本章讲述企业如何随着环境的变化而进行管理上的变革与创新。企业所处的宏观环境包括政策法规、经济、社会、技术等因素，而微观环境包括企业的内在环境以及企业所在的行业环境（如企业的上下游、竞争者等），所有这些因素的变化，都构成了推动企业变革和创新的力量。

第一节　变革的力量

一、外部力量

1. 政治法律环境

政治制度、政策法规的变化使企业不得不作出变革。如果一个国家政局动荡，企业在经营决策尤其是长期投资决策时就会考虑到这种风险。再如，2008 年爆发的"三聚氰胺"事件是一起严重的食品安全事故，几乎席卷了中国整个乳品行业，问题最严重的企业三鹿集团破产清算，随后政府出台了更严格的监管法规。为避免类似的事故，乳品企业对于奶源采取更严格的管理，一些大型企业逐步建立自己的牧场，从源头上堵住可能的漏洞。在全球化的市场环境中，企业的应变能力就更为重要了。一个企业在某个国家的运作是合规的，而在另一个国家或地区可能就行不通。一个典型的案例是谷歌退出中国事件。2010 年 1 月 13 日，谷歌全球副总裁多姆德通过博客发表声明，宣布谷歌退出中国。这个决定震惊了世界。其内在的原因是，谷歌没法接受中国政府对互联网的监管，对搜索结果进行过滤处理要求。而在事隔半年之后，谷歌与中国政府达成了妥协，重返中国市场。

2. 经济环境

经济的发达程度决定一个企业面对的市场有多大，也决定了企业对该地区市场的重视程度及相应的对策。中国近几十年经济高速发展，消费者购买力不断提高，跨国汽车企业对中国的策略有了很大的变化。在 20 世纪 80 年代，德国大众等少数几个公司先后在中国开办合资企业，中国市场上的车都是国外的老旧车型，那时候中国的汽车市场微不足道。近些年国外的知名汽车品牌纷纷和中国的汽车企业合资建厂，这些企业新出的车型在中国市场也同步推出，其中根本的原因是中国在 2009 年已经超越美国成为全球最大的汽车市场。

3. 社会与文化要素

对于一个全球化的企业，在不同的社会环境中，社会道德风尚、文化传统、价值观念、人口结构等诸方面都不相同，企业的经营决策必须作相应的调整。所有的跨国企业都面临本土化的问题，这不仅是企业员工的本土化，更重要的是企业的行为符合本土的文化传统和价值观念。比如，在 2003 年 12 月的《汽车之友》杂志上，丰田为它的新款车“霸道”设计的广告是，路边两只石狮向“霸道”敬礼，广告的文案是“霸道，你不得不尊敬”。该广告在网上引起了轩然大波，在中国的传统里，石狮是一种文化图腾，该广告有辱华嫌疑。最后丰田不得不致歉，挽回影响。

4. 技术

新技术的采用让企业或者组织提高生产效率，赢得竞争优势。所以，新技术的出现是推动企业变革的巨大力量，不管企业是主动的还是被动的。互联网的出现对整个社会的组织和企业带来了深刻的变革。企业建立自己的网站，通过互联网让企业的利益相关者，如用户、员工、股东和公众更有效率地沟通。股东可以通过网站了解企业的现状、发生的影响企业价值的事件，从而决定自己的投资。用户可以通过网站了解新产品，下订单，获得技术支持。员工可以通过 QQ、MSN、电子邮件等方式互相沟通协作，向客户提供咨询服务。政府部门也通过网络大大提高了

效率。比如，婚姻登记，可以在网上搜索到政府的办公网站，可以查到办公地点、时间、需要准备什么材料等多种信息，还可以提前预约，可以看到当天预约的人数，从而个人和登记单位可以合理安排时间。

5. 行业微观环境

企业所处的行业环境的变化直接影响到企业的决策。企业上游的供应商、供应商的供应商、企业下游的经销商乃至最终用户，和企业同一层次的竞争者，产业链的任何一个环节发生变化，企业的管理决策都要随之调整。在IT行业，市场环境尤其多变，企业不仅随时在企业运营的细节上调整，战略层面的调整也随时会发生。例如，苹果和谷歌曾经是亲密的合作伙伴，共同对付强大的微软，谷歌的搜索和地图服务预装在苹果的计算机和智能手机上，谷歌的CEO施密特还是苹果董事会的董事。但随着两家公司业务越来越多的交叉，两家公司竞争的火药味也越来越浓。谷歌推出Android手机操作系统，并被摩托罗拉、三星等业内手机生产厂商广泛接受，成为苹果iPhone最大的竞争对手。作为回应，苹果对采用Android系统的手机制造商HTC发起专利诉讼，并封杀了谷歌语音邮件管理程序Google Voice。谷歌Chrome操作系统直接和苹果计算机操作系统和微软Windows竞争。在移动广告领域，谷歌7.5亿美元收购了手机广告公司AdMob，而苹果以近3亿美元的价格收购Quattro无线作出回应。由于这种竞争，谷歌CEO施密特退出了苹果董事会。再比如，2010年中国棉花大幅度减产，棉花价格飙升，作为下游的纺织品加工业就面临成本上涨的压力，在承接加工订单上作出预期的调整。这些劳动密集型企业利润微薄，原材料价格上涨很容易就侵蚀掉全部利润。

二、内部力量

企业的内部环境发生变化时，企业需要作出改变与之相适应。内部环境的变化很多时候始于外部环境变化的驱动。如果一个组织运行得很好，很有竞争力，那么内部的问题很容易被掩盖起来。一旦一个组织的绩效出现问题，那么它内部的问题便会很快暴露出来。

1. 组织战略的修订

企业出现问题，必然带来内在的矛盾，矛盾促使问题的解决，从而给企业带来一系列的变化。例如，由于摩托罗拉对智能手机市场判断的失误，到 2008 年第三季度，它的手机销量已经连续七个季度下滑，和去年同期相比，手机营业额下滑 31%，亏损 8.4 亿美元，在市场份额上也失去了全球第三大手机制造商的位置，让位于索尼爱立信。经营状况的恶化和来自股东维权人士卡尔·伊坎的压力迫使摩托罗拉把手机业务分拆出来，成立摩托罗拉移动公司，专注于个人和家庭消费业务，从高通公司请来桑杰·贾执掌。新公司对手机业务重新规划，专注于 android 平台开发智能手机，2009 年推出的手机 Milestone 大受欢迎，74 天内在北美销量达到 105 万台，超过同期 iPhone 100 万台的销售记录。

2. 组织劳动力的变化

任何一个组织的劳动力都处在流动当中。劳动力的年龄、性别、文化程度、种族等方面会随着时间变化，相应的管理也需要发生改变。比如，富士康近两年频繁发生员工跳楼案，过去很少发生，原因在于，企业员工队伍发生了很大变化，而管理层却忽视了这种变化。富士康公司实行准军事化的管理，对于一个代工企业而言，这种管理对产品品质是一个很好的保证，这也是它为什么能拿下苹果这个对产品质量要求苛刻的大客户的原因。这种管理在[illegible]年前也许是合适的，那时候第一代农民工外出打工仅仅是为了挣钱养家，他们的根还在农村。而现在第二代农民工就不一样了，他们出生于八零九零后，基本上不会种地，他们出来打工，除了挣钱，还希望能学到东西，能融入城市生活；而在富士康，他们成了流水线上的一台机器，因为倒班使得同一个宿舍的人互不相识，没有人际交往，长此以往，很容易在精神上出问题。

3. 新技术的引进

新设备、新技术的引进是组织变革的内在力量。比如，现在很多企业引进了 ERP 管理系统，这需要对员工培训、对业务流程重新设计、改变员工的工作方式等。

第二节　关于变革过程的两种不同观点

关于变革过程有两种不同的观点。一种认为，组织是在一个相对稳定的环境中，如同风平浪静的海洋中航行的大船，只偶尔有风暴，大多数情况下只要按部就

班航行就可以了。在这里,变革只是正常运作流程的偶尔中断。另一种观点认为,组织处在一个动荡的环境中,如同在湍急的河流中的小木筏,要随时改变来应对不断出现的险滩、急流,乃至各种不可预知的状况。在这里,变革是一种常态,一个持续的过程。

一、风平浪静观

在20世纪90年代之前,风平浪静观可以用来描述管理者面临的境况。库尔特·卢因用解冻—变革—再冻结来描述变革的过程,这个过程是可以计划的。现状是一个平衡状态,首先要对现状解冻,打破这一平衡状态。在这个过程中要增强驱动变革的力量,消弱约束变革的力量。解冻完成即可推行变革,对变革后的状态再冻结,使之成为新的稳定状态。所谓再冻结,就是从制度层面来维持变革的成果。

比如,一个政府机关原来有一套自己的办事流程,文件手工抄写批阅。现在要上一套办公自动化系统,实现无纸化办公。这样一个变革过程,开始会有不少阻力,比如对新系统不熟悉、不愿意学习、觉得麻烦等。首先领导和员工要有深刻的认识,对新的业务流程进行培训,在过渡阶段,老的业务流程和新的业务流程双轨运行,最后完全切换到新的业务流程上。

二、急流险滩观

20世纪80年代以来,随着信息技术的发展,组织面临的生存环境越来越复杂多变。尤其是在IT行业,永远充满着机会,也永远充满着变数和风险。很多曾经伟大的公司走入了历史,如80年代计算机业仅次于IBM的DEC公司、90年代个人计算机巨头康柏公司,还有SUN公司、加拿大北方电信等。同时有很多年轻的伟大的公司涌现,谷歌2004年上市距今才8年时间,已经成为市值近2 000亿美元的互联网巨擘;中国的华为1988年在深圳成立,到2010年年销售额已经达到218.21亿美元,首次入围美国《财富》杂志500强,位列397位,在电信设备制造商中仅次于爱立信。还有很多耳熟能详的中国公司都很年轻,如腾讯成立于1998年,百度成立于2000年,凡客诚品成立于2007年。IT行业的生态环境用急流险滩观来描述组织面

对的变革再恰当不过。

在一个充满变化和不确定性的环境中能够持续地成长对组织的管理者是一个很大的挑战。这需要组织的管理者具有敏锐的嗅觉、卓越的判断力，不墨守成规，能够适时对战略进行调整。我们可以从美国3Com公司发展的历史看到企业面临的多变的生态环境、企业的变革以及变革的成败。

【案例8-1】

1979年，罗伯特·梅特卡夫博士利用发明的以太网专利成立了3Com公司。3Com名称取自计算机(Computer)、通信(Communication)与兼容性(Compatibility)，具有很好的前瞻性。早期3Com产品主要包括以太网卡和链接个人计算机、大型机和小型机的网络软件。1990年，迫于微软和Novell公司在网络操作系统市场的竞争压力，3Com逐渐淡出了网络软件市场，专注于网卡、集线器、交换机等设备市场。1994年，公司收购了交换机生产商Synernetics公司、远程访问服务器生产商Centrum通信公司以及ATM厂商NiceCom公司。1995年，3Com以7.75亿美元买下集线器和交换机厂商ChipCom。这样3Com公司有了从网卡到交换机较完整的产品线，这些对于构建局域网也许是足够的，但3Com并没有为随之而来的互联网浪潮作好准备。

互联网作为美国国家科学基金会的应用项目已经存在很多年了，它连接美国著名的大学和科研机构，科研人员通过它共享信息、发送电子邮件。真正使互联网商业化的是网景公司1994年发布的航海家(Navigator)网络浏览器，它使互联网面向大众，导致了互联网的爆炸性增长。搭建互联网的基础设备网络路由器正是3Com的弱点，它的竞争对手思科公司正是凭借其核心产品路由器成为网络巨无霸。3Com原有的市场也面临进入者的压力，英特尔公司凭借其财力以低廉的价格掠取3Com在网卡和交换机市场的份额。在低端市场，3Com受到来自台湾和中国大陆产品的挤压。

面对互联网带来的机会，1997年3Com花66亿美元的巨资收购了美国机器人公司。美国机器人公司拥有当时最快的56 KB调制解调器，在接入设备市场占了绝对的份额，但这一技术很快就被新的技术取代了，后来的xDSL技术提供了更快的宽带接入。这是一个致命的决策，66亿美元的巨大代价买到的是一个技术很快过时的公

司，而并购后 3Com 的年营业额在 50 亿美元上下。市场表现不佳和并购带来的财务压力使 3Com 不得不进行业务收缩，从此开始走下坡路。2000 年 3Com 退出了企业交换机市场，退出了高端业务，也退出了网络数据业务竞争的舞台。

为了在低端业务上和思科竞争，2003 年 3Com 和华为成立合资公司，此后合资公司成为 3Com 全球业务中唯一赢利的部分，贡献了绝大部分销售额和利润，3Com 实质上成为了一个中国化的公司。中国的人工便宜，有很好的开发团队，而且华为有很好的市场策略，合资公司保持了每年 70%的复合增长。2006 年 3Com 以 8.82 亿美金买下华为持有的股份，但 3Com 的管理者在竞争市场上已经失去了位置，2009 年 3Com 以整体 27 亿美元的身价卖给惠普公司，一个曾经令人尊敬的公司退出了历史舞台。

从 3Com 的历史我们可以看到，IT 行业是如此复杂多变，发展如此之快，对行业的判断失误会使企业遭受灭顶之灾，而且没有改正错误的机会。并不是所有的行业都像 IT 行业面临如此动荡的生存环境，但即使是传统行业如银行、机械制造、航空等，也不再有过去那种四平八稳的经营环境，由于信息技术的进步，这些行业的竞争越来越激烈，威胁往往不期而至。所以，一个组织的管理者如果是以四平八稳的思维来看待这个行业，将是极其危险的。管理者必须随时面对竞争环境的变化作出相应的变革。

第三节　如何进行组织变革

一、组织变革的概念

一个组织的人员、结构和技术的变动我们称为组织变革。承担组织变革过程管理责任的人称为变革推动者。那么谁是合适的变革推动者呢？

组织变革可能由内部管理者协调并发起，也可能请外部咨询人员指导实施，两种方式利弊参半。内部管理者对企业比较熟悉，然而出于情感的考虑或者利益相关的原因，他们的认知缺乏客观性，变革会偏于保守。而外部咨询人员对组织的历史、文化、人员缺乏了解，但他们可以有一个中立的视角，没有人情利益关联，更容易发动急剧的变革。

人们常说，医生不给自己的孩子看病。原因很简单，情感会使人失去科学的判断，造成医疗事故。IBM 在经历六七十年代的辉煌后，80 年代开始走下坡路。由于固步自封，过于专注于大型机而对个人计算机和软件应用市场的前景误判，IBM 陷入了困境，1992 年亏损达到 49 亿美元。尽管 IBM 有自己的咨询部门，而且在 IT 行业的咨询负有盛誉，但却无法给自己开出良方。时任 IBM 董事长的阿克斯也试图改变这种现状，但收效甚微。不得已，IBM 从外部聘请 CEO，当时的食品烟草公司老板郭士纳在 1993 年愚人节走马上任。郭士纳对 IBM 进行了大刀阔斧的改革，削减成本，半年裁员 45 万，并对公司的业务作了战略性的转移，从过去的计算机硬件制造转变为提供技术服务和解决方案。1994 年 IBM 即获得赢利 30 亿美元，变革获得了巨大成功，正如郭士纳的自传所言，谁说大象不能舞蹈?

组织的变革无时无刻不在进行中。组织的管理者识别日常运营中的问题，随时作出修正。如果组织的问题很严重，从外部请人来推动是必要的。

二、变革的类型

管理者选择的变革基本上有三种:结构、技术和人员。结构的变革包括组织部门职责的划分、授权、协调机制等。技术变革包括业务开展的方式、新设备的引入等。人员变革指的是对员工工作态度、认知和行为的改变。

1. 结构的变革

对组织结构的设计、职责的分配是组织管理者的责任。随着运营环境的改变，组织结构发生改变以提高组织的运行效率。例如，在 20 世纪 90 年代，国内包括联想、方正在内的很多计算机公司都有一个很显著的改变，从原来的分公司制改为事业部制。分公司制是一种层状结构，企业在各地区设立分公司，分公司有独立的财权，这在业务开拓初期是有必要的，因为各地的环境不同，分公司有很大的自主权来应对市场。但在一个成熟的市场中，这种层状结构会屏蔽掉很多信息，如客户的需求、业务开展的状况，总部无法对市场作出及时有效的反应。事业部制是一种垂直结构，市场信息可以及时反馈回来，以便作出相应的对策。

2. 技术变革

管理者可以对组织采用的技术进行变革来提高绩效。技术是驱动社会进步的最重要的力量，所有的组织都企图通过新技术取得竞争优势。技术变革涉及新的设备、工具，方法引进、自动化、信息化等。例如，从20世纪80年代末开始，中国的印刷出版业也发生了一场革命，用电脑激光照排印刷取代传统的铅字排版印刷。这大大提高了效率，过去一张报纸也就能做四个版面，现在我们能够看到有的报纸一天可以出到上百个版面。过去西藏地区看到人民日报差不多得一个星期，现在通过网络传输到当地印刷，全国各地可以同时看到当天的报纸。

自动化是机器取代人工的一种技术变革。工业革命早期，生产工具被大量替代，如内燃机代替蒸汽机，汽车代替马车等。后来，生产活动越来越减少人工的使用，比如，现在的数控机床生产一个零件不需要工人做每一个操作，只需要输入加工程序和技术参数就可以了。不同机器之间的互相协作也可以通过流水线设定固定的程序来实现。比如，一条饮料灌装线，从进料到罐装、密封、贴上标签一气呵成，最后出来的就是成品。像富士康这种劳动密集型的代工企业，由于人工成本的上涨，正考虑引进自动化生产线部分代替人工操作。

近年来技术变革的显著特点是各个行业的信息化。银行、航空售票系统比较早采用计算机进行业务处理。中国的出版行业在八九十年代实现了采编出版业务的计算机化，商业零售行业从90年代起逐步引入条码管理和POS机收银服务。沃尔玛的核心竞争力就是利用计算机技术打造的供应链和物流管理体系，这不仅为它带来了成本优势，而且加深了对客户需求的了解，提高了反应速度，赢得了竞争优势。通过激光扫描和计算机网络，沃尔玛可以实现商品从库存到配送、上架和销售的全程追踪，做到从门店到配送中心到供应商的同步。甚至沃尔玛可以在1小时内完成全球4 000多家门店的盘点。现在很多企业在引入ERP(企业资源计划)系统，对企业进行业务流程管理和资源规划，从而赢得竞争优势。

3. 人的变革

人的变革就是对人的态度、期望、认知和行为的改变。中国是一个转型中的国家，过去在官僚体系下吃惯了大锅饭，员工缺乏在现代商业社会中应有的职业素养和商业伦理，这是中国企业的一大竞争劣势。这种状况在一些竞争性行业中已经有所改变。比如，给中国移动客户打电话咨询，谈话过程会有录音，咨询结束系统会提示对客服人员进行打分，按一个数字代表非常满意、满意还是不满意。

4. 全球化对组织变革的影响

很多大型企业都不可避免地遇到全球化的问题。由于政治法律环境和文化环境不一样，在一个地方推行的变革在另一个地方可能完全行不通。例如，2004 年中国上汽以 4 亿美元买下陷入困境的韩国双龙 49%的股权，此后又增资获得 51%的控股权。上汽试图以在中国办事的思维来改变韩国双龙，降薪、裁员，这些在中国很容易的事情在韩国完全行不通。因为韩国有强大的工会，动不动就罢工，企业一步步滑向深渊，2009 年实施破产保护。所以，管理者在变革的时候一定要考虑不同国家和地区的制度和文化背景。

三、应对变革的阻力

1. 抵制变革的原因

变革是为了实现组织的目标，组织的目标可能和个人的目标不尽一致。个人为变革付出代价，这种代价可能是确定的，也可能是不确定的。这些都会成为变革的阻力。

变革的阻力首先会来自既得利益者。有人会失去权力和地位以及相关的福利。比如，在企业并购中，被并购方管理层很容易抵制收购，虽然维护股东的利益是一种因素，但并购后很容易失去现在的位置是一个很重要的原因。

变革带来学习成本。在一个新的系统中，变革必然要求学习新的知识，适应新的东西。比如，如果一个组织引进一套新的管理软件，那么系统管理员要熟悉和维护好这套新系统，给员工培训如何使用，工作量非常大。而普通员工要学会并习惯使用，这也是个痛苦的转折。所有这些都会成为变革的阻力。

变革具有不确定性。人都是规避风险的，变革可能给员工带来利益，也可能带来损失。面对风险，人们会选择维持现状。变革对组织的利益而言也是不确定的，这时候阻力可能是一种好事，多听听不同的意见，权衡利弊，会对组织有益。

2. 应对变革阻力的方法

管理者首先对变革阻力来自哪里有一个全面的了解，有针对性地采取策略。变革通常采取的策略有沟通、参与、促进、谈判和强制。

（1）沟通。通过报告会、小组座谈、个别会谈等多种方式和员工沟通，让他们了解变革的原因，让他们确信组织的目标和个人目标的一致，从而最大限度争取对变革的支持。

（2）参与。对于变革的反对者，让他们参与决策，吸收合理的建议，这样可以转变一批人，使他们从反对者变成变革的支持者。

（3）促进。任何改革都有代价。管理者可以采取一些措施，如培训、心理辅导等方式，缓解变革带来的压力。

（4）谈判。有些变革的阻力可能带有破坏性，必须争取他们的支持，至少是不反对，变革才能成功。可以通过谈判，利益交换达成妥协。中国很多家族企业在向现代企业转型的过程中会遇到这样的问题，为了让企业进一步发展，这些企业要聘请职业经理人来管理，原来的管理者要退居二线。企业通过给一些创业元老一定的股权，来保证他们的利益，让变革的目标和他们的利益一致。“杯酒释兵权”是变革中的大智慧。

（5）强制。如果变革的阻力对企业没有破坏性，可直接用强制手段，不接受，可以走人。很多企业变革伴随大量的离职就是这个原因。

第四节　激发创新

【案例 8-2】

苹果股价在连续上涨 8 年之后，终于攀上全球市值之巅。以 2011 年 8 月 11 日收盘价计算，苹果公司市值约 3 372 亿美元，超过埃克森美孚的 3 333 亿美元，正式成为全球市值最高的公司。尽管已经成立 35 年，规模如此庞大，但苹果并没有放慢成长的脚步。2011 年第三季度的财报显示，由于 iPhone 和 iPad 的热销，苹果营业收入增长 82%，净利润由去年同期的 32.5 亿美元上升到 73.1 亿美元。而在十多年前，苹果还在破产的边缘。1997 年乔布斯回归时，苹果已经连续两年亏损 18.6 亿美元。乔布斯成功的秘诀就是关注用户体验和不断的创新。

一个优秀的公司是如何激发创新的？下面几条是关键。

1. 人才

创新最关键的是人才。在工业时代，一个高级技工和一个普通技工效率的差异可以在30%以上；而在信息时代，一个高级程序员和一个普通程序员的效率差异可以达10倍以上。在谷歌，每一个管理者最重视的一件事就是招聘。谷歌有严格的人才选拔机制，以获得一流的创新人才。除此之外，谷歌鼓励员工推荐认识的高手加入，推荐成功会有奖励，公司有一半人是员工推荐加入的。员工在谷歌有很好的成长通道，你可以成为一个管理者，也可以成为资深的工程师，能够达到和副总裁同等的级别。而且公司鼓励员工的内部流动，每六个月工程师可以考虑换新项目，以便学习新的知识或者更好地发挥自己的特长。所以，谷歌的人才流失率不到1%，而硅谷人才的平均流失率在20%。

2. 文化氛围

富有创新的组织都有共同的文化特征，宽容平等，鼓励争论，鼓励尝试，无论成功还是失败都给予鼓励和赞赏。

平等，互相尊重，打破特权，这是谷歌的创新秘诀。公司放权给每一个员工主导自己的工作，没有打卡制度。在公司内部，任何人可以找任何人谈话，发电子邮件，讨论任何问题。甚至有一位工程师曾要求和CEO分享一间办公室。在这种氛围下，谷歌成了一个自下而上的创新工厂，创新不断涌现。谷歌式创新反映了德鲁克式理想——“工作应当体现人的社会价值，如机会、社交、认同以及个人满足，而非仅仅反映成本、效率一类的商业价值”。

“Think different”(另类思考)体现了苹果公司的企业文化，以此来唤醒员工的创新激情。苹果鼓励员工具有独立的思想，能够抛弃世俗的偏见特立独行，能够追求个人理想，并有志于改变世界。苹果公司CEO乔布斯曾经要求Mac事业部的大楼顶上悬挂了一面海盗旗帜，彰显了在这个部门里工作的所有成员离经叛道的一面：我们要打破常规。正是在这种文化氛围下苹果创造了很多革命性的产品。

3. 组织结构

创新要求打破常规，那么组织结构上要富有弹性，分权化，能够根据需要跨职能部门重构，正规化、集权化和专业化的程度比较低。例如，在苹果公司，工程师和产品设计师一起合作，这样开发的产品时尚前卫，技术能够满足客户体验。在谷歌公司，工程师在一个项目组工作6个月后，可以根据自己的兴趣加入不同的项目组，这样的小组非常有弹性，能够容纳不同的创意。组织还要为创新提供充足的资源保障，比如，对好的创意能够投巨资来实现，要减缓员工在创新时间上的压力。谷歌公司要求员工把20％的时间用在与课题无关的创新上。现在的高科技企业的开发部门基本上都实行弹性工作制，有好的创意可以连续工作好几个通宵，遇到障碍可以放松一下，新的灵感会产生。

4. 创新的过程管理

并非所有的创新最后都能转化为成功的产品。有的企业并不缺乏创新，关键是如何在成千上万个创意中挑选出将来可能成功的创意。企业应该建立创新的筛选和培育机制。在这里，及时的客户反馈对创新至关重要。不同的企业有不同的答案。

每个谷歌的工程师可以把20％的时间用在感兴趣的项目上，谷歌很多产品最初就萌芽于这20％。如果某一个构想得到同行和客户的认可，公司就会投入资源来发展它。在这一点上，谷歌公司更像一个风投，它把20％的劳动资源用做无特定目标的种子基金，四处撒播，看到哪棵苗长得不错，就追加投入，随着苗的长势，结合企业的战略方向，逐级追加投资并提升项目优先级，其中少数最终成长为正式发布产品。

苹果CEO乔布斯说，创新就是对一千条创意说“不”。在1998年乔布斯重回苹果后，把公司庞杂的产品线由350种砍到只剩下10种。苹果的产品注重用户体验，把产品做到极致，这种极致是在广泛创新基础上的极致。为此，每周苹果的工程师和设计人员都要在一起开两个截然不同的会议。一个是“头脑风暴会议”，大家把各种疯狂的想法说出来，完全不受限制，不管是新产品特性还是对已有产品的改进，大家都畅所欲言。另一个会议是“生产会议”，与头脑风暴截然相反，这个会议要把选定的疯狂想法尽可能细化，怎么做，为什么这么做。这两种会议在整个产品研发的过程中就是这样反复切换着。苹果在产品的创新上采用10-3-1流程的严格控制，做到了创新和效率的平衡。苹果的产品创新分为两阶段，第一阶段，考虑到每个样品的设计都要精确到像素，苹果要求任何样品都要有十个不同的设计，从中会确定三个改进完善，最终选择一个为最终的产品。这样的方法的好处是最大限度的给创新留出了空间，让设计人员自由地选择任何和过去不同的设计，同时又让他们知道90％的工作可能是不被采用的。这个做法看似对公司资源进行了浪费，但是把产品做到极致，市场也会给予相应的回报。

附录

管理实践

2010 年某大赛上，某学校代表队获得了第三名。上台领奖时出现了问题，由于报名参赛的队伍只有五个名额，而该校一直是六名同学在练习，有一名同学做替补。现在到领奖环节了，应该让这名同学上台接受荣誉。然而组织方只发了五件 T 恤衫，这时需要为该替补同学借一件 T 恤。但这位同学身材比较大，现场根本找不到 3XL 的衣服，2XL 的也很少，找了一圈也没借到合适的，同学们非常着急。

眼看颁奖时间就要到了，指导老师韩老师提出了一个方案。让原来队伍中的穿 2XL 的甲同学把 T 恤脱下来给替补队员，再去借一件 XL 的衣服给他穿。很快，大家都穿上了统一的 T 恤上台领奖了，虽然替补队员和甲同学的衣服显得有些紧。

管理就是要想办法达成你的目标。

通过前面各章的学习，我们了解了管理的主要职能、主要的管理方法，但仅仅是这些还不能说就懂得如何去管理了。管理是一门实践性很强的学科，没有实践，谈不上懂管理。

通常人们把管理学科划入文科，而文科与理工科的一个区别是没有实验室。听课、记笔记、读书、考试几乎成为学生学习生活的全部内容。这种教学方式对培养企业管理人才来说是纯粹的纸上谈兵。然而对于在校的大学生来说，直接参与企业的管理实践很难。最好的途径是到企业去实习。但实习也有许多局限性。

(1) 由于时间短，企业不愿安排顶岗实习，很多时候学生只是在办公室打杂，根本谈不上训练学生的管理能力，时间太短也难以了解企业发展的过程。

(2) 实习一般局限于一个部门、一个岗位，很难对企业经营管理的全貌有完整清晰的认识。

（3）实习经费欠缺。

（4）安全问题。

为了克服管理类学生实践实习的困难，现在比较成熟的做法是把实践环节放在校内的教学环节来完成，这需要构建一个仿真的管理环境。目前，国内外已经有比较成熟的企业管理模拟软件，每年有多个企业经营模拟方面的比赛，这些都为大学生提供了一个很好的锻炼实践能力的平台，目前国内很多高校都把企业管理模拟作为一门单独的课程开设。

一、国际企业管理挑战赛

国际企业管理挑战赛（GMC）是一项拥有欧洲管理发展基金会（EFMD）官方认证的横跨全球五大洲的模拟企业管理比赛，于 1980 年起源于欧洲。它的宗旨是在全球范围内提高现代化企业管理水平，促进各国企业管理技术的规范化。目前全球共有近 40 个国家和地区参赛，挑战赛的国际组委会常设在葡萄牙里斯本。

国际企业管理挑战赛的核心是一套逐年更新、高度完善的计算机动态仿真模拟系统，模拟标准化市场经济条件下，企业管理至关重要的基本参变量以及在现实市场中无法避免的偶然因素，在此基础上，按照工商管理的基本理论建立一个互动的定量化的模型。

由 5 人组成的参赛队经营一家虚拟的企业，队员分别扮演总经理、生产、营销、人力资源、财务、研发等部门经理。比赛前队员会得到一本《参赛手册》，内容囊括了经过提炼的企业管理中所遇到的几乎所有问题（如经营背景、市场营销、生产与分销、人力资源管理、财务资产和会计）和详细的比赛方法；队员还会得到一套《公司历史》，内容是参赛队着手经营的虚拟公司最近 5 个财政季度的决策及经营状况。队员根据现代企业管理知识对该企业每季度的经营作出一系列的决策，与同一市场的其他 7 个虚拟企业竞争。

决策涉及企业的发展战略、生产、研发、营销、人力资源、投资及财务等方方面面，同时还穿插着金融、贸易、会计、期货、投资、信息技术等许多重要的实务性学科，最大限度地模拟一个公司在市场经济条件下真实的运作状况。

每一家公司都必须很好地把握不断变化的宏观经济环境、各公司之间的竞争态势及本公司内部各职能部门之间的相互作用，通过建立各种数量模型，进行边际分析、数量博弈、价格博弈，制定出自己的竞争战略、产品组合、营销组合、销售预测，并通过对资本结构、生产规模、边际贡献率、产能、库存、现金流量、劳动力储备等方面的分析和决策，对经营结果进行控制和调整。

各公司的决策由计算机模拟软件系统处理后，形成公司的《管理报告》，反映该公司决策所产生的市场效果，并以公司股票市场价格作为综合指标，衡量企业经营效果。各公司根据《管理报告》对下季度的经营作出决策，再次提交计算机处理，并得到第二季度的《管理报告》。以此形式循环反复，直到第五季度结束，股票市场价格最高的公司获胜。图 A-1 所示为 GMC 决策单。

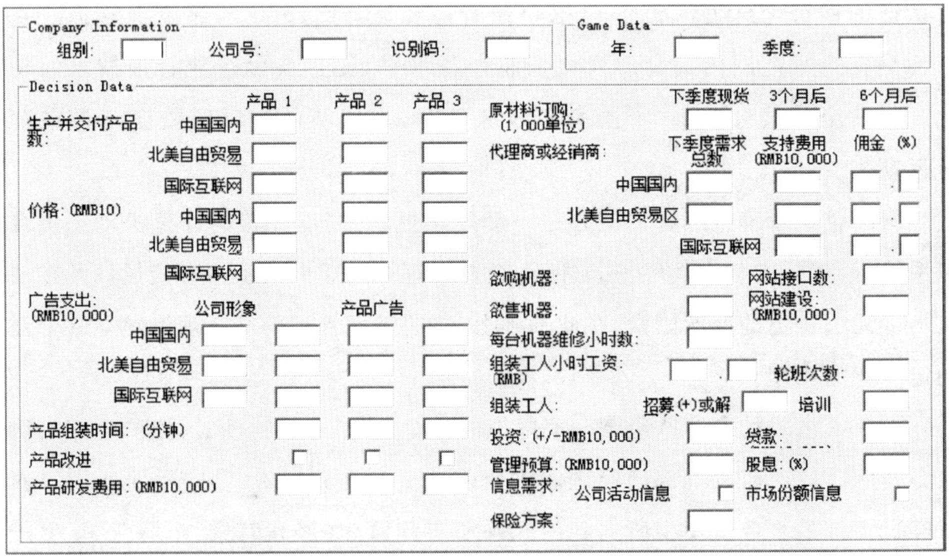

图 A-1 GMC 决策单

这是一种高水准管理能力的竞赛，培养、考验、评价管理者统观全局、系统思考、正确决策、灵活应变的能力。国际企业管理挑战赛获得了欧洲管理发展基金会的认证，目前国际上许多院校已将其作为培养工商管理硕士(MBA)的教具，许多大公司也将其作为选拔、培训、考核、评估企业管理人员的重要工具。

从 1996 年开始，中国赛区已成功举办了 16 届比赛，2011 年，GMC 在中国赛区取得了长足发展，共有来自全国130多所高校的近2 000支队伍参赛，参赛队数和院校参加数再创历史新纪录。GMC已经成为目前中国工商管理模拟商战覆盖面最广、影响力最大的国际级赛事。

二、企业竞争模拟

在国内，北京大学的张国有、王其文两位教师很早就开始了模拟软件的研制工作。最开始只是用Basic语言编写了企业竞争模拟的程序，从1983年起在“企业管理”的教学中使用，该研究成果在1986年获得了北京大学首届科研成果一等奖。从1995年秋，又开始开发中文界面的、网络版的企业竞争模拟软件(BUSIMU)，到1997年春形成了一个较完整的模拟软件。从2001年开始北京大学使用此软件已成功组织了10届全国MBA培养院校企业竞争模拟大赛。2011年的全国MBA培养院校企业竞争模拟大赛吸引了来自全国73所高校的570支代表队参加，这项比赛成为我国最具权威和影响力的经济管理模拟大赛。

在竞争模拟中要把学员分成多个小组，每组代表一个企业。模拟按期(季度)进行。各公司在期初要制定本期的决策，包括生产、运输、市场营销、财务管理、人力资源管理、研究开发、战略发展等方面，并在规定时间内按要求输入计算机。软件根据各公司的决策，依据模拟的市场需求决定各公司的销售量，并给出一系列与公司经营有关的指标。各公司可以及时看到模拟结果。然后，再根据公司所处的状况，并观察分析对手的情况，作出下一期的决策，直到模拟结束。一般作一期决策需要一个多小时，一个比较完整的模拟过程一般需要8期。在每期模拟结束时，软件会按照多种经营指标对各公司进行排序。在整个模拟结束后，要按照多项指标加权平均评出竞争模拟的优胜者。图A-2所示为企业竞争模拟决策单。

企业竞争模拟能训练学员在变化多端的经营环境里，面对多个竞争对手，正确制定企业的决策，达到企业的战略目标的能力。它要求参加者能全面、灵活地运用管理学的知识，如生产管理、市场营销、财务会计等知识和预测、优化、对策、决策等方法，考察学员的分析、判断和应变能力，并能培养创新意识和团队合作精神。

2005年企业竞争模拟软件升级为使用浏览器运行的网络版，大大扩大了软件的容量，可以支持上千个赛区，参赛者可以在任何能上网的地方获取信息和制定决策。该软件特别适合学校教学应用，基于浏览器的系统能容纳上千个班同时模拟。目前国内很多高校的 MBA 课程中都有企业竞争模拟训练。

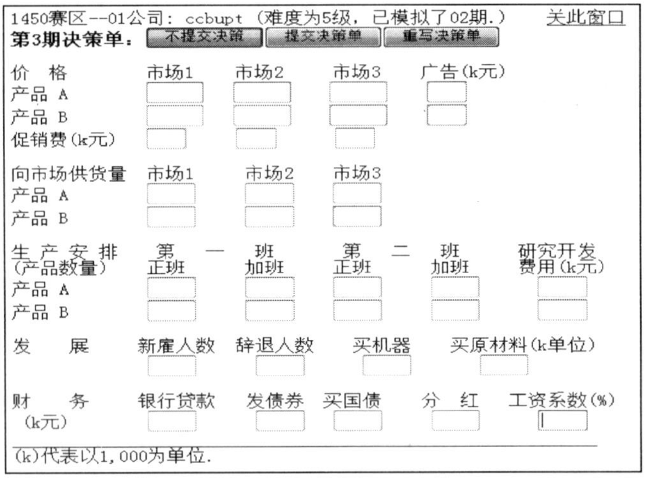

图 A-2　企业竞争模拟决策单

三、用友 ERP 沙盘

用友公司是我国最大的管理软件提供商，其最早从财务软件起家，后来发展到企业资源计划(ERP)软件的开发。企业资源计划是针对物资资源管理(物流)、人力资源管理(人流)、财务资源管理(财流)、信息资源管理(信息流)集成一体化的企业管理软件。企业资源计划是生产制造企业内部管理的核心内容，ERP 软件或系统的应用已经成为信息化时代企业管理的大趋势。然而，ERP 的实施需要复合型人才，他们既要懂计算机技术，又要懂管理，而当前高校对复合型人才的培养远远满足不了企业的需求。

用友公司从 2002 年开始实施“ERP 人才工程”战略，与高校联手进行复合型、实践型人才的培养，这一阶段的主要工作是在高校建设 ERP 实验室，旨在普及 ERP 基本知识，推广沙盘模拟教学。

用友 ERP 沙盘模拟对抗课程借助沙盘教具，将企业的主要部门和工作对象制成实物模型，将企业运行过程设计为动作规则，模拟企业经营的全过程，将“企业”搬进课堂。在对抗时，将学生分成 6～8 组，每组 5～6 人，小组成员分别担任 CEO、财务总监、营销总监、生产运营总监、采购总监、信息总监等职务。各组各代表一个企业，在同一行业中进行竞争。各组必须根据市场需求预测和竞争对手的动向，决定本企业的产品、市场、销售、融资、生产等方面的长、中、短期策略。学生要对广告费用投入、产品研发、市场开拓、原材料采购、生产能力调整、贷款以及资金使用等一系列企业生产经营活动作出决策，形成决策方案。每一年末用会计报表结算经营结果，分析经营结果，制定改进方案，然后继续经营下一年。模拟企业经营 6～8 年，最终按所有者权益或综合评价得分排名。

为了鼓舞学生们的学习热情，加快高校应用型人才的培养进程，从 2005 年开始用友公司每年举办一次“用友杯”全国大学生 ERP 沙盘对抗赛，到 2011 年已成功举办七届。2011 年第七届全国大学生创业设计暨沙盘模拟经营大赛全国总决赛(本科组)共吸引了全国 91 所院校近 546 名学生及带队老师参赛，由于用友沙盘大赛采用现场比赛的形式，比赛的场面非常壮观，竞争气氛非常激烈。

最终按所有者权益或综合评价得分排名，如表 A-1 所示。

表 A-1　经营决策单

<table>
<tr><td colspan="6">用户　　　　第____年经营</td></tr>
<tr><td rowspan="7">年初</td><td>新年度规划会议</td><td></td><td colspan="3" rowspan="7"></td></tr>
<tr><td>参加订货会/登记销售订单</td><td></td></tr>
<tr><td>制订新年度计划</td><td></td></tr>
<tr><td>支付应付税</td><td></td></tr>
<tr><td>支付长贷利息</td><td></td></tr>
<tr><td>更新长期贷款/长期贷款还款</td><td></td></tr>
<tr><td>申请长期贷款</td><td></td></tr>
<tr><td></td><td>原材料/在制品/产品台账</td><td>一季度</td><td>二季度</td><td>三季度</td><td>四季度</td></tr>
<tr><td>1</td><td>季初盘点(请填数量)</td><td></td><td></td><td></td><td></td></tr>
<tr><td>2</td><td>更新短期贷款/短期贷款还本付息</td><td></td><td></td><td></td><td></td></tr>
<tr><td>3</td><td>申请短期贷款</td><td></td><td></td><td></td><td></td></tr>
<tr><td>4</td><td>原材料入库/更新原料订单</td><td></td><td></td><td></td><td></td></tr>
<tr><td>5</td><td>下原料订单</td><td></td><td></td><td></td><td></td></tr>
<tr><td>6</td><td>购买/租用—厂房</td><td></td><td></td><td></td><td></td></tr>
<tr><td>7</td><td>更新生产/完工入库</td><td></td><td></td><td></td><td></td></tr>
</table>

续表

用户　　第____年经营					
8	新建/在建/转产/变卖—生产线				
9	紧急采购原料(随时进行)				
10	开始下一批生产				
11	更新应收款/应收款收现				
12	按订单交货				
13	产品研发投资				
14	厂房—出售(买转租)/退租/租转买				
15	新市场开拓/ISO 资格投资				
16	支付管理费/更新厂房租金				
17	出售库存				
18	厂房贴现				
19	应收款贴现				
20	季末出库合计				
21	季末支出合计				
22	季末数额对账[1 项+20 项+21 项]				
年末	缴纳违约订单罚款				
	支付设备维护费				
	计提折旧				
	新市场/ISO 资格换证				
	结账				

上面的三种模拟平台各有侧重，各有特点。

首先，GMC 和企业竞争模拟采用网络比赛的形式；用友沙盘采用现场比赛的形式。

其次，GMC 和企业竞争模拟的决策采用一览式，即每一年的决策细节都是统一填在一张决策单上，然后整体提交，在提交决策单的规定时间之前可反复调整；而用友沙盘的决策采用步进式，即每一个决策环节都单独提交，作出的决策不能更改。

再次，由于不同的决策程序，GMC 和企业竞争模拟更着重强调学生的系统思维和运筹能力；而用友沙盘更着重强调学生发现问题并及时调整策略解决问题的能力。

最后，GMC 和企业竞争模拟似乎更多关注高层领导和管理，而用友沙盘更强调部门职能，对应着中层管理，如每期结束时用友的财务人员要独立编制出本公司的财务报告，而GMC和企业竞争模拟是由系统给出的。

（你对上述的管理模拟了解多少？有没有计划在大学期间参与这样的训练或者比赛？）

上述三种比赛所采用的都是电子化平台，然而，要么强调决策，要么模拟流程有严格的限制，都有一个缺陷，就是决策是断点的、非连续的。因此，应该充分发挥信息化平台的优势，研发连续性决策的模拟环境，并配合系统的企业管理软件，让学生用真实的工具去管理一个模拟的企业，达到双重锻炼的效果。

管理技能的训练包括决策能力和操作能力。

作为应用型本科学生，我们认为职能管理的职业定位更准确，因此学习和掌握管理工具很重要。现阶段，企业管理模拟的思路应该是简单业务、完整流程。以管理信息化为例，同学要用企业实际使用的管理软件处理相对简单的业务，如一笔原材料采购业务，同学们要分别扮演采购员、仓库管理员、生产车间、财务等不同角色，在不同模块进行操作，了解企业管理的全过程。这样，当同学们走上工作岗位时就可以迅速适应企业的环境。

参考文献

[1] 周三多,等.管理学原理[M].南京:南京大学出版社,2009.

[2] 罗宾斯·库尔特.管理学[M].9版.孙健敏,等,译.北京:中国人民大学出版社,2008.

[3] 李怀祖.管理研究方法论[M].2版.西安:西安交通大学出版社,2004.

[4] 邢以群.管理学 [M].2版.杭州:浙江大学出版社,2005.

[5] 肯尼思·劳顿,简·劳顿.管理信息系统:管理数字化公司[M].11版.张政,等,译.北京:清华大学出版社,2011.

[6] 周三多.管理学[M].2版.北京:高等教育出版社,2005.

[7] 芮明杰.管理学[M].上海:上海人民出版社,2003.

[8] 刘建军.领导学原理[M].上海:复旦大学出版社,2002.

[9] 芮明杰.管理学[M].上海:上海人民出版社,2003.

[10] 彭玉靖.领导工作新鉴[M].北京:中国经济出版社,1998.

[11] 姜法奎,刘银花.领导科学[M].大连:东北财经大学出版社,2002.

[12] 加里·戴斯勒.管理学精要[M].2版.吕廷杰,赵欣燕,译.北京:中国人民大学出版社.

[13] 小阿尔弗勒德·D·钱德勒,托马斯·K·麦克劳,理查德·S·特德洛.管理学历史与现状[M].郭斌,译.大连:东北财经大学出版社.

[14] 哈罗德·孔茨.管理学精要[M].10版.韦福祥,译.北京:机械工业出版社.

[15] 史蒂芬·P·罗宾斯,等.管理学原理 [M].5版.毛蕴诗,等,译.大连:东北财经大学出版社.

[16] 伯克.组织变革:理论和实践[M].北京:中国劳动社会保障出版社.

[17] Gary Dessler. Human Resource Management[M]. 7th ed. Prentice Hall,2004.